我将来墓碑上大书“文人苏青之墓”，

因为我的文章虽然不好，

但我的确是写它的

有个文人叫苏青

林杉⊙著

人民日报出版社

目录

第一篇

少年不识愁滋味

第二篇

至亲至远之夫妻

第三篇
沪上才名世人重

第四篇
伶仃摇曳终随风

第一篇

少年不识愁滋味

1 童年歌谣

祖母摸到被褥上的碎屑，
笑着拧苏青一把：
“是你这只小老鼠偷吃的吧！”

浙东的春天，最早是从鸟声衔来的第一滴雨开始的，比起“日出江花红胜火，春来江水绿如蓝”的诗意描写，不知要提前了多少时日。

惊蛰过后，春的脚步加快了许多。蛰伏于黄土下的小草，怯怯萌生出灰暗的地表，最先掬出一对新芽的蜗角，用婴儿一样特有的天性，吸吮着天上掉下来的雨水。季节的楚河汉界，便切开日子的缺口，开启了它的生命之门。

东风刮来的时候，奉化江两岸的雨水也多了起来。那雨水带着冷冷的馨香，可感可读，更是可以听到它的韵律，并且裹携着一点儿根芽的甜味，在早春的田野里弥漫开来。只是那雨太过纤细，缺少一点儿夏天雷声的激情，秋天闪电的澎湃，而显得有些温柔和清芬，它以江南女性的特质，抚摸着野棕榈和苦楝树的毛发，让它们的腰肢舒展起来，在雨中闪闪发光。

在一场又一场淅淅沥沥的雨中，所有的奋起与殒落，都淋漓着天然的珠光宝气，一颗心，被这绵绵的雨丝抽出了茧子。不管抵达何处，都在催化着季节嬗变的脚步，成为生命的影子。

一只乌蓬船在河水里荡漾，舱里挤满了稚气的儿童，他们用原汁原味的宁波话，唱着祖祖辈辈传承下来的民谣：

摇橹摇，摆橹摇，
一摇摇到外婆桥；
外婆来话纺棉花，
舅舅来话摘枇杷。

雨雾迷濛，浣锦桥远处近处的风景，只有那歌谣一无遮拦地向四处打开着。在春雨淋湿了歌谣的后面，有一股被注了纯然的血流，全部的情绪都为之调动起来。

枇杷树上一朵花，
舅姆戴着走人家；
还话人家勿泻茶，
咖啦咖啦辱人家。

他们喊着唱着，一个个眉飞色舞，仿佛受到一种感召，裹携着春天的雨意云情，去赶赴一场命运的约会；他们一个个心花怒放，仿佛受到一种启悟，乘着春的信风，去抵达一个卑微的宿命。他们用同一首歌谣，去赞美同一个星座，他们用同一支俚曲，去赞美同一只蝴蝶，同一只天鹅。

相信母语的力量，歌谣的音符一定会穿透岁月，去接引远古与未来。他们仿佛看到那支失而复得“木桨”的影子，他们仿佛看到那个陶盆里“鱼的眼睛”……那原版的乡情，是从诗经、楚辞、唐诗和宋词里走出来的，闪烁着祖先的慧光，去镀亮人生的道路。

他们是一群最适于植梦的年龄，花朵噙在唇上，在千年民风里，打成一个最完整的中国结；他们是一群最适于怀想的年龄，树里闻歌，枝中见舞，把梦魂失落在这霏霏雨中。他们一定会从这支歌谣里，找到比生命还要贵重的黄金。

这个领唱的女孩，穿蓝竹布衫，长垂到膝，下面是窄窄的裤管。竹布衫上加一件小小背心，一条辫子搭在背后。她，便是许多年后风靡上海的著名女作家苏青。

苏青本名冯和仪，字允庄，1914年5月12日出生于浙江鄞县浣锦乡冯村。她从小性格率真，伶牙俐齿，得了个绰号"小鹦哥"。她的祖父冯丙然，非常喜欢这个淘气的小孙女，给她取这个名字，语出《左传·庄公二十二年》"鸾凤和鸣"和《书·益稷》"凤凰来仪"，意为夫妻和谐。

鄞县县志记载，冯家祖上是"明中叶，慈溪人冯臣迁至石碶冯家后仓，清光绪举人冯丙然为其后"。这个冯家后仓，便是今宁波市鄞州区石碶镇（苏青上高中时为浣锦乡）冯家村。这个村庄位于今宁波市西南10公里处，小村庄不大，现住着冯姓为主的58户人家，210人。四周绿树环抱，一条小河穿流而过，那座仅几米宽的"浣锦桥"横跨其上。这座改建过的水泥桥，是村里人出入的必经之处，也是乡邻们聚会的好地方。冯家村与四周村庄为邻，人口密集，北有鲍家村，南有双江岸，西有后仓，东有雅度，把冯家村团团围在中央。

鄞县历史悠久，"夏有堇子国，以赤堇山为名，加耳为鄞"。秦始皇二十五年（前222）鄞、鄮、句章三县并设，属会稽郡；汉晋未变，隋开皇九年（589）并入句章，属吴州；唐武德八年（625）改鄮县，属越州；五代梁开平三年（909）至宋元明清均设鄞县，先后隶属明州、庆元府、宁波府、会稽道等；新中国成立后隶属宁波地区、宁波市所辖。

鄞县属于甬江三角洲腹地，枕山枕水，沃野千里，像一只翩翩展翅的蝴蝶，翕落在浙东这块广袤的大地上。奉化江一水中分，东西两大平原，是有名的鱼米之乡。奶部、太白等山，层峦迭嶂，诣峰雄峙，傲立长空；广德、东线、日、月等湖，星罗棋布，宛若星辰，历经2000多年的风雨沧桑，重圭累组，沙沉铁销，令人神往。

据光绪壬寅冯丙然家谱载，到苏青这一辈，已经是十五世了。她的迁鄞始祖冯臣，二代祖冯元瑶、三代祖冯之华、四代祖冯正大、五代祖冯上选、六代祖冯一名、七代祖冯汝山、八代祖冯戎忞、九代祖冯璋、十代祖冯渊、十一代祖冯一桂、十二代祖（不详）、十三代祖冯义垣（丙然）、十四代是她的父亲冯浦（字松雨），苏青是和字辈，应为十五世。

苏青的祖上原是慈溪冯家的两兄弟，俗称金房和玉房，明代中叶迁来鄞县后仓，至今已有500百余年的历史。

苏青的祖父冯丙然是金房的后代，就住在冯家村桥之西的南端，是一处砖木结构的二层楼房。整幢建筑分为四个院落，即一进、二进和东、西四个院落，总体布局坐北朝南呈四合院式。房屋始建于清代，后历经修缮。尤其显赫的是那个牌坊式门楼，用料考究，雕刻精湛，气势恢宏，老远便可望见其高耸的飞檐。

冯丙然共有七子，分为七房。金房建筑流传着这样的谚语：

> 大小顾墙门（大房、七房住第一进），
> 二六后边庑（二房、六房住第二进），
> 三五两边分（三房、五房住两边厢房），
> 扎出四房外边庑（无配对，只好搬到玉房旁去住）。

苏青的父亲冯浦行四，只得被安排到西边玉房旁边一处房子里去住。

然而，苏青并不是在冯家村出生的。

苏青的父亲冯浦与母亲鲍云仙（字竹青）结婚后一直在外读书，后来又考取庚子赔款生去美国纽约哥伦比亚大学留学。待苏青将要出生时，母亲鲍云仙便回了娘家。在父亲赴美后的1914年5月12日，苏青出生于鄞县西边樟水镇（象）岩村的外婆家（待考）。

外婆家的屋子有前院和后院两进院落。

经过一个天井，便是前院。前院有五间两弄，正中是穿堂；左面正房是留

给舅舅住的，他常年在外经商，从不回家。别的房间大都空着，有的堆放着一些家什杂物，只是每天晚上外婆由郑妈秉烛引导，到各个房间门口寻查一遍，拿旱烟管敲敲门，听听没有声音，便牵着苏青到后院睡觉去了。

后院的正中是厅堂，苏青与外婆住在厅堂右面的正房里。隔一条小弄，左厢房是佣人郑妈的卧室。左面正房空着，苏青的母亲回娘家时就住在那里；右厢房作为佛堂。每逢初一、十五，外婆总要上那儿上香拜佛。苏青贪玩，有时拖着外婆到天井里看星星，问牛郎星、织女星在什么地方。稀疏的星星散在黑越越的天空，大地显得空旷而清冷。

外祖父是个不第的秀才，他不工八股，只爱好作诗，早也吟哦，晚也吟哦，吟哦成了他的全部功课。后来未考中秀才，牢骚越发多了，脾气越来越坏。外婆上楼请他吃饭，打断了他的思路，便气冲牛斗，下楼向外婆怒吼施暴。从此他索性不下楼来，临死的时候，还告诉外婆，不许移动他的书籍用具，死后他的阴魂还要在这儿读书做诗。在苏青出生的 12 年前他已经过世了，他没有儿子，只有苏青的母亲和姨妈。后来，姨妈也死了。外祖父为了续香火，花了 120 块钱又娶了一个姨婆，然而刚进门不到一年，外祖父因伤寒撒手人寰。乡下女人没什么想头，只要有饭吃，不冻不饿就行了，于是姨婆从 19 岁起，与外婆守节 12 年。好在家里有田、有山、有房，雇了个佣人，又过继了个儿子，让他到城里学做生意。

苏青在婴儿时期就不安静，一引就哭，一逗便笑，半夜三更也要人抱着走。她讲话讲得很早，六七个月就会开口喊妈。两周岁时吵得更厉害了，整天咿咿呀呀嚷个不停。半夜里还不让熄灯，和奶妈睡在床上，指着夏布帐上的花纹喊：“兰花，梅花，蝴蝶！”

断奶后外婆让姨婆抱着她到隔壁四婆婆、三舅妈等处去玩，她不怕生，被逗得又说又笑，邻里给她起了个美称“小鹦哥”。苏青从小能说会道，引来了邻里的欢心，他们把自制的点心塞到她的衣兜里。受到奖赏，她更加高兴了，整天说个不停。她伶牙俐齿，很早就表现出了会说话天赋。

然而，苏青的说话并不总是给人们带来欢乐，一次在舅妈引诱下竟然因说话生出了祸端。

六岁那年，外婆给过继的舅舅娶了媳妇。苏青的这位舅妈并不是个贤惠之辈，不仅嫉妒苏青将来会分走外婆一份财产，还爱拨弄是非，利用苏青年小不懂人情事理，教唆她去辱骂姨婆。

有一天姨婆领着她上山去挖野笋，回来的路上苏青高兴极了，她搂着姨婆的脖子喊："姨婆是小老妈，姨婆是贱婊子！"

姨婆听了脸色陡变，拧了苏青一把，骂道："看你将来福气好，去当皇后娘娘！我是生来命苦，做了人家的小老妈，同是爹娘十月怀胎，有什么贱不贱。"

回到家中，姨婆把野笋向外婆脚边一丢，气冲冲地向外婆告苏青的状，还说要到外公坟上去哭。然而外婆不仅没有责备苏青，反而骂姨婆不该与孩子一般见识，姨婆委屈地哭着回房里去了，从此见了苏青便不爱理她。

舅妈见此心中非常得意，过了几天又拉苏青到她屋里吃炒米糖，又悄悄教给她在外婆面前喊："外婆是孤老太婆，断子绝孙！"

苏青连跑地到外婆面前把话如实说了。

外婆问哪个教的？苏青说自己讲的，她一边说一边又把粘在嘴上的糖屑往外婆裤子上抹。外婆又问："炒米糖谁给的？"苏青说是舅妇给的。于是背后的罪魁祸首便被揭露了。

这回外婆和姨婆一起指责舅妈，舅妈不懂礼教，竟然与外婆对骂起来。

外婆气得浑身发抖，便差人到娘家把自己的兄弟叫来。一边又写信叫苏青的母亲也来，那时苏青的父亲归国在汉口中国银行做事，母亲又生了弟弟，在冯家村与祖父母同住。

黄昏的时候，舅公们坐着四顶轿子来了。舅妈见事情闹大，早已哭着跑回娘家去了。外婆和舅公们商议，决定实行废继，免得外婆以后吃苦。

第二天苏青母亲也坐着船来了。问明原委，她劝外婆多一事不如少一事，决定把苏青带回去，明年也该上学了。可是四位舅公不答应，这样太灭自己威风，儿媳这样做已犯"七出"之罪，如果苏青的舅舅不愿放弃财产，就得把媳妇赶出去。

这时舅妈的娘家人和苏青舅舅的生身父母也着急了，赶紧央人来向外婆、舅公们说情，让苏青的舅舅、舅妈向外婆磕头赔罪。那一天，客厅里坐满了人，苏青高兴得跑来跑去，她哪里知道，这事情与她有关。

在苏青母亲的劝解下，一场家庭纠纷的乌云终于散去。

至此，苏青在外婆家六年的生活结束了，母亲把她带回到冯家村。

后仓冯家是一个大家庭，家中最有权威的是苏青的祖父和祖母。

苏青的祖父冯丙然，谱名义垣，字子藩，号沚蘩，又号藜仙，生于清同治五年（1866）十月二十日，世居鄞县西南乡后仓冯氏义庄，28 岁那年，甲午科（1894）乡试中式副榜第二名，本科乡试中式第一百名举人。大主考是翰林院编修协办院事、国史馆、功臣馆纂修大学堂副总办李取；另一个大主考是起居注官翰林院侍读学士、南书房行走起居注总办、咸安宫总裁教督庶吉士朱中；及民籍同考官知县陈薦。

光绪二十八年（1902），苏青的祖父冯丙然任本村小学堂校长，时年 36 岁。这所小学堂原名敦本义塾，由苏青的高祖父冯一桂等人创办，光绪三十二年（1906）改为敦本小学堂。光绪三十四年（1908），冯丙然任宁波府中学堂监堂（校长），不久又任宁波府教育会会长。宣统元年（1909），冯丙然还在本县太平乡创办了长潭王村振秀初等小学堂，时年 43 岁。

宣统二年（1910），宁波早期媒体《四明日报》创刊，经理王东园，主笔王荦。王东园本不是文化界中人，却非常热爱文化，喜读书，学徒期间读了不少书，浙路风潮时，他在甬多次讲演，渐为人知，创办《四明日报》他出力不少，为此被推为第一任经理。接下来历任经理的有冯友笙、冯丙然、张申之、金岳孙等人；历任主笔有张朴生、章巨摩、庄禹梅（代）、吴铁花、陈布雷等人。从这张报纸的股东看，几乎都是士绅阶层人物，这就决定了报纸的性质和服务对象，可以说是一张十足的绅士报。

冯丙然从青年到中年一直活跃在县教育界和宁波府新闻界，在当地有相当知名度。到了苏青上学的年纪，他已50多岁，似赋闲在家，但仍参加社会一些乡俗活动，远近人家有红白喜事，都借重他的名望去做点主大宾，由长工毛伙撑船来去。

他待人宽对己严，做事不论亲疏远近，婚丧嫁娶一律都送四角钱，他绝不让大家回礼，也不轻易去吃喜酒或者斋饭，只要把钱送去就算完事。苏青的祖母则不然，她恨不得把家里的子孙全带去才好，又恨不得把吃剩的东西全部带回来，可是苏青的祖父不允许这么做，但他对毛伙却不同，还悄悄给予关照。

毛伙是冯家一名长工，毛伙（即小伙之意）下田种地、挑谷入仓、石臼舂米、上城送信、代望病人、外出划船等，什么活都干。他家有妻子，但从不回家。冯丙然劝他回家去住，他死活不肯，认为那样会让女人淘坏了身子，他只要为东家干好活就行。苏青到祖父身边时，毛伙已在冯家待了30多年，由小伙子变成了老汉，但他干活一如既往，从不停歇。只一件事是他生活中最大乐趣，即大杯喝酒，大块吃肉，每到这时，他便晶莹入眼，喝个痛快淋漓，飘然欲仙。这是毛伙的唯一嗜好，也是他的节日。

一次祖父冯丙然去参加一场丧礼，身上穿一件古铜色宁绸袍子，上面罩一件元色真华丝葛做的马褂，脚穿黑缎靴子，白布袜。一切装束好了，祖母把一根色润微红的竹杖交给祖父，又让苏青拿着铜水烟管送祖父到河边上船。祖父一向很拘礼仪，进了人家屋里，即使主人请他宽衣，他也绝不答应。

但是这一次，毛伙喝得酩酊大醉，回到船上呼呼大睡，直到丧事办完，主人送祖父上船时，他才睁开眼来，站在船上直摇晃。祖父无可奈何，只好用手杖帮他将船离岸，划到河心去。天到黄昏还不见祖父回来，祖母三番五次叫苏青到河边守望。天黑下来的时候，终于见祖父扶着毛伙走上岸来，苏青高兴得迎上前去，只见毛伙身子一歪就坐在桥栏上了。祖母赶紧上去，帮祖父扶毛伙站起来，二人架着毛伙回家，苏青跟在后面，静静地看着这幅“一仆二主”的夜归图。

住在金房里的人，祖父母之外，是六叔伯婶子大娘和堂兄弟姐妹，他们礼数周到，每天到祖父母那里请安。各家虽分炊过日子，但没有喧哗嘈杂之声，平常见面彬彬有礼，说话斯斯文文，若大一个院子，生活得非常平静。然而，苏青的到来，却打破了这个院子的安宁。尽管母亲事前嘱咐，到了祖父母那里，说话要轻，站有站相，坐有坐相，见长辈要有礼貌，走路不能一蹦三跳等，不要让人笑话没教养。可是苏青见了祖父母家里那么多兄弟姐妹，热闹还求之不得，哪还顾得这么多规矩。她在外婆家积弊的山野气旧病复萌，很快把这个大家庭搅得六神不宁。她描绘的山乡野趣也令兄弟姐妹神往不已，读书也心不在焉；更糟的是，弟妹们骂人的粗话也上口了。苏青不以为羞，反觉更加得意。

婶子大娘们着急了，怕带坏了他们的子女，于是纷纷向苏青的母亲告状，不然要向祖父那里诉说。

母亲为女儿的行为深以为耻，责打数次毫无效果，被气得牙痛心烦，饭也吃不下去。

还是祖父懂得教育之道，他把苏青叫去与他们同住，每天和颜悦色地给她讲故事。这些故事都是历史上聪明勇敢的女子，祖父要她长大后也要学故事里的人物。祖父还教她读书认字，背诵唐诗宋词。有时祖父带她到房后浣锦桥去，那里坐着各式各样的人物，他们悠闲地聊天，但对祖父却很恭敬，都站起来向他问候，把见闻告诉他，征求他的意见和判断。祖父总是和蔼地答复他们，他的声音低缓，态度安详从容。苏青虽然听不大懂，眼前却好像有河水淙淙流过，心里觉得愉快，又似乎带些惆怅。

润物细无声。慢慢地这些故事占据了她的脑海，冲淡了外婆家那些乡村的记忆。苏青听故事非常专心，过后还能一字不差地转述给兄弟姐妹。于是祖父很得意地捋着胡须说："我说这个孩子并不顽劣，都是你们不知循循善诱，她的造就将来也许还在诸兄弟之上呢!"

祖父的话是有力量的，伯伯叔叔、伯母婶子不但不再笑她淘气，还附和着夸她聪明。母亲的牙齿也不痛、心也不烦了，还给在外的父亲写信报告，父亲听了也很高兴。

祖母的姓氏名字没有留下来，乡亲们都喊她"大毛婆婆"。她生得高挑身材，白净面庞，眉清目秀，大约年轻时也是一个美人儿。她唯一的缺陷是牙齿太坏。苏青六岁从外婆家回金房大院跟她一起住时，她的牙齿只剩下门前三颗，满口的牙早已跑得没了踪影。那是她爱吃甜食留下的印记，而且这个毛病到上了年纪也没有改掉。

苏青跟祖母睡的是一张宁波大凉床，挂着一顶蓝夏布帐子，经年不洗，白色帐顶落满了灰尘，早已看不出白色。在床的里边，架着一块木板，上面放着吃的东西。苏青睡在里边，早晨起床一不小心，头便撞着那块木板，连同吃食一起掉落下来。不是由她独享，便是与祖母分而食之。

那块木板上放得最多的是豆酥糖，它是宁波山北独有的特产，那粗质的包装纸上还盖着红红的印章。晚上祖母一上床便睡熟了，鼾声很大。苏青被吵得睡不着的时候，便偷偷地到木板上拿豆酥糖吃，弄得被褥上全是碎屑，苏青在黑暗中也撮着吃掉。

祖母半夜里醒来，便到木板上拿食物，她的本领非常高明，从不乱摸，拿到的食物非常准确。有时她摸到豆酥糖，发觉少了一包，便推醒苏青问："阿青知道吗？是老鼠伯伯吃了！"

祖母摸到被褥上的碎屑，笑着拧苏青一把："是你这只小老鼠偷吃的吧！"

于是祖孙二人经常半夜里吃起豆酥糖来。祖母半夜里不肯点灯，一是为了省油，二是怕烧了帐子。夜里祖孙二人吃着豆酥糖，慢慢地又进入梦乡。

她们吃豆酥糖的嗜好，终于被苏青的父亲冯浦发现。

有一次父亲从上海回来，大人们在厅堂里说话直到半夜。苏青一觉醒来，不见祖母，想吃豆酥糖又不在身边，她想喊，又怕陌生的父亲。等了好久，仍不见祖母回来，她只得自己在枕头旁摸些碎屑吃。正在这时，祖母和父亲进来了，于是苏青赶紧钻进被窝里假装睡熟。

"阿青呢？"父亲放下灯问。

"钻到被窝里睡了吧。"祖母回答。

"夜里蒙头睡觉不卫生！"父亲走过来要替苏青掀开被头。

苏青心里一惊，幸而祖母拦住说："孩子正睡着，不要惊醒她。"

父亲没有说话。

苏青含在嘴里的豆酥糖熔化了，刺激得喉头痒痒的，她终于忍不住了，“咕咚”一声咽到肚里。父亲撩开被头问：“阿青，你在吃些什么？”

苏青胡乱答道：“我没吃——是老鼠伯伯在吃糖屑呢。”

真相终于大白。父亲手里的油灯照着床上和枕头下那些糖屑，问道：“哪里来的这些脏东西，这还能睡觉吗？”

祖母说：“好好的东西有什么脏，那是有名的山北豆酥糖！你把灯拿开，小心烧着帐子，我们睡觉了。”

父亲摇摇头，无可奈何地走了。

第二天，父亲给苏青另装了一张小床，不许她再同祖母同睡了。祖母很生气，足足有十多天不理睬儿子。

童年的一幕很快揭过去了，但祖母的豆酥糖仍然甜在她的心里，如一支歌谣在耳畔缭绕。

第二年的秋天，苏青背起书包，一路唱着跳着，走进祖父当过校长的冯家小学堂。

2 父亲，父亲

到了宴席上，父亲也把她推荐给客人，
指着她骄傲地说，这是我家的
“小鹦哥”呢！

在童年苏青的眼里，对于父亲那一张冷若冰霜的面孔，她总是茫然而视，成了一本最难读懂的书。

父亲冯浦（字松雨）是七兄弟中的佼佼者，他考上“庚款”留美到哥伦比亚大学读书，不仅获经济学硕士学位，说一口流利的英语，还学会了西方人的绅士派头。他学成归国时苏青已经五岁，看着这位陌生的父亲，总是西服革履，一脸的严肃，这使得苏青与他在情感上无形中拉开了长长的距离。

父亲先在湖北汉口中国银行谋到一份工作，后来又到上海民新银行当上了副经理。他每次回家，母亲鲍云仙就像接待贵宾那样，忙着杀鸡买菜，每次做四菜一汤，餐餐忙得不亦乐乎。但父亲吃得斯斯文文，每次只动一点点，吃时话也不说一句，要盛饭了，只用食指在玻璃窗上轻轻一弹。这件差事原本是让佣人在外面候着，可是那佣人越小心越听不见弹窗的声音，父亲便赌气不再添饭了。母亲为此事总是心里忐忑不安。为了让苏青拉近与父亲的距离，讨得父亲的欢喜，便让苏青去陪饭。苏青不敢违拗，每次吃饭不敢去瞧父亲那张冷冰冰的脸。她低着头，眼观鼻，鼻观心，菜也不敢去夹，只顾一口一口扒饭吃。父亲冯浦不高兴地瞪她一眼，苏青便吓得手足无措，饭碗滑落下来，弄得身上地上全是米饭。他饭也不吃了，站起来踱步到厅堂里去喝茶。妻子鲍云仙和佣人收拾着剩下的饭菜，心里又增添了许多新的不安。

冯浦出国留学期间，养成了吃面包喝牛奶的习惯，对于妻子精心准备的饭菜并无多少兴趣。家里没有黄油，没有炸牛排，他便只吃些麻油拌豆腐、火腿丝拌绿豆芽、白切鸡肉、蕃茄酱拌茄泥之类。

然而，冯浦对苏青的未来还是寄于无限的希望。他和妻子鲍云仙商量，一定要注意女儿的营养和卫生，让她好好读书，学好英语，长大后做一个公使夫人。

苏青读书的学校几经变迁，民国后改为冯家小学。她每天背起书包，从老玉房旁边自家院落拐过一条里弄，到浣锦桥西边学堂去上课。

老玉房在金房的右首，穿过一条里弄，便是它的所在。这座建筑占地 951 平方米，坐东北朝西南，是一座四合院式建筑。老玉房有前、中、后三进和堂沿四进，建于清朝末年，民国时进行过改造，现保存完好。如今苏青和父母弟妹住过的临街玉房小楼还在，其它已面目全非了。

冯家小学最早叫敦本义塾，是苏青的高祖父冯一桂等人于光绪十六年（1890）创办。光绪二十八年（1902），苏青的祖父冯丙然担任了校长。次年，根据清政府颁布的《奏定初等小学堂章程》，更名为敦本小学堂。

清末的鄞县，小学有了长足的发展。鄞县县城较有名的是“时敏”、“箭金”小学堂，蒋介石幼年亦就读于“箭金”小学堂。乡村则有鄞江养正学堂、梅墟求精初等学堂、胡家坟文山两等小学堂、白岳顺德小学堂、甲村甲南小学堂和密岩崇义学堂等。时任宁绍道台的喻兆藩革除沿奉化江冰户输送的消暑费，下令自动办学，群众欢呼雀跃，定校名为“庶德”以示纪念。据统计，那时全县有高等小学堂 1 所，学生 57 人；两等小学堂 15 所，学生 599 人；初等小学堂 62 所，学生 1944 人；半日制学堂 1 所，学生 15 人。

宣统元年（1909），苏青的祖父冯丙然和冯俊翰等又在冯家村西南不远的长王潭村创办了振秀初等小学堂，其校址就设在建于清乾隆四十六年（1781）的王氏宗祠，这座坐北朝南四合院式的建筑，至今保存完好。

到了民国时期，学堂又改为学校。初等小学开设修身、国文、算术、手工、图画、唱歌、体操等课程。1916年，各校又实施教育部颁布的《国民学校令施行细则》，提倡体育、智育、德育、志育并重的教学方针。后来又改修身为公民卫生科，国文为国语科，手工、图画为工用艺术、形象艺术科，初级小学增加社会、自然科。到了苏青上小学的时候，全县有初等小学287所，高等小学23所，中等学校附小2所，外国人设立的小学9所，计321所，共有小学生20072人，教职员877人。

苏青在这样的教育背景下，于本村冯家小学读了不到两年，便到上海去读书。

1921年，冯浦从汉口来到了上海，他凭着留学哥伦比亚的那一份文凭和在汉口中国银行业务能力，被聘为上海民新银行的副经理。在交易所的股票交易中，他又赚了不少钱。经济宽裕了，他想在上海安家，于是将妻子鲍云仙和儿女一起接到上海。

苏青到上海不久，父亲冯浦便把她送到一所弄堂小学读书。

这所弄堂小学在一条里弄的深处，是一幢石库门房子。楼与楼之间拥挤不堪，前楼、后楼、二楼、假三楼的客堂，都被改造成了教室，亭子间做了小学的办公室。因受教学场地限制，学校就采用了复式教学，即一个教室有几个年级，这个年级上语文，另一个年级便去做算术习题。没有场地，体育课也就不上了。学生大都住在附近，人数不多，教师也只有几个。然而，苏青进的那个弄堂小学别看规模不大，还收了一些寄宿生。

苏青因在家乡上过两年学，她一进去便插班到三年级上课。每天清晨，母亲把她打扮得花蝴蝶似的，由包车夫从家里送她到弄堂小学。

在学校里，同班同学大都比她年龄大，见闻却没有她多。她喜欢讲那些山野趣闻，许多同学围着她团团转。她聪明灵敏，也深得老师喜欢。

那时父亲冯浦正在事业顶峰，朋友很多，差不多每晚都有应酬。母亲也把苏青打扮得漂漂亮亮，一起去参加父亲的宴席。到了宴席上，父亲也把她介绍给客人，她也不停地喊黄伯伯好，张伯伯好。父亲还让她在客人面前讲故事、唱歌，指着她骄傲地说："这是我家的'小鹦哥'呢！"

客人听了，当然也赞美苏青，母亲为此也很高兴。

然而，时过不久，苏青的表现却让父母失望起来。

最先让母亲不高兴的是，苏青放学回家常与女仆和车夫讲在外婆家时到山上挖野笋、到泥塘抓田螺的故事。母亲听到后对她大加责备，可是对苏青没有效果，依然故我。母亲是鄞县女子师范毕业，自认懂得教育之道，于是又改变方法，用"买樱花软糖"劝勉她不要对下人讲这些乡间俗事，结果吃了糖还是无效。鲍云仙犯难了，自叹这孩子"真是没有福气"，别说像父亲冯浦期待的做公使夫人，她这么热衷那些山乡之事，将来只好嫁放牛郎了。

接下来，父亲也尝到了失望的滋味。一次带女儿到半淞园游玩，在爬假山时苏青对着许多客人问："这里怎么没有野笋？"一时令冯浦很失颜面，顿时游兴全消。在午餐吃烤牛排时，苏青又对着许多客人问："这个是不是盐菜汁烤的？"虽然被父亲支吾过去，但窘态却难以完全掩饰。如此三番，父亲失望地对母亲说："下次不用带她到外面去了，真丢人！以后话也不准她多讲，女子以贞静为主……"

从此，苏青便被关在家中念书写字，花衣也不让她再穿了。父亲为了改掉她乱说话的毛病，还特意买了一本名叫《金龟》的童话给她读。这本书的大意是：从前有个国王很爱说话，惹得许多人都讨厌他。而御花园里有一只金龟与他相同，因说话太多被同伴驱赶得无处容身。有两只雁看见了很可怜它，打算把它带到别处去。于是找了一根木棒，两只雁各衔一端，让金龟咬住中间，并叮嘱它路上千万不可开口。两只雁带它飞到中途，地上有一群小孩看到了，好奇地喊道："快来看啊，两只雁带着一只金龟飞呢，还不赶快把它打下来！"金龟听了大怒，便想骂他们几句，岂料刚一开口，金龟便从空中落了下来，被摔得粉身碎骨。大臣以此上谏，国王大悟，便下令在宫门铸了一只金龟，作为多言之戒。

冯浦给女儿买了一本这样的书，可谓用心良苦。可是苏青看了书中的故事却未领略父亲的深意，反而以此作为谈话资料，又津津有味地讲给仆妇和车夫听。父亲气灰了心，从此不准家中仆妇与她闲谈。

冯浦的先配夫人连氏是娃娃亲，八岁上便夭折了。冯浦与鲍云仙的婚配，应是续弦。

鲍云仙是鄞县女师毕业的学生，与冯浦结婚，行的是文明礼，婚后生活是幸福的，但一直在家奉养公婆。冯摘认为小学教员没出息，不肯放她出去，还骗说等觅到好的位置时再说。后来接二连三的生孩子，年龄也大了，鲍云仙自感经验全无，即使有机会，也不敢再作尝试了。冯浦在美读书时，苏青的母亲把陪嫁的金银首饰和珠宝卖掉，把钱寄到美国给父亲作零用钱，夫妻感情融洽。然而，自从冯浦到上海后，随着经济条件的改变，加之受西方性解放的影响，便频频出现在交际场所。不是与这个交际花跳舞，便是同那个女人姘居，平静的家庭生活便被打破了。

鲍云仙终于寒了心，索性不再理丈夫，只专心上侍公婆下教儿女，但身体却一天天消瘦下去。

一天夜里，苏青一觉醒来，觉得脸上湿漉漉的，睁眼看时，母亲正偎着她掉眼泪。苏青心里也很难受，母女二人便相拥哭了起来。母亲含泪对她说："你父亲变心了，在外面和女人胡搞，以后我们的日子就不会好过了。"

然而，母亲第二天又恢复了以往的平静，与父亲仍然相敬如宾。外面的不知情者，都还在羡慕着他们这对夫妻。

苏青从6岁到10岁，是走读的。10岁那年秋季便在学校住读，做了6年级生。毕业前夕，苏青在学校里发生了一件事。一天，她偶然撞见了校长与一位女同学暧昧的情形，她不知轻重地把此事说了出去。校长自然怀恨在心，正伺隙找她的麻烦。恰在此时苏青又犯了一个不小的过失。一天晚上她与同学在寝室中挠痒痒玩，不小心碰翻了烛台，燃着了蚊帐。校长借机携嫌报复，要把苏青从学校除名，幸亏教师们出来说情，才改为记大过处分。让人想不到的是，学校里为此还引发了学潮，结果校长被逐，那位女同学也被开除。然而，母亲嫌苏青生事，逼着她中途辍学。

苏青因乱说话让父母失望，这次又因她引发了学潮，真可谓祸从口出。许多年之后，苏青在回忆这段往事时说："不过我对于说话的兴趣并不曾因此稍减。有时我在书中看到一二可喜之语，不喊一个人同来看看，总觉得心中不安似的。有时我在半夜里做了一个有趣的梦，醒来总要默默地记它几遍，预备次晨讲给人家听；有时甚至唯恐忘了，下半夜不敢合眼。有许多话，我明知说了以后，于听的人及我自己都没有好处，可是我还是要说，说出了才心安。"这是弗洛伊德所说得"原欲"吧，它支配着人的全部精神活动。从创作角度看，这个"原欲"还会改头换面、乔装一番，成为显像内容，才有了庄周化蝶，陶渊明"采菊东篱下，悠然见南山"的境界。

可是父亲冯浦在上海短短四年，因投机失败，银行倒闭，他也随之因病去世。

苏青在小说《歧路佳人》中写道书中主人公父亲的死：

> 我不知道爸爸，当我知道世界上还有一些人叫爸爸的时候，我已经没有爸爸了，——但是没有他也不足惜，因为在我的无意之中，已经听到了许多关于他的不好的传说。他曾拿我母亲的首饰去兑掉，因此得能在大学毕业；毕业之后他在政府机关里得了一个较好的差使，应酬，吃花酒，热恋上一个妓女，从此就把我母亲丢在脑后了。他死的时候还患着花柳病，谢谢天，因为他们俩长期分床的结果，这种讨厌的病症总算还不曾传染给我可敬的母亲。

这是苏青借书人物之口，宣泄了自己对父亲的感情。

临死之前，父亲冯浦一再忏悔自己，并嘱托妻子鲍云仙带好孩子，培养子女上大学。

鲍云仙没有忘却丈夫的遗言，三子女后来全部进了大学。

父亲去世后，一家人没有了经济来源，母亲只好带孩子回宁波老家，因经济拮据，使得苏青和弟妹受尽痛苦。苏青在学校本来是一个爱出风头的人，她从来没给人做过傧相，不是没有女友相邀，而是自惭没有新衣，只好找借口推却。事后得知新娘家里原来是要送新衣服的，这使她后悔不迭，哭了好几夜。

弟弟冯和侃10岁便进入高小，为了省下10个铜板的船钱，住在学校半年不得回家。学校就在石碶镇的河边上，冯家村天天有船路过，冯和侃天天站在校门口守望，见来船便问“妈妈几时才上城呢?”他住在学校里，天天想家。弟弟星期六下午不回来的原因，不是怕荒废学业，只是为了省那10个铜板的船费。直到放假回来时，身上已经生满白花花的虱子。

苏青因有留学美国并获得经济学硕士的父亲感到自豪，也因父亲出轨而伤害母亲怨恨不迭。在她的记忆里，好父亲、坏父亲的念头，一直在心灵里纠结着，恒久地成为她心上一个打不开的“结”。

3 竹洲难消魂

苏青感到莫名其妙，待到开口时，
二姑母向她叱道：
“还不快回去把头改过来！”

苏青踏上女子师范学校所在的竹洲这块绿土，无异给她的青春平添了一段难忘的记忆。那清晨的鸟鸣，那朗朗的读书声，那一张张面影，无时无刻不在燃烧着那颗少年的心。然而，在那个风雨如磐的年代里，读书并没有给她带来快乐，有许多事让她无所适从，一颗心被腌渍在生活的泥沼里，唱不出一支销魂的歌。

女子师范学校坐落在宁波市中心月湖南端的松岛上。四面环湖，水光潋滟，银杏累累，古榆婆娑，是一处幽静的读书所在。宋隆兴初年由松岛易名竹洲。北宋王安石在此设县庠（县学），开浙东理学之先河，培养造就了大批人才。清乾隆年间，著名学者全祖望又在此设“竹洲二先生院”，著书立说，修治地方文献。光绪时又在此创“辨志精舍”，后设“城南小学”，又易名“崇正小学堂”。民国元年（1912）宁属六县人士集议在竹洲创立“宁属县立女子师范学堂”，聘贡生出身的施国祺任校长，女师学制 5 年，预科 1 年，本科 4 年，共 5 个班级，150 名左右学生。开设课程有国文、数学、伦理、教育、生物、理化、史地、英文、法制、经济、读经、图画、唱歌、体操、缝纫、烹饪等。据民国十二年（1923）统计，全校有3个班级，44名学生，18名教职工，另外，中学部有2个班，70名学生。学校管束极严，要求学生“一心只读圣贤书，两耳不闻窗外事”。

苏青12岁那年，进了宁属县立女子师范学校。

校长施国祺（竹晨）是苏青祖父冯丙然的老同学，他还做过苏青母亲鲍云仙的老师，是一位前清的贡生，一个封建守旧的老冬烘。苏青在《涛——生活的浪花》一文中这样描述这位“史校长”：

他有一张满月般带着红光的脸，三绺牙须，说长不长，道短却也不短。说话的时候，他总是用手摸着牙须，轻轻的，缓缓的，生怕一不小心摸落了一根，那可不是玩，比打破他那副无边的白玻璃眼镜还要难过。

这就是初入学时他给苏青留下的印象。

女师另一个与“史校长”道德观念相近的便是她的五姑母（真实生活中是二姑母，叫冯祖群）。她在学校任女舍监。苏青在《小脚金字塔——我的姑母》一文中也有详细的介绍和描述：

我的五姑母在十七岁上结婚，十九岁春天便死了丈夫。她的夫家还富有，可是婆婆却凶得利害，因此我祖父就向她家中要求，让她出来到M府女学堂里读书。她读书的时候学业成绩虽然平平，而缝纫烹饪等却出色精巧。那时校长师母也住在校里，女学生们课余都竟去找她闲谈拍马屁。她同我的五姑母最谈得来，一则因为她青年孀居的可怜身世很引起她得同情，二则因为她做得一手好针线，能够时常替她绣枕头花或代翻校长先生的丝棉袍子。直到五姑母毕业以后，校长师母还不忍放她离去，坚持要留她在校里当个女舍监……

我的五姑母有着矮胖的身材，一双改组派小脚不时换穿最新式的鞋子。的确，她平时在装饰上总是力求其新，虽然在脑筋方面却始终不嫌其旧。我与她接触最多的时候是在M府女学堂改称M县县立女子师范，再由M县县立女子师范改称M县县立中学以后。那时刚值男女同学实行伊始，因此五姑母也就虎视眈眈的严格执行她的职务，唯恐这般女孩子们一不小心会受人诱惑，闹出什么乱子来。

苏青到女师读书，正是“山雨欲来”的北伐战争前夕，而学校推行当局尊孔读经，提倡三从四德，甚至禁止女生与男教师来往，不得有一点点离经叛道的行为。特别是去年刚刚发生的纪念孙中山先生逝世大会、“五卅”惨案后援会和女师拒考风潮，弄得学校领导一筹莫展，焦头烂额。校长施国祺见此慌了手脚，他严厉要求担任学生会会长的陈修良（1949年后任浙江省委宣传部代部长）登报申明，退出学联，勒令复课。毕业不参加考试者不发给毕业证书，由家长带回。陈修良等坚决反对，最后发生了轰动宁波市的“九·二八”女师拒考事件。施国祺气急败坏，誓不甘休，他请来了宁波道尹吴文劬和教育厅厅长，还派了保安队大力弹压，并以“过激派”（即共产党）之名严令开除陈修良、方守娣、冯俞相、张宜文等5名同学的学籍。

这是一件非同小可的大事，苏青听了同学们的议论十分震惊。但她搞不明白什么是“过激派”？为什么要勒令退学？她带着这个疑虑去问二姑母。二姑母听后大惊失色，严厉警告苏青说：“你孩子家也知道‘过激派’？谁告诉你的？要是让史老先生知道了……你要当心，以后决不许再说！”

但到了下午，“史校长”把苏青叫到校长室去，二姑母也满脸通红地站在一旁。苏青向“史校长”恭敬地鞠了一躬。校长略微点点头，摸着胡子开始训诫起来。他唠唠叨叨说了许多话，引了许多古书，苏青一句也没有听懂，她懵懵的只记住了“玉石俱焚”四字。大概是说她要再跟他们胡闹下去，将来也会玉石俱焚了。苏青不知道二姑母是怎么报告的，她想解释，校长即挥挥手让她出去了。

事隔不久，苏青第二次被叫到校长室。她这次被叫去的原因是没有按学校规定，在脑后梳一个髻，而是从头顶中间分开，两边各梳了一个髻。

“史校长”这次叫她进去，脸色更青更白，他的右手不是摸胡须而是紧紧地攥住胡须了。他说：“你为什么不守校规？梳两个髻，成何体统？古语说天无二日，民无二主，真是要造反了!”

二姑母站在一旁脸色通红，像一个闷葫芦，而四肢怯怯地发抖。苏青感到莫名其妙，待到开口问时，二姑母向她叱道：“还不快回去把头改过来!”

苏青眼里噙着泪水，委屈地从校长室退了出来。

国民军从1926年7月开始北伐，不到半年就打到了浙江。宁波城里都挂起了青天白日旗，只有“史校长”管辖的女子师范学校拒绝悬挂，还封锁了学校大门，不让学生出去。学生们开始起来反对“史校长”，墙上、柱子上贴满了标语：“铲除腐化分子!”“打倒史老顽固!”她们以剪去头发向他示威。苏青在同学催促下，也拿起剪刀把头发“解放”了。

当二姑母晚上来查寝室时，见到桌上满是乱发和剪刀，不觉大惊失色。她忍不住跌跌撞撞跑出去，抖抖索索地嚷道：“反了，反了，我去告诉史校长去!”

次日早晨，校役老王摇着铃通知大家，有紧急事要开大会了。

礼堂里乱糟糟地，“史校长”站在讲台上，两旁站着七八个老师，下边人头攒动，没有一个人说话。“史校长”说：“兄弟来到这里，已有十五年了，有许多同学与我说起来都是世交。譬如说苏青君吧，我与她祖父是同年进校的，她的母亲也是我的学生，现在我看她如小孙女一般。唉，连像我小孙女一般的人，都在背叛我了，应该说离经叛道了。我今天是来向你们告别的，我的辞职书已递到教育局，他们下午就会派人来接收。苏青，你的年纪小，犯不着给人家利用，玉石俱焚，下午休了学和你二姑母回家去吧。”

苏青便这样休了学。

闲居在家的日子是寂寞的，苏青只能听堂兄从县城回来谈学校里发生的一切。

3月，女子师范与培英女中合并，改为中山公学。校长杨眉山，是浙江诸暨人（中共宁波地委执委兼组织部长），任职期间，他首创男女同校，开学时由200余人，渐渐增至300余人。

祖父冯丙然说，男女同校也好，大家可以切磋学问，只是少男少女相聚一堂，千万别闹出什么花样来才好。

堂兄从县里为她带回关于《三民主义浅说》之类的书，闲着没事，她便悄悄去看。书里还夹着一张从报上剪下来的党歌，另一张是油印的《总理遗嘱》。

苏青喜欢唱歌，堂兄不会唱党歌。没有办法，她只得自己按谱哼着唱。对于总理遗嘱，她一遍遍读，很快也就背得滚瓜烂熟了。

堂兄进了中山公学后，苏青仍被留在家中。祖父对她说，只要男女不要闹得太不像样，下学期就可以去复学，现在先留在家帮你母亲做些事。

然而，不久上海发生了“4·12”事件，宁波也迅速笼罩在一片恐怖之中。驻宁波的宁台温防守司令王俊和公安局长吴万钧，大肆搜捕共产党员和国民党左派人士。到6月中旬，宁波市及所属各县被捕达300多人，其中150多人或解省或判刑或遭屠杀。中山公学校长杨眉山和学生金声柏被捕。中山公学师生到宁波城防司令部请愿，要求释放被捕师生，但无济于事。6月22日被捕师生被国民党杀害，在一片腥风血雨的清党中，6月25日中山公学也被查封。

堂兄回到家里说，一队队武装军警将校门严格把守，大肆搜捕赤化分子。有红围巾的女生要抓，有名字带“赤”字的也要抓，国民党旗画歪的也要抓。有的人被抓去后，只要有熟人在党部做事，或与什么机关有联系的，便可托情保释。

邻县有一个小学女教员，长得十分漂亮，有位党员老爷追求她不成，便把赤化嫌疑品放到她的小网篮里，这样也被抓进司令部拷问。那位党员老爷又去讨好，向她求婚，只要她愿意，便可出狱。她说她实在不能爱他，还骂他无人格，最后女教员也被枪毙了。

祖父冯丙然听了却一声不响，默默地望着远方的天空。

二姑母冯祖群则哼了一声说："漂亮女人哪里会革命？完全是自由恋爱害了她，怨不得那位党员老爷！"

苏青庆幸自己在乡村，不然不知道又闹出什么祸端。

1927 年 7 月，中山公学又改名为市立女子中学，苏青文章中说这位校长姓邹。真实生活中确有其人，叫周绪芳。

她的中学是在女子师范读的，大学只念完一年课程。邹校长与苏青二姑母冯祖群有师生之谊，她写信来请她去学校当辅导主任，冯祖群高兴极了。邹校长是一个漂亮的女性，她同丈夫离婚不久，正与一位姓商的教师谈恋爱，此时冯祖群也忘了她自由恋爱的"罪恶"。

苏青吵着闹着要复学，祖父冯丙然犹疑了半晌，终于答应下来。他嘱咐二姑母冯祖群到了学校对苏青要严加管束。

苏青回到学校以后，教室、厕所已粉刷一新，中山公学时期男生乱写乱画的标语已被涂盖，但隐隐还能看出一些痕迹。施国祺走了之后，老一点儿的先生也都走了，校长周绪芳再三敦请，但他们不肯屈居一个年轻的女人之下，无奈之下请来的都是一些年轻教师。

商先生教政治，也相当年轻漂亮。因他爱上了邹校长，正和乡下的妻子闹离婚。协议不成，他便告到了法院，理由是妻子不孝翁姑。商先生的父亲则说："我的儿媳是贤孝的，儿子被姓邹的校长迷住了。"结果离婚不成。

商先生教苏青的政治，也常提问时事。一次问到苏青一个国际问题，她答不上来。他有些不高兴地说："你平日不看报吗？"苏青回答说："看的。"他又说："那么看些什么呢？"苏青停了一下，便笑着回答："看的是请求离婚不准。"商先生大怒，直挺胸脯，气得一言不发。

在一些集会场合，苏青等女生常被叫去唱党歌，读总理遗嘱，演的话剧是《复活的玫瑰》、《南归》、《孔雀东南飞》、《三个叛逆的女性》、《咖啡店一夜》、《青春的悲哀》。跳的舞则是《三蝴蝶》、《海神舞》、《落花流水》等。校服做的特别小，紧包着身体，而裙子又很短，只遮住臀部，害得二姑母横眉怒目。

“济南事件”发生后，学校不再让学生跳舞、演剧，而是外出调查日货，给商家贴封条禁止出售日货。这些调查是学生联合会领导的，商先生差不多天天与那些女生碰头，不久他又爱上了一名叫张剑英的学生。后来她写的求爱信落到苏青二姑母手中，很快转交到邹校长那里。几天后邹校长向教育局辞职了，她辞职的原因是商先生情有别恋。

新来的“刘校长”第一件事便是募捐为女子中学增建新学舍。苏青在她的散文《涛——生活的浪花》中写到的这位校长，真实生活中叫杨庭菊（1888—1969），他早年毕业于上海南洋公学大学部。先后任教于宁波中学堂、宁波师范学堂等学校，1927年出任宁波市教育局长。一年后调任女子中学，他擅教数理，且教学有方，教育界同人戏称“杨三角”。《鄞县县立女子中学新建学舍碑记》对他这样记载：

> 中华民国十七年（1928）八月，杨庭菊先生来为校长。鉴于吾乡女子中等教育之式微，而环市七县人口数百万，女子完全中学仅此一所。每春秋始业，应试者踵，属录取率，不过十四五，先生患之顾，欲加以扩充，莫亟于学舍之增建，以资无所出，乃集乡人士征募……诸乡人及校之教员、职员、毕业、肄业学生分执征募之后，都得银二万八千八百四十四圆强而。

在这次募捐中，蒋介石、徐庆云、王问涵、金廷荪、杜月笙、周宗良、周枕琴、陈布雷、胡洲田、陈蓉馆诸先生赞助最力，先后增建楼舍：三重者一，二重者二、桥一，其他门垣、疱湢之属，称是孙总理纪念堂体育场胥，拓而大之。直到1932年10月才告工讫。后来成为书法大家的沙孟海撰文并书写了这块碑记。

“刘校长”第二件事便是留下了苏青的二姑母冯祖群继续留任女中学监。苏青在《涛——生活的浪花》一文中对“刘校长”描述说：

他原是女子师范的旧教员，生得矮胖身材，白麻子，两颗门齿尽管往外扒。他的年纪大概有四十多岁了，态度严肃，使人见了就不敢太放肆。学生们因为畏忌之故，常有人恨恨的在背地唤他为“刘麻”而不名。更因其腹部隆然凸出，走起路来大摇大摆，也就有戏呼之为“十月怀胎”者，不过女孩儿们毕竟脸嫩，提起有关生育的话来未免羞人答答的，因此这个绰号便远没有前者之被叫得响亮而普遍。

“刘校长”从1928年秋季开学起，拿着一本段育华著的《初中混合算学》，教来教去还不到10页，原因是他一上课堂便训话。训的内容无非是不要被“共产党徒”利用云云。他来上课不等钟声敲完，便凸着肚子大摇大摆走来，那些学生便乱哄哄地找自己的座位。等大家站定了他才恭恭敬敬地鞠上一躬，若有人不理会，他便说：“这回不算数，重来。”于是不理会的也只好站起来了。

鞠躬满意之后，他便拿出书本来，故意装出要翻的样子，于是学生们也忙着翻。有的不知是第几页，用眼睛向他看时，他却忽然露出笑容来了，合拢书本说：“且慢，我还要训话呢。”接着便说下去：“第一，女大当嫁是必然的，同学中要是有未婚夫来了，大家千万别跟出去瞧。”他一面说一面把目光转到学生卢月香身上。卢月香羞怯的脸全涨红了。

这时，苏青代为解释说：“那不是她的未婚夫，是朋友。”

“刘校长”却板起面孔说：“若不是未婚夫，以后请他少到这里来，要切磋学问，这里女朋友多得很，还有各位教师，何必找外面的男人？总之这件事情不大好，以后要改过。第二，学生会既已改为学生自治会了，范围自应缩小。学联会的命令虽该接受，但差不多的地方只要派几个代表去敷衍一下便了，犯不着全体出席，招摇过市，白白给人家评头品足。”

“评由他们评去，我们不能因噎废食！”有学生轻声抗议。

苏青也自言自语说：“他们评我们，我们就不能评评他们吗？”

话还未毕，只见“刘校长”面色大变，怒气冲天地把桌一拍吼道：“谁在说话，站起来！”他见没人说话，马上又缓和下来：“那么大概是我听错了。总之你们应该以学业为重，一切集会还是少参加为是。”

尽管“刘校长”对学生要求十分严厉，但他对党部、民众团体却敬而从之，常以牺牲代表利益为代价。

苏青在演讲会得过几次奖，被推举为出席代表。过去出席代表参加任何大会，从不当缺席论的。自“刘校长”接任后，便改为“作请假论”，于是她便被无缘无故地记上每学期要缺上几十个钟点的课。

苏青在外讲演博得许多人称赞的同时，也意外地招来了一个国民党大兵队长的喜爱。这个人40多岁，接连不迭地给苏青写来了三四封求爱信，每封信里附有他的白话诗。苏青记得最后一首诗有这么两句：“病了的孤雁哀鸿，希望在你心中觅个葬身之宫！”

这可把“刘校长”和二姑母冯祖群吓坏了。他们把苏青悄悄叫到校长室训话。“刘校长”严肃地沉默了半晌说：“自由恋爱我也赞成，不过这位队长年龄太大了，他已经40多岁了，你才14岁，还有他是广东人，还有……”

他面对着苏青，一副麻脸显得异常严峻。话没说完，把她吓得哭了起来。

这时二姑母也向她低声斥责说：“还要哭！这种事给别人知道了好听吗？现在快别提了，以后不许当什么代表，赶紧装病辞职。”

“刘校长”也怕得罪军方，思忖半晌说：“这种事过于逼苏青君也没有用，她也是无辜的，再有信来，原封退回。告诉门房，如有人来找，说本校从无此人。”

事情也到此为止，苏青便被关禁在校内。

1929年的春天，学校里请来了一位徐先生。他不过二十七八岁年纪，瘦削的脸上戴着一副金丝边眼镜，说话声音不高，举止安详，使人见了肃然起敬。他教的是历史课，把一部中国近代史讲得非常透彻，一个个昏庸无能的人物，一桩桩令人发指的事件，一条条丧权辱国的条约，他都解释得明明白白。他说我们国家应奋自图强，青年力谋前进，妥协畏缩没有出路。他讲得学生声泪俱下，群情激愤。

然而，这却引起了“刘校长”对他的不满。他视徐先生为过激分子，于是到处找碴刁难，借故排挤。恰在此时，学校里发生了因不吃粥罢饭的事情，校方怀疑是徐先生背后鼓励所致。后来徐先生为此气得病倒了，学生要去看望，刘校长不允。学生们买了面包、饼干和鲜花，请校役老王送去，刘校长又借故发落了老王。不久徐先生病情加重，住进了医院，大家纷纷请假去探视，“刘校长”知道后异常愤怒，转告辅导处，平日不准学生请假外出。苏青的二姑母在外放风说：“徐先生平日闷声不响，骗女人本领倒不错，所以有许多女学生拥护他。”种种不堪的话，让许多学生听了更加愤怒。

在一个细雨濛濛的早晨，校里布告栏贴出了一张纸条：“本校教员徐××因病逝世，所有初中各级历史课程，即日起改由程××先生代授。”

学生们知道后要为徐先生开追悼会，学校当局不许，坚持要学生上课，于是学生开始罢课。“刘校长”向学生自治会主席要名单，问谁在鼓动风潮，最后在布告栏贴出开除苏青等人的名单。然而，学生们并没有被吓住，罢课风潮更大了，校方见事情越闹越大，最后只好妥协，草草将布告和决定收回。

1930年7月，苏青终于拿到了初中毕业文凭，升入省立第四中学读高中。

竹洲的读书生活结束了。苏青环绕在月湖池畔，回想着那段暂短又漫长的日子，相聚与别离，欢乐与伤痛，她已习惯了用自己的眼睛同自己的心灵对话。在没有翅膀的日子，一任那逝水弃绝而去。她收回茫然的目光，望着桥边那个花衣女孩儿，也在吹奏一支别离的曲子。

4 点亮心灵的灯

苏青仿佛听到了自己的血在脉管里涓涓奔流，这种撼动人心的力量，将会影响她的一生。

苏青进入浙江省立第四中学高中部读书，是在民国十九年（1930）气爽风清的秋天。

学校坐落在宁波城南门外东侧不远处的奉化江边，这里杨柳依依，江水浩荡，终年拍打着金色的沙岸。校内楼舍幢幢，肃穆安然，圆形的跑道把宽敞的足球场围在中央，越发显得这所学校的宏大与浩瀚。阳光从江水的另一端照射过来，给宛在水中央的学校涂上一层金色的阳光，那阳光有着一种鲜明的质感，让你忍不住伸出手去抚摸，仿佛能触到一种无可名状的细腻与柔软。

苏青到这里读书时，学校已走过32年历程。

这所学校创建于光绪二十四年（1898），初名为储才学堂，意为国家培养革新图强人才。延聘慈溪（今慈城镇）大儒杨敏曾（1858—1939）为监堂（校长）兼总教习，并制定办学章程，开设译学、算学、经学、史学、词章、舆地等科。后更名为宁波府中学堂。为培养师资，光绪三十一年（1905）又征得宁波知府喻兆藩同意，将湖西的月湖书院（今月湖饭店）改为宁波府师范学堂，首任监督张让三。民国元年（1912），先后更名为浙江省立第四中学校、第四师范学校。

值得一提的是，苏青的祖父冯丙然在光绪三十三年（1908）亦曾在宁波府中学堂任监堂。辛亥革命后，还担任宁波府教育会会长，杭州副参议长，参与创办了《四明日报》。他热心建铁路，开公立医院。在任监堂期间，宁绍台道喻兆藩拨地30亩，扩建中学堂。计增建讲堂、教室、自修室、寝室、食堂、雨天操场、会客室、厕所百数十间，剩余经费又添置了军乐、图书、仪器等教学设备，校园规模、师生人数大增，被喻为“浙东第一校”。

当苏青穿上簇新校服神采奕奕地走进礼堂的时候，学校合唱队正用四中《校歌》欢迎入校的新生：

泱泱越国古明州，
门对大江流。
精英继起，德艺兼优，
学海任遨游。
须猛进，莫回头，
时光不我留。
同声相恋气相求，
努力迈前修。

苏青的情绪被这雄浑的歌声感染了。她仿佛听到了自己的血在脉管里涓涓奔流，这种撼动人心的力量，将会影响她的一生。

然而，当学校开课不久，苏青渐渐发现并不像传说的那么美好，特别是宁台温防守司令来甬策划武力“清党”后，派来四中任校长的励乃骥，他秉承上司的旨意，一面严密侦察，一面“阐扬党义”，大要皮里阳秋，“藉此止乱而肃学风”。并开除为首学生，送市公安局拘禁。为进一步限制学生自由，规定初高中课程一律必修，采用学分与学年升级考核，对学生钝刃砍伐，肆意惩戒。

同时还逐个调查学生言行，发现稍有“不轨”者立即淘汰。大批警特潜入校园，秘密搜捕进步学生，曹声洪、陈峣、李慕亭等七名学生，被捕后解送杭州陆军监狱。从此将学生的反帝爱国热情打了下去。学校空气十分沉闷，有几种不同的情绪侵噬着他们的心灵。一种是主张尽情享乐，今天上菜馆，明天看电影，把读书放在脑后；另一种是不再关心国事，从此埋头读书；还有一种是彷徨苦闷，满腹牢骚。

苏青知道这种情形后，心中也感到忐忑不安。于是她除上课外，天天躲在宿舍里埋头读书，半年时间看了 28 部长篇英文小说，这给了她一个意外的收获，从此爱上了英语。

同学们看到苏青如此埋头读书，便问：“你读的是阿克斯福敌音，还是克姆别立险音（牛津、剑桥音译）!”还故意把 oxford 与 Cambrdge 两字读得怪声怪气，表示对她的嘲笑。她反唇相讥：“你们是‘国难级’的，还是‘自强级’的?”

就在苏青进入四中后的 1931 年 7 月，那个来四中的励校长被送走了，浙江省教育厅任督学的沈其达先生回校担任校长。

沈校长是浙江嘉兴人，北京高等师范（北京师范大学前身）毕业。经亨颐任校长期间，他在四中曾任英语教师。他办学严谨，有学者风度，处事灵活，作风民主，广为师生欢迎。他效法经亨颐校长办学方法，每周邀请一位名人来校讲演，不仅有国内学者，还有外国专家，如马寅初、蔡元培、陈布雷、李权时、周作人、艾迪博士等。他开设商业、银行、教育等职业选修课，使学生开阔视野，拓宽知识领域。

1931 年“9·18”事变后，又发生了 1932 年“1·28”淞沪抗战，四中成立了“抗日救国会”，举行国难演讲，化装宣传，组织了义勇军、童子军、女生救护队等。苏青也不甘人后，要报名参加义勇军上前线，后被母亲劝阻。

学生自治会还创办了《四中学生》、《四中季刊》等杂志。

苏青针对当时学生中的思想状况，撰写了《享乐主义》长文，刊登在《四中季刊》1931 年第 9 期上。

苏青从国内国际历史事件中分析了“享乐主义的背景”、“享乐主义的内容”、“实行享乐主义的推测”、“享乐主义的批评”四个部分，阐述了享乐主义对社会和人类的危害。

她写享乐主义背景：

避难就易，是人们心理的普遍现象；在独裁政治下的人民，一切自由都被剥夺殆尽，持异议者被罪；因此，谀言媚贵身荣名显，诚心爱众，直言不讳者抄家灭族，试问在专制淫威之下，谁还敢道个“不”字？当然，当时也有一般勇敢坚忍的人在力行其道，但是，他们所得到的结果，只有失败！苏格拉底与孔子皆认入世的哲学，采取中庸的态度，认国家幸福的人生努力的标鹄，认修身致知为达此目的之手段，他们的热心真可使人感佩；但是，苏格拉底终于被雅典的法律宣告死刑，服毒自尽；孔子也只落得个望麒麟而叹“吾道不行!”

她写享乐主义内容：

享乐主义者认为应求目前之快乐，不必计其将来的结果如何不好；最不好的结果无非是死，但他们还是“废而任之，究其所欲，以俟其死”。同时，竭力主张避免目前之苦痛，不管将来的结果如何好；“拔毛”就是目前的苦痛，“济天下”乃将来之好结果，故墨子不应。孟子有云：“杨子取为我，拔一毛而利天下，不为也!”并不是杨朱真有这一会（回）事，这不过是享乐主义的极端说法罢了。

她写实行享乐主义的推测：

人的生活的乐趣，多在旧欢的幻影，与未来的憧憬，尤重要者，就是现在的努力。劳动过度，固然使肉体得到疲乏，但倘能在光明的希望之中，相当的劳动人的心身，其精神愉快而甜美，古人有“困愁”之名，“愁”生于“闲”，岂复有疑？人的欲望是前进的，住惯了洋房决不愿长留草舍，用惯了电灯又谁肯重用油灯？假如不是在万得不已的时候……

要尽情的享乐，仅有享乐的工具，还不能达到享乐的目标，欲完成此理想，尚须赖有享乐的对象。假如我们认吃食为享乐，我们须具备享乐的工具——口——，与享乐的对象——美食——，才能完成享乐的目标。但享乐对象的取得，却值得讨论……

她对享乐主义的批评：

当局之自私，致人民不能满足，不能改革。但确定了享乐的思想之后，他自己的自私，亦正不亚于逼他消极的人，并且，另一部分人民，也将受他的激奋而趋于消极，从此继续效尤，社会情形将更形不良，且有享乐之名而未受享乐之实，我诚不知享乐派之命意何在？这不是明显的意识的矛盾吗？

……考其发生享乐主义之原因，论者多归罪于政治，所认为并不尽然；享乐主义者必认为“举世皆浊惟我独清”故愤而出此倒行逆施之举，殊不知举世皆浊我苟能独行其清，则或可挽救于万一，苟人浊我亦愤而行浊，则社会更无澄清之日？且归全罪于执政者，尤欠平久，苟人民使国家组织无执政者腐败之余地，执政者又安得有腐败之思想？人皆知人之过而不明己之过，故有滥用强权压迫异己者，故有诿过他人自暴自度者；人苟能见解及此，则享乐主义无从发生；今之所认有人高唱享乐主义者，正困其谬误之见解酿成之。

读她这篇文章，你会感到有一种扑面而来的气势，论辩有据，直击时弊，像一株开满繁花的树，精彩纷呈，灼人眼目。虽然结构有些松散，文字表达还欠精准，但如果不告诉作者的年龄性别，无论如何猜想不到是出自一个 16 岁少女的手笔。她识见宽博，论辩有力，字里行间透着历史的观照。仿佛让人感到，有马群奔腾过大地的冲击力。

苏青在四中时就表现出了很高的文学天分，她不仅在学校办的刊物上发表文章，而且还在宁波当地报纸上发表文章。祖父冯丙然去世开追悼会时，为悼念祖父，她还写了不少散文和诗词。她的语文老师也曾给予她很高评价："不独为宁中之秀，抑且为中国之光。"同学们也说她是"天才的文艺女神"。进入高中三年级时，她继《享乐主义》后，又连续撰写了《破除迷信》、《异端思想》等论说文章，分别发表在校刊《四中学生》1933 年第一期和第二期上。后面这两篇论说文较之《享乐主义》一文，已有了很大进步，表达更加精练和娴熟，不难看出，在成为作家之前的苏青，已经有了很好的理论基础。

苏青不仅有很强的文学才能，还有着很强的表演才能。早在女子师范上初中时，每年她都要参加"元旦演剧"活动。

在女师时，所演剧目多是富于反抗性的，如郭沫若的《卓文君》、王独清的《杨贵妃之死》等，那时离上海发生"五卅"惨案不久，救国浪潮的余音还在继续，她还在班级竞争中主演了《娜拉》一剧。在女师最后一个元旦，革命狂热已渐渐消失，校中充满着恋爱空气，表演多是《复活的玫瑰》、《青春的悲哀》、《孔雀东南飞》、《弃妇》等，把同乐会变成了同哭会。

进入省立第四中学第一个元旦，苏青因在一次英语讲演竞赛中背了一篇《Self-Education》（《自我教育》），得奖后被学校剧团邀去，演了英文剧《A Fickle Widow》（《轻浮的寡妇》）。这个剧是《今古奇观》中庄子休妻的故事，英文教师把它写成英文剧，让苏青和同学们去演。这次演出开了四中男女同台演出之风。

苏青在高中时，国语学习成绩一直很突出，三个学年平均分数都在 80 分以上。而算学在三个学年中，只有一个学期勉强达到 80 分，其余则在六七十分，甚至更低，这让她伤透了脑筋。

在初中时，苏青就已对算学感到头疼。她在课堂上采取了与邻座一个女生“平等交易”的方式，即国文、英文由苏青帮助她，算学她来帮助苏青，做了三年“南郭先生”后，苏青的算学成绩总算列入了甲等。

到了苏青报考省立四中的时候，她因算学成绩不佳而报考了师范科，个中原因是为了规避几何、代数的心理作祟。然而，使她意想不到的是，到了师范科“儿童心理”、“教育概论”也同样使她索然，她只好从第二学期起，转入普通科。到了普通科当然也少不了三角函数、立体几何等。

苏青所在的班级三角函数是由沈校长执教的，他的治学方法是死记硬背，理不理解尚在其次。这一来也害苦了苏青，几百个习题怎能背得了？苏青一度产生了退学的念头。

另一门立体几何是唐先生教的。唐先生是沈校长的老师，他年高体弱，家又小康，本不愿再出来兼课，在沈校长一再恳请下才答应的。他的教学方法与沈校长不同，即把原理讲得非常清楚明白，很注意培养学生对数学的兴趣，不提倡学生死记硬背。即使这样，苏青亦感到“心有余而力不足”。

为了报答唐先生的好意，也为了顾全自己的面子，她只得用欺骗的办法来应对。苏青有几个堂兄、表兄都爱好数理，她常常写快信央求他们代做习题。答案到手之后，苏青便将它细密的一一抄在书的空白处，预备上黑板时应用。有时唐先生临时出几十个题目，苏青便急的满城乱跑。考试时只好开上五六个夜车，每一次算学考试下来，她总是累得请几天病假。

三生有幸的是，坐在她身后的一名男同学常为她“雪中送炭”，帮忙度过了那一段难挨的日子。这便是后来成为苏青丈夫的同班同学李钦后。

奉化江水澄波荡漾地流着，逝者如斯，然而，流去的只是时间。奉化江永远不会忘记，那个在江边漫步和沉思的女孩儿……

5 负笈中大

南京宁波旅京同学会举行常委会，
一致拥戴苏青（冯和仪）为
"南京国立中央大学宁波皇后"。

苏青题名金榜，晋升国立中央大学外文系，成为浙东地区本届女生独一无二的高考状元。

其实，此次考试也是悬之又悬，她在一篇文章中自述的说："我又为什么能够录取呢？说也凑巧，五个题目中有两个是昨夜刚看过的，一个是从右邻的那个很美的女生处窥得，她的卷子放在左边，上面还只抄好一题，自己正拿着钢笔在草稿纸上划来划去苦思，这一题使我成了功，但入学后我从未遇到这位美丽的女郎，也许她也落榜了，因此我永远没有机会向她致谢。"

一题之差，要么上去，要么下来。她借了这位美丽女郎一架梯子，才进了"中大"高校的门坎。多悬！

国立中央大学有着辉煌的历史。光绪二十八年（1902），由两江总督张之洞筹划，于南京北极阁前明朝国子监旧址上创建了三江师范学堂。光绪三十一年（1905），三江师范学堂改名为两江优级师范学堂。这便是国立中央大学的肇始。

辛亥革命后，南京临时国民政府首任教育总长推行教育改革，公布了新的学制系统和各种学校法令。民国五年（1916），在两江优级师范学堂旧址改设南京高等师范学校，由黄炎培等参加筹建，江谦和郭秉文先后担任校长。民国九年（1920）12月，又在南京高等师范校址上建起东南大学，由郭秉文任校长。民国十六年（1927）6月9日，国民政府教委公布“大学区制”，东南大学和江苏省内其他8所专科以上学校合并组成国立第四中山大学，校长张乃燕。民国十七年（1928）2月9日，曾一度改名江苏大学，遭到全校师生反对，同年5月16日，国民政府重新作出“改称国立中央大学”的决议。民国十九年（1930），朱家骅任校长。民国二十一年（1932），罗家伦继任校长，直到1941年辞职。

中央大学设文、理、法、教育、农、工、商、医8个学院12个系和19个科，是当时全国大学中院系最齐全规模最大的大学，全校师生近3000人。

师生如此之众，却无一个大型聚会场所。原动工修建的大礼堂，因经费困难早已停工。朱家骅任校长不久，向国民党建议，将礼堂修建在中大校园内，今后由中大保管，共同使用。后经官方同意，拨款51万银元，于民国十九年（1930）4月竣工。此后，大礼堂与校内的千年六朝古松，并称为中央大学的两大景观。大礼堂落成的同时，位于四牌楼那座大而庄严的校门也告竣工。校门正对着大礼堂，有一条很长很宽的马路，两旁种植了绿意葱茏的法国梧桐。从校门远眺过去，呈现出一幅美丽的图画。学校又请艺术科陈之佛教授设计出美观、典雅的倒三角形校徽，含红、蓝、黄、白四种颜色，上方“国立中央大学”红色方头字体，显得非常醒目。

罗家伦任校长后，他提出中央大学应负起建立有机的民族文化的使命，培养新的学风，提出“诚朴雄伟”四字方针，勉励全校师生。诚，即对求学问要有诚意，不以求学问为升官发财之途。朴，即朴实之意，不尚纤巧，不重浮华，崇实而用苦功。雄，即“大雄无畏”，有浩然之气。伟，即伟大崇高，放开眼光，不故步自封，无门户之见。总之每个学生要具备这四种美德，才是“泱泱大风”的气度，并以此建立中央大学新学风的基础。

苏青就读的外国文学系，其实就只一种英文，她认为应该叫英文系更为准确。她读书非常用功，去掉了数学的拖累，精神面貌也发生了很大的变化。

陈铨教授教英国文学选读，选的是莎士比亚的剧本，萧伯纳的散文，哈代的小说。有时陈教授让苏青起来朗读，她毫不畏惧，并且读得琅琅上口，特别是莎翁剧本中的人物对话，她发挥了她的表演才能，更是读得声情并茂，常常得到陈教授的称赞。陈教授曾在清华读书，留学英国，有绅士风度，苏青对他非常崇敬。

还有一位教英文文法的教授，他授课以读音准确而蜚声校园。有学生问他有的字在《英华合解词汇》里查不着怎么办？他说："那个'词汇'无用，要查你去《牛津大词典》里找。"在发音方面，他也常纠正苏青不准确的地方，说她的英语发音带有宁波腔。

外文系虽是修英文，但学校规定也要选修中国文学课程。苏青的求知欲很强，又对文学很感兴趣，这时她不管中国文学、外国文学，狼吞虎咽地读了许多书，有些是图书馆借来的，有些是自己买的。她借选修中国文学课程之机，也对中国古典文学有了较为深入的理解。

在这个宁静的校园里，要走进这群精灵们的生命深处，必须穿过一片白昼的黑暗，才能来到他们的领地，寻找一粒种子的心脏，一只飞鸟的翅膀，开启这只宝贝的潘多拉盒子，看灵魂如何在椅子上倒立。

在大学膳食是自理的，校门口小饭店林立，生意极忙，餐餐有应接不暇之势。因此顾客可分为两类，一类是有座位无饭菜，另一类是有饭菜无座位。那种坐在外面老等的人，是抢着座位抢不到饭菜的；最有把握的是挤进厨房，佯作参观他烧菜的人，在他持碗盛菜之际，奇兵出击，劈手把碗抢将过来，不问谁先谁后，只要抢到了菜，便有饭可吃。菜与座位不可兼得，苏青是宁愿弃后者而取前者。而事实上厨子也愿意给女生以方便，若男生老站在他肩后参观，他便要拿起勺子舀些滚烫的汤，恶狠狠地泼过去，吓得他们退避不迭。因此厨子的背后，总是密匝匝地挤着女生，围成半个圆形，那时厨子似乎更加卖力了。

中大女生宿舍也有一番别样的风景。

楼的位置在靠近大礼堂的左边，是中国式的平房。四幢楼各有特色：东楼空气好，西楼臭虫多，南楼阳光足，北楼形式美。西楼8号是女宿舍中最大的一间，铺了5张床，窗侧有一门通向另一间小室，住在这小室内的人进去必须经过这个长方形的大房间。室内的人性格各异，形形色色，煞是有趣。现在打开这个宝贝的盒子——

室内南北有四个对着的窗子，从门走进去苏青的床在右手临南窗处，王行远的床贴东墙边，与苏青相对的北窗处是魏懿君；门的左手南窗处是梅亦男，李文仙的床贴在西墙边；再往里是那间小室，周美玉便住在那间小室内。大室中央置5个书架，组成一个五角形。正对门放一只马桶，每晚你来我往，供不应及，登其上者左顾右盼，谈笑风生；睡者饱闻臭气，坐者何惜展览臀部？只苦了那位住小室的周美玉，每晚归寝时总是用淡红绸帕掩掩鼻子，回到小房间吐上几口唾沫。

先说周美玉。她是本校政治系三年级学生，芳龄尚不过24岁。是西楼女生宿舍的贵客，她有一位在南京做官的父亲，还有一位在沪当买办的未婚夫，亲友中还有不少达官贵绅。这样一位娇小姐，不久定然会是一位贵夫人，不加此雍容华贵怎么可以？于是面厚其粉，唇红似脂，鞋高其根，衣短其袖，发皱如波。她袅袅娜娜出入教室，当然驻足望之者不少。

接着说魏懿君。她与周美玉相反，后肄业于中文系四年级，她发整不齐，黑旗袍，面色枯黄而有雀斑，年龄只有23岁，望去却如30岁人。她早寝而睡不着，越早起越疲困欲死，终日哼哼唧唧，执卷吟哦。然据梅亦男小姐统计，年龄最大的不是她，而是周美玉。

再说李文仙。她今年20岁，是化学系今年的新生，她一天到晚做习题，做试验，每天开电灯起床，点洋烛归寝，她布衣素面，另有风致，被称为“自然之美”。

末了说梅亦男。她在体育科读了三年，除了50公尺、100公尺要用算学中的数字，Ready！Go！喊口令时用几个英文外，什么牛顿、莎士比亚她都不放在心上。还是国文有用处，《最后的幸福》能使她流泪，恋爱、尺牍常备案头。她天天躺在床上，睡了一觉又一觉，睁眼时必掀开毯子捉臭虫，捉了七八只不高兴再捉，顺手扯了一条长“灯笼裤”向胸上一丢，又酣睡过去。要不是一天到晚有吃饭、会客、听电话、大小便等事来麻烦，她定可以一昼夜睡上 24 个钟头，至少也得 23 个。

最后要说苏青和王行远。王行远是湖南人，教育系新生，与苏青同为 19 岁。

一次，苏青与周美玉闲谈，问起她的年龄，不料她怫然不悦，欧美的交际习惯，不能问人年龄，她斥责苏青身为外国文学系的学生，怎能明知故犯？苏青连忙解释，自己向不拘礼，更不知“密斯”已加入欧美籍，以致违“入国问俗”之训。此后暂将 John V. Barrow 之“Good Manner”一书背熟，免劳“密斯”娇嗔。王行远见苏青嘻皮笑脸，却对她无可奈何。她告诉苏青，自己实足年龄为 22 岁零 11 个月，若按中国习惯计算，却要说 24 岁了，不过今后要采用欧美算法。

南京是六朝故都，可玩的地方不少，然而她们太远了不好去，最近的是北极阁、农场等处。有一次苏青同王行远在农场池边说了声：“此刻正是‘月上柳梢头’的情景啊！”第二天早晨碰到北楼的许小姐，她嗔苏青：“密斯冯，你真会糟蹋人，我同密斯张只是个朋友呀！”苏青愕然地问：“我可没有说你们什么呀！”许小姐说：“你还装傻，昨夜说些什么柳梢头不柳梢头葬送人！”苏青说：“委实不知道他们二人在那儿。”许小姐说：“你俩都是瞎子，你同王行远是两个坏孩子！”

她俩从此不再到农场去了，北极阁也自此绝迹。最后只好回到女宿舍旁边草地上坐着闲聊。苏青说：“我觉得南京女人最可厌。”王行远则说：“你们宁波女人很俗气。”苏青反唇相讥：“你们湖南女人是蛮子！”说着二人“扭打”起来，还锐声叫喊。周美玉听见了声音，忙跑出来寻问究竟，不料高跟鞋踩住了旗袍下罢，还摔了一跤，膝盖上的真丝袜破了一个大洞，为此常迁怒苏青和王行远。

在这个宿舍里，她们还常常讨论爱情问题。苏青为她们预测每个人的最终结果：周美玉小姐摩登少妇，整日陪丈夫出入交际场所，终身不持针线。魏懿君则要患歇斯底里症，当女舍监，入天主教。李文仙应速转男身，鼻上架几千度的近视镜，终日研究阿摩尼亚。她们则为苏青预测：只配嫁个潦倒文人，卧亭子间读 T. Hardy 小说。

你看这群有身份、有学养的千金，从课堂回到宿舍，泼皮似的如栖霞山的行脚僧：白日里卖杖摇铃，黑夜里舞枪弄棒。一个个六根不净，戒行全无，七倒八歪地只图眼前快乐，那还顾得上何时去觅蓬莱！

在中大第一年的秋天，南京宁波旅京同学会举行常委会，一致拥戴苏青（冯和仪）为“南京国立中央大学宁波皇后”。报道称：

冯和仪女士荣任中大宁波皇后

首都讯，南京宁波旅京同学会，半年来会务进行之努力，与其发展之惊人，曾经记者数函本报，该会于昨日（十月一日）假座中央大学法学院研究室举行常会。记者叨蒙该会邀请，荣得列席，是日虽风雨相和，然会员之到会者仍甚夥，时鸣十下、于掌声四起中，该会会长何瑞芝同乡徐徐起立，首述开会之意义，及报告半年来会务概况次介绍新旧同乡，席间谈笑风生，庄谐并作，济济一堂，极一时之盛，末改选职员，开票结果，本届职员，干事任美锷，副干事何瑞芝，文书张其春，会计冯和仪女士，庶务吴信法，运动主任钟季卿，游艺主任叶毓芬女士，又于席间一致拥戴中央大学文学院外国文学系高材生冯和仪女士，为“南京国立中央大学宁波皇后”，闻冯女士系吾甬闻人冯友生先生之孙女，今夏方毕业于宁波浙江省立第四中学高中部，冯女士善交际，精音乐，擅长著作，而对于文学一道，研究尤深云。

这是苏青入学一个月后爆出的新闻事件，刊登在《上海宁波日报》上。

秋残了的时候，她受初中同学张继杰夫妇之邀，又去栖霞山旅游。

那是一个星期天，她起了个大早，赶到了他们的住所。同去的还有张继杰表妹赵小姐夫妇，赵小姐埋怨完穿着又化妆，张继杰哄完了女儿哄儿子，真可谓“千等万唤始出来”，再登火车赶到栖霞山已经时候不早了。他们爬山照相，上去下来，累得兴致全无，原定的野炊也取消了。这一趟旅行的收获是那两对夫妇留了几张照片，苏青则只采了一片红叶，她在《红叶》一文中写道：

> 老实说，我这天一些也没有鉴赏什么风景。假如你问我栖霞山到底是怎样的，我可除了说漫天的红叶以外什么印象也没有。我的脑中清楚地记着他们四人的面容，女的是懊恼的，心不在焉的，男人则无聊万分，不知如何是好。我知道她们心里面都在后悔此行，但为了顾全别人的兴趣起见，嘴上不得不说着快乐的话。

苏青这一趟栖霞游，花钱费力，糟蹋光阴，带来的却是疲倦和无聊。她想起这伙人在山上的丑态，忍不住恨恨地撕碎了这片留作纪念的红叶。

1933年寒假，苏青由南京中大回到宁波，与未婚夫李钦后举行了婚礼。

他们的结婚，还在《上海宁波日报》头版登了广告。题目是：冯和仪女士于归志盛。

早在上高中的时候，苏青和李钦后就是同班同学，苏青碰到数学上的难题，常常得到李钦后的帮助。是元旦时学校开同乐会，一场演出促成了他们的婚事。

那天演出《孔雀东南飞》，苏青扮演兰芝非常成功，赢得台下观众许多同情的眼泪。李钦后的父亲李星如也来看演出，对苏青的表演很赞赏。恰巧双方父母都坐在前排，从此也便相识。不久，李家让账房先生上门做媒，苏青母亲考虑到孤儿寡母，三个孩子都上学，家庭经济十分困窘，苏青又面临考大学，便把这门亲事答应下来，并商定暂不结婚，等苏青读完大学再行婚礼。后来苏青和李钦后分别考入南京国立中央大学外文系和东吴大学在上海的法律系读书。

李钦后的父亲李星如早年在恒永钱庄做经理，他知道如何拍股东马屁，如何投机做买卖，后来脱离这家钱庄，自己斥资开了元泰钱庄，自己当老板，李家由此渐渐富有起来。李钦后与苏青订婚后，李家在经济上给鲍云仙很大支持，节假日常请苏青母亲鲍云仙、弟弟冯和侃、妹妹冯和侠到家做客。

苏青文采卓然，声响神清，宁波旅京同学会送她这个“宁波皇后”的绰号，更弄得人心思慕，求爱信雪片似的飞来。然而她对人说：“我已有婚约，绝不负人。”风声传到李家，父亲李星如心里忐忑不安，李钦后也怕日久生变，于是提出借寒假之机完婚。苏青深知学习机会得来不易，绝不同意，后来在母亲的劝说下，总算答应下来。

苏青和李钦后结婚，举行的是新旧合璧式婚礼。一半儿是坐花轿，一半儿是进教堂。

坐花轿是宁波十数个世纪以来的乡俗，据说南宋高宗为报答救命之恩，降旨给宁波姑娘出嫁的特权，苏青出嫁亦不例外。

母亲伴女儿出嫁前一晚同睡是当地的规矩，好在夜里教给女儿做媳妇的道理。李家从县城到后仓冯家二十华里，迎亲花轿到来已近中午。在这之前苏青不能起床，等到花轿到了才能起身穿衣，由伴娘为她化妆。那时母亲早已起身料理杂事去了，化妆这个事由二姑母冯祖群来亲自指点，她给她穿的是淡红色绸装、手捧绢制鲜花、大红缎鞋，为是图个吉利。房间里也挤满了看客，二姑母得意洋洋，巴不得多来些人欣赏才好。

打扮完毕，鼓乐响起。苏青循俗由弟弟冯和侃抱上轿，她欲哭不能，累得弟弟额上青筋暴胀，好容易来到轿前，她赶紧下来钻进轿里。四个轿夫上来关好轿门，放好轿顶，花轿在音乐声中起程。

走了很长时间，苏青正愤愤然间，花轿在青年会礼堂停了下来。在骚动声中她走下轿来，一个穿银色衣裳面孔苍白、敷粉施朱的少妇，来打量她一番，回来悄声说：“这个新娘子是宁城打扮，呒没上海派头。”苏青听得刺耳，不禁动起气来。

苏青随着音乐的节拍，一步一挨的来到礼堂中间站定。等了许久，李钦后在众人掌声中被拖了出来，这也是宁波人的规矩，以表无奈之举。二人站定后婚礼便开始了，苏青与李钦后相对而立三鞠躬，来宾纷纷涌了上来，占据了主婚人的位置，主婚人、介绍人也被挤到一旁。

婚礼在一阵阵吵闹声中总算办完了。结婚人、主婚人、介绍人通通在结婚证上盖章，苏青与李钦后向来宾致礼后，伴娘才陪着退了出来。在耳房换过妆，他们重又回到礼堂，向长辈族人、亲人献茶行礼。先是翁姑，继而伯公伯婆、叔公叔婆，再是舅丈舅婆、姨丈姨婆、姑丈姑婆等，一对一对挨下来，还有几个寡婆妇人推三推四，不肯上来，说是不详之身怕冲了喜气，让新人免礼。

后来李钦后招呼那个银色衣裳的少妇上来见礼，她不胜幽怨地嗔道："你倒好，也是搭我寻开心。"撅起红菱似的嘴巴装出生气的样子。李钦后一笑，她也忍不住笑了。

见礼毕，天全黑了。李家是宁波富商，亲族也多，都到他家吃喜酒，少数爱吃西餐的人，留在青年会吃大菜。

洞房花烛夜亦是热闹非凡。前厅、中厅、后面的正厅，汽油灯照得雪亮，摆满了大席，这晚共百桌有余，宾客一二千人。

客人散后，伴娘帮苏青卸了妆，把房间收拾干净，只剩下梳妆台上一对花烛，她们叩过头，道声"早生贵子"，便退了出去。床上只有一枕一被，李钦后早已捷足先登，紧紧裹在被里，苏青不好意思掀开，她倚在梳妆台前，不禁独自垂泪。

等第二天苏青才知道，那个穿银装的少妇，是李钦后外婆家的表嫂——瑞仙，丈夫死了，如今在家守寡。

苏青是何等样人，她对李钦后那些指山说磨的话，怎能不明白？撒出去的灰，哪能迷住她的眼睛。事实上，李钦后与他的这位表嫂，早有明铺暗盖的隐情。

1934年寒假结束以后，苏青、李钦后分别回到各自的学校。

在图书馆，苏青结识了中大工程系一名湖南籍的同学，他叫应其民，虽没有李钦后长得漂亮，但人却比李钦后大方的多。他穿一件灰呢大衣，黑皮鞋，戴一副金丝边眼镜，很有学者风度。

有一次，他突然对苏青说："我们到后湖去玩玩吧？"

苏青说："也好。"

苏青换了一件厚呢大衣，他们坐车来到后湖。她说："春天还没有到呢，游什么湖？"

应其民说："那是你身体不舒服，所以没兴趣，辜负了这好风景。既然如此，我们还是回去吧。"

后来他们一连去了五天，几乎成了课程。游湖时，应其民告诉苏青，说她近来瘦了很多，身体是否觉得有些不舒服。苏青回答也有同感。最后商定明天到鼓楼医院去检查一下身体。

第二天到医院后，应其民主动为苏青挂了号。大夫问了苏青饮食情况后，让应其民在诊察室外等候，大夫为她进行了检查，最后告诉苏青和应其民："请放心，没有什么病，是尊夫人有喜了。"

从医院出来，不知走了多远，她突然喊了一声："其民！"这是苏青第一次这样称呼他。

应其民轻声说："我在这里，有什么需要我帮助的吗？"

苏青坦白地告诉他："我是结过婚的人啦！"

应其民舒了口气说："那好极了，否则我打算同你结婚呀，你的孩子就算是我的好了。"

第四天晚上，他们相约又到后湖划船，一边划一边聊着。

苏青问："你会自杀吗？"

应其民高声笑起来："我为什么要自杀？告诉你吧，我说那是很好的事，你不会懂我的。"

回到宿舍，她竟然哭了大半夜。她舍不得他，只恨自己腹中多了一块肉，她想了打胎。

第二天上午，应其民拿着从花牌楼书肆买的《孕妇卫生常识》和《育儿一斑》来见她，晚上一起去吃饭，饭后又到湖边散步。

应其民快毕业了，苏青怕耽误他的功课，但他说不要紧，每天早晚仍旧来陪她散步，有时还给她买些水果和食品。过一段时间，她的身体渐渐恢复正常。

这年5月，中大为了增强女生体质，发起了“全校女生乒乓比赛”。苏青亦不甘人后，虽身怀六甲，仍然挥拍上阵。

这次比赛，学校采用循环淘汰制，先于各学院中互相比赛，甄拔各学院中球技最上乘之一人代表该学院，参加全校决赛。因中大女生众多，故自五月初开始比赛以来，于六月中旬，各学院代表赛甄拔才揭晓。

比赛历时一个月，方始决赛完毕。在欢声雷动的掌声中，苏青荣登冠军宝座。同乡旅“京”记者庄严、中国地理学会干事张式愚、法律学者何瑞芝、叶梅生女士等前来道贺。当观众得知苏青是宁波籍人时，全场高呼不止：“阿拉宁波小姐！阿拉宁波小姐！”

1934年7月5日，《上海宁波日报》赫然刊登了这场夺冠比赛的特写。文章的肩题是“冯和仪女士”，主标题是“荣膺中大乒乓赛冠军”，副题是“一百五十九女生中获首选　备受吾乡旅京人士之注目　文学家并兼运动家”。

这是苏青在中大读书时创造的又一闪光的业绩。

怀孕六个多月的时候，苏青不能再掩饰自己。她如实向学校作了说明，校方劝她退学回家。她亦写信到上海昆山路11A号东吴大学法学院，将情况也告诉了李钦后，李钦后让她即速回家，路过上海时他去接她。

离开南京时，应其民送她到火车站上车。

从此，苏青告别了南京，告别了国立中央大学的读书生活。

第二篇

至亲至远之夫妻

6 生女与为文

但是，生女儿就不同了：一女二女尚未可勉强，三女四女就够惹厌，倘其数量更在“四”以上，则为母者苦矣！

李钦后陪着苏青回到宁波家里。

全家人笑逐颜开，盼望苏青生个宝贝儿子，给李家续上香火。夜里一家人坐在厢房里闲谈，明天李钦后就要回东吴大学法学院上学去了，父亲李星如早已按捺不住心情的激动，对儿子说：“我生平不曾做过缺德的事，如今苏青有了喜，生下来要真是个儿子，取名‘德’字不可少。大的叫承德，以后再生，二的叫怀德，老三叫仁德，老四叫什么德，我一时难以想出来。”婆婆亦说：“叫承德好极了，阿青一定养男孩，因为她的肚子凸出在前面，头是尖的，腰围没有粗，后面看起一点不像大肚子。”

小姑对哥哥撇撇嘴，冷笑道：“养个小子才得意！将来他做了皇帝，你就是太上皇，你的少奶奶就是皇太后了。”

李钦后不自然地笑了笑，抬眼看看苏青，苏青却直皱眉头，把头深深地低下去。

李钦后走后，公婆待苏青更好，天天为她变着花样准备吃的。蹄筋、炖鸭、鲫鱼汤，巴不得把她喂得像个弥勒佛才好。

母亲知道苏青回来了，曾几次差人来李家看望，带来不少好吃的食品。并让来人对苏青说，好好保养身体，生个胖小子，连外婆也有面子。

产期将临的时候，李钦后也放暑假回到家里。

他仍旧宿在书房里，有时问问她的身体，有时谈谈学校情况。他说："东吴大学自 1915 年在上海昆山路中西书院设法科，1927 年在改为法律学院前，一直由美国人掌校，后来才换成吴经熊博士接任。东大苏州的文、理两个学院和上海的法学院，都在贯彻杨永清校长钦订的'养天地正气，法古今完人'的中文校训，提高教学质量。法学院周一到周五，每天必须上课三小时（下午从四点到七点半），这样既便于兼职法官和律师上课，又照顾学生做些兼职，以助自己。"

苏青说："你家有钱，兼什么职？我在家生孩子，又不用你照顾，瑞仙那里你多跑跑就行了，那个校训你倒是应该思量思量。你那么喜欢瑞仙，我生完孩子就离婚。"

李钦后与苏青吵架，公婆过来就责骂他的儿子。

母亲拣了一个喜日来替苏青"催生"，差人送来了许多花团锦簇的东西，都是婴儿用的衣帽鞋袜，引得四邻来看，都啧啧称赞外婆的手艺。

苏青的肚子一天天大起来，家里人都紧张而兴奋地等待着。红糖、桂元、大枣等送得越来越多，婆婆说快到月了不可吃，防止孩子过重难产。

一天夜里，苏青在床上转身的时候，肚子有东西爆裂了，接着一阵热的水流出来，佣人说是胞水破了。她去叫醒了婆婆，李钦后与他的父亲去请西医。

西医一到，把人都赶散了。西医请苏青下床，他把床铺垫了草纸和白布单，并告诉苏青，生还早着呢。

苏青肚子疼的次数多起来，她急得要命，周身不得做主，后来连气力也没有了，只听医生说剪吧，她只觉得一阵冷，接着听到了婴儿哇哇的哭声。

李钦后看了看桌上的黄历：1934 年 9 月 17 日。

在孩子的哭声中也夹杂了佣人的询问声："老爷说是官官，还是千金？"

西医正在忙着，半晌才毫不经意地回答："是女的！"

顿时，整个屋里都静了下来，连婴儿的哭声也低了许多。苏青听了不敢睁眼，仿佛做了一件错事。门外有人说："先开花后结子，明年准再生个小弟弟。"

李钦后安慰说："阿青，你累了，好好休息一下吧。"

李钦后去后，除了佣人谁也不肯走近一步。婆婆只是站在门口吩咐着一切，说是"红房"进不得，进了下世便有罪过。

几天后，苏青有了奶，然而公公婆婆不让她自己奶孩子。那样奶水会断得快，明年可以早些养个男娃娃。

奶妈很快找来了。孩子有奶妈带着，苏青孤独一人吃睡，她觉得心里很难受，既替孩子委屈，又为自己委屈。夜里奶胀痛的厉害，她唤奶妈把孩子抱过来喂奶，奶妈推说这样孩子会着凉，不肯抱去。

苏青为此很生气。

奶妈劝说："少奶奶你且忍耐些吧，奶头痛些时候就会好的，没有了奶时你的身上就会来了，老爷太太巴不得你再快些替他们养个小孙孙呢。"

从此苏青便罕见孩子了。他们说月子里孩子不可多抱，抱惯了不是件好事。久之苏青也就随他们去了。

李钦后有时也走过来看她，但讲话不多。有次他吞吞吐吐地说："再过三天他要到上海去了，法学院已经开学。"

苏青点点头没有回答，心中思忖："瑞仙又该快乐了，幸福的是她，痛苦的是我。"

她一个人躺在床上，无奈地审视着室内的一切。那套雕刻精美的红木家具丑陋的让人生厌，窗上洁净的玻璃像刀子割自己的眼睛。日子过得沉重而寂寞，每一天都像一个世纪那样漫长。她想站起来走动，无奈两条腿麻木僵硬。

秋天退到时光的边缘。

女儿的名字一直没有想出，公公准备好了的"德"，一个也没用上，苏青觉得女儿长得像一朵娇红的蔷薇，就为她取乳名叫薇薇。

终于熬到弥月，苏青可以下床出户了。按照宁波的习俗，只要外婆家满月礼送来，便可抱着宝宝拜菩萨。她走到梳妆台前，几乎认不出自己，下巴尖尖的，鼻子高高的，贫血的脸使她伤心得想哭泣。然而，今天是薇薇的大好日子，她只好忍住。

正在这个时候，楼下人声喧嚷起来，外婆家送满月礼来了。她走下楼来，想不到先碰到的是公公，她真怕与他见面，仿佛自己做了件错事，无颜与他打招呼。

苏青母亲送来的东西又是一大堆，除了穿的之外还有吃的，准备祀神的，还有长命富贵，“命”用什么来代表，大概就是一堆雪白的洋糖。这四样东西用朱红圆盘装起来，上插绒花和福禄寿三星等。可以想见母亲准备这些东西时的心情，女儿为她生了外孙女，也是件没光彩的事，不得不为她装体面。

香烛点好了。苏青抱来女儿拜菩萨，婆婆却拦阻道：“公公关照过，女孩子用不着拜菩萨了，等明年养了弟弟再多磕几个头吧。”

午饭的时候，一共只摆了三桌席。朋友却不通知，至亲送的礼也都退回去了。苏青母亲11点半才到，见了她只说“头胎养女容易长大”，之后便默然了。吃饭时母亲坐首席，由苏青与婆婆相陪，公公却在男宾席中。

散席后，母亲将要回去，托言要小便，让苏青陪她到后房去。母亲拉住她的手说：“儿啊，委屈些吧，做女人总是受委屈的，只要明年养了个男孩儿……”苏青告诉母亲：“我偏不要男孩儿，我要找职业，替普天之下的女孩子出口气。”

过了满月，家中骤然省却了三餐点心，任你饥肠辘辘，连佣人也不问一声。

接下来的日子，还是无聊接着无聊的等待。

在一个雪花纷飞的早晨，李钦后放寒假回来了。父亲李星如只热心同他谈下一代，勉励他在学校好自用功。他洗耳恭听，唯唯答应，并说了许多未来的大志。李星如说，李家祖先懿言嘉行，不贪财、不恋妻。李钦后也父说子随，装出一副毕恭毕敬的样子。

苏青听了也只觉得好笑，背后对李钦后说："做女人成了传宗接代的工具。传的是你的宗，接的是你的代，谁高兴替你千辛万苦养孩子?"

李钦后亦无言以对。

寒假过得好快，她与李钦后又要分别，但也不免有些留恋，那滋味很淡，像一壶喝败了的茶，几乎品不出味道了。

丈夫一走，苏青又成孤单一人了。虽有女儿薇薇在眼前，然而有奶妈霸占着，在百无聊赖的情况下，她萌发了出去工作的念头。在亲戚的介绍下，她费了一番周折，在府前街县教育局的小平房里，见到了鼠目短髭、面色蜡黄的教育局长。在做简短交谈之后，苏青留下联系地址退了出来。

没过多久，通知来了，要她到本县一所私立学校——培才小学教书。这所小学全称徐氏私立培才初等小学堂，光绪三十二年（1906）由徐兆康、徐原祥等人创办，在本县鄞江镇东部许家桥村。苏青征得公婆同意后，第三天便到距县城三十多华里外的许家桥小学上课。她在自传体小说《结婚十年》里这样描述：

> 我去了，穿着紫红的薄丝棉袍子，小袖口，高领头硬绷绷托竖起消瘦脸儿。外面披着件纯黑呢，花皮翻领，窄腰大下摆的长大衣配着高跟鞋，自己在穿衣镜前打量一番，实在不像个当小学教员的样子。于是红颜薄命再加上怀才不遇，两重委屈，把千古佳人的哀思都聚集在一起了。

到了这所小学，苏青才知道学校只有一名校长和一名女教师。即使这样，这名姓孙的校长也不常来学校。她到这个村子后，孙校长就让她与那名姓陈的女教师商量着分了工：她教高小，陈教初小。整个学校只有两间房还是租来的，有时交不出租金房主还来闹。苏青在楼上，陈在楼下，合起来只有十八九个学生，其中只有几个女生，年纪有的与苏青不相上下。年级还有春季秋季之分。上课有些像上海弄堂里的复式教学，但比不上弄堂学校秩序好。

就这样，苏青上午一课国文，一课英文，一课算数，一课常识。下午是劳作和音乐，她们二人便合起来，一个教，一个管，加之学生不肯安静，没多久，她自己意兴索然，一颗心也烦躁起来。

苏青拿到第一个月薪金的时候，她给公公、婆婆、小姑、女佣、妈妈都买了些东西，因为只有二十元钱，最后连自己的女儿薇薇也省却了。

春节过后，小学又出了一件事。因陈先生打了学生的手心，那个学生的母亲便来学校吵闹，还要去见警察，于是陈先生辞职了。一时学校找不到老师，孙校长只好自己代课，现在学校里一男一女两位教师，而且那位孙校长又非常英俊，苏青的那个长舌小姑将此事告诉了婆婆。于是婆婆说天热了让苏青请假回去晒晒东西，恰好她在太阳底下又中暑生了病，至此，三个多月的小学教员生活便告结束。

她摆脱了培才小学的烦恼，回到家又复归原来的烦恼。她看到家里用不着她，孩子也不由她做主。日子过得乏味而茫然，于是她偷偷写信给母亲，告之想家的苦闷与渴望。

于是母亲马上差人向亲家请求，说端午节到了，想接苏青归宁。这是宁波人的风俗，女儿出嫁后三年中，总是接回娘家来过夏。公婆商量，感到此事不能不同意，不过要过了端午再回去不迟。

归宁这天，李家准备了厚礼，薇薇也打扮得花团锦簇，吃过午饭，苏青偕女儿欢天喜地回到娘家。

母亲还住在冯家村的玉房，久别重逢，苏青想和她多说说话，可是母亲一会忙儿这个，一会忙儿那个，推说以后说话有的是时间，弄得苏青心里有些莫名其妙。夜里母女俩仍住在临街的二层小楼上。母亲问苏青公婆、李钦后、小姑等情况，等她刚要说小姑时，母亲又禁止她快不要说下去，说隔墙有耳，奶妈会传出去。她们寂寞地躺在床上，多日不见的母女仿佛有了一种陌生感。母亲劝说："你不必太自烦恼，小姑终究要嫁人的，好在公婆待你都不坏，就是在婆家住着有些拘束，也是应该的。等到钦后毕了业，你们可以到上海组织一个小家庭，那不是很好吗?”

母亲的话给了她新的希望，但也可怜她嫁出去早了些。

第二天，母亲也买了许多回礼，雇车送奶妈和薇薇先回了李家。

在冯家村，苏青又结识了几位新人。

在“玉房”后面的院子里，还住着徐家夫妇和他们25岁待字闺中的女儿凤珠。徐先生是个秀才，天天喝酒、睡觉、乱讲话，有时还做些古体诗，惹得太太不高兴，懒得理他，在家几乎成了一个无足轻重的人。

有一天，徐太太的侄子徐讦（《结婚十年》写做余白）回老家去看生病的母亲，顺便到后仓冯家来看姑妈。他爱写新诗，常往上海杂志及报纸副刊上投稿。徐秀才不喜欢他的新诗和白话文，但却喜欢他的为人，他们常常饮酒聊天，惹得徐太太也把自己的侄子看低了。然而女儿凤珠却不以为然，而且比父亲更看得起他。徐讦对这位表妹也很敬重，但却没有爱慕之意。

天气渐渐热起来，徐讦说这里小河这么多，不妨到河里划划船，凤珠问过母亲，也邀了苏青参加。河里小船很多，游人三五一船，有自划的，也有请人来划的。苏青与徐讦都会划船，徐讦在船后，苏青踞船首，凤珠独自坐在中舱剔指甲。

突然，徐讦指着对面过来的一只小船说:“瞧，那女郎……”

苏青循声望去，原来是她的二姑母冯祖群和她的学生赵琏。二姑母招手让他们划过去，介绍几个年轻人相识。

赵琏是个摩登女性，与苏青同学，是个不识忧愁的天真少女。徐讦对她很有好感。

大家在河中划了一会，二姑母邀他们到她家去吃晚餐。徐讦建议到他住的旅馆里冲个浴，然后大家再到如兴馆去吃饭，由他请客。二姑母与徐讦谈得很投机，从此也成了朋友。后来听说赵琏和徐讦关系迅速增温，凤珠气得死去活来。第四天徐讦回上海到徐家与姑妈辞行，凤珠便不再理他，只有赵琏拉着二姑母送他上船。二姑母后来告诉苏青，赵琏那天竟当众哭得泣不成声。

便是这次苏青与徐讦相识，徐讦赠给她几本《论语》杂志，她才初次看到了这本刊物。

徐讦，1908 年生于浙江慈溪，13 岁去北京接受初中教育，1927 年考入北京大学，六年苦读拿到了哲学、心理学硕士学位。这时林语堂在上海创办《论语》、《人间世》杂志，徐讦南来，与陶亢德一起在编辑部工作。

苏青与徐讦的相识，对她后来的写作生涯产生了举足轻重的影响。

在冯家村未满一个夏天，她的婆婆即差人来说，后天少爷就要回来了，明天来接少奶奶。母亲红着眼圈未说话，但她感到，到那边接苏青是用“请示式”的，而那边向她来说则是“通知式”的，心里总觉得不舒服。

归宁并没有解除苏青心中的苦恼，反而又平添了一些新愁。

在这期间，苏青正是受了《论语》杂志影响，为一抒心中郁闷和不平，写下了她的处女作《生男与育女》。

《论语》杂志是 1932 年 9 月 16 日林语堂在上海创办的一个同人刊物，以杂感随笔为主，用古书论语的形式，学孔子《春秋》的笔法，议论世道人心，泛谈社会人生等内容。开辟了“论语”、“我的话”、“群言堂”等专栏，发表随感录式的短文。保持中立，态度力求平和，格调轻松活泼，读之令人发出“会心的微笑”。

苏青那时正过着少奶奶的闲适生活，无聊和愤懑像两块石头压在她的心上。她读了徐讦送给的几本《论语》，除了喜欢世俗化和市民化的趣味外，还喜欢有着欧美文学的韵味，这与她的所学十分投契，因此也为她所爱，于是拉近了与《论语》杂志的距离。有些文章说出了她的同感，引发了她的写作欲望。很快，她将产女的不平，一股脑儿写在了文章里。稿件寄到《论语》编辑部，编者读后感到作者文章颇有冲击力，于是把题目《产女》改为《生男与育女》，发表在 1935 年 6 月 16 日出版的《论语》第 67 期杂志上。文章开头便说：

古国有礼，无子为七出之一，为人妻者，无论你的德容言工好到怎样程度，可是若生不出儿子的话，按法据理，就得被丈夫逐出去；即使“夫恩浩荡”，不忍逼令大归，你就得赶快识趣，劝夫纳妾图后，自己却躲在“不妒”的美名下噙着眼泪看丈夫与别个女人睡觉。反之，情形就不同了：母以子贵，儿子若做了皇帝，你就是圣母太后；说得小一些吧，就是儿子是白痴，只要他知道性交，你的丈夫的祖先总可不作若敖氏之鬼，你也不失为×门中的一位功臣。

但是，生女儿就不同了：一女二女尚未可勉强，三女四女就够惹厌，倘其数量更在“四”以上，则为母者苦矣！有嘲生女诗云：“去岁相招云弄瓦，今年弄瓦又相招；弄来弄去都是瓦，令正原来是瓦窑。”故女人能多弄几个璋固佳；若成瓦窑，不如不弄矣！

她笔锋一转，接下来写道：

生产的是女人，被生的是女人，轻视产女的也是女人。生产的女人感到悲哀，被生的女人觉得不舒适，轻视产女的女人困在失望的痛苦中。生产的女人恨轻视产女的女人予以难堪而迁怒于被生的女婴，轻视产女的女人因怪生产的女人的肚子不争气而迁怒于被生的女婴，于是众怒之的——女婴——虽有“千金”、“掌珠”之名而不能有“千金”、“掌珠”之实矣！“精”之过乎？“卵”之过乎？女婴有知，曷质诸达尔文？

文章结尾她不无讽刺地写道：

男人要老婆，而不要自己老婆替人塑老婆；苟将来科学的力量能使精卵会合时必男不女，则来日之“老婆”将供不应求矣。还是请上帝开个瓦窑，则既可预防公妻主义，且亦替女人受过，功德无量！

苏青文笔犀利，大不以为然地戳到了那个社会的痛处，为世世代代处在水深火热中的饮食男女，唱出了一曲震耳欲聩的哀歌。

紧接着，苏青又在《论语》杂志上发表了她的第二篇文章《我的女友们》。文章道出了女人结婚前后的心态变化，以及对婚姻的迷惘与恐惧。人性的公平，永远考量着这个社会的平等与公道。

苏青从《生男育女》这篇成名作开始，拉开了她人生追求的帷幕。

7 沪上新愁

他喜欢苏青爱贪玩，爱打扮。
他不喜欢她看书看报，
更不喜欢她向上好学。

正是苍山如黛、金粟凝空的秋天，苏青同李钦后乘轮船移居上海，同去的还有苏青母亲临时找来的佣人林妈。

苏青虽向母亲处辞过行，但离开甬城的时候，她还是赶来相送。她满眼噙着泪花，公婆也神情愀然，薇薇两只乌黑的眼睛茫然不知何事，咂着小嘴巴望着送行的人群。小姑似乎感到痛快，也似乎感到嫉妒。苏青兴奋与怅然混杂，她摸了摸薇薇的小脸儿，向众人招招手，便跟着李钦后上船了。

船出港口，海面骤然宽阔起来。岸，远远望去像一条青线，被抛在身后，眼前的海则苍苍黄黄，闪动着流沙似的波纹。船向前驶去，越来越远，水天一线，浪花滚滚，无量的海水让苏青看得惊慌起来。

苏青说："钦后，假如此刻遇了险，要是沉下去了，我们将怎么办呢？"

李钦后笑笑说："你怕吗？"

苏青想了想，依然说："假如有你在一起，我是不怕死的。"

李钦后说："那我也救不了你呀。"

天，渐渐暗起来了，海上的凉风却吹得通身凉爽，只瞧着这无量的海水渐渐黯淡起来。不知不觉，她陷入深深的回忆之中。

在宁波时，先是有母亲照顾，后来有公婆，虽不能万事尽如人意，但总是可以依赖着。然而对于李钦后，她却心中没底儿，虽然结婚两年，也生了薇薇，但总不够十分信任他。

对于小姑，她则更是心多不满，李钦后这次回来，她俩的矛盾浮出了水面，特别是早上为包粽子那场争吵，仍让她耿耿于怀。也许因了此事，公婆才下决心让她与儿子到上海安家。

那天早晨梳洗过后，苏青走下楼来，第一眼就瞧见薇薇摔倒在地上，奶妈与另一个佣人也不见了踪影，她怒火中烧，高声喊道："奶妈干什么去了？薇薇摔倒在地上无人管，伤着了怎么办！"

奶妈在厨房应了一声，却不见人出来。

苏青抱起薇薇，径自冲进厨房，原来小姑、奶妈和另一个佣人正在包粽子。奶妈见苏青来了，慌忙把一双沾满芝麻和糯米的手，用抹布乱擦一通，伸手从她手中接过薇薇。苏青不高兴的喝道："你瞧这是什么脏东西，还不快去洗干净，薇薇的衣服也让你弄脏了。"奶妈讪讪地自去舀水，小姑却不高兴了，板着脸冷笑说："这脏东西原来是我的一片心意，想孝敬哥嫂的，原来嫂嫂嫌脏，等会儿哥哥又不知怎么说呢？"

苏青坦然地说："这种用手捏着搓着的东西，怕是不会吃的，除非莫对他说。"

小姑一歪脸，撅着嘴说："脏手给我嫡亲哥哥吃，他还不嫌脏，要外头的人瞎讲做啥！"

苏青把薇薇塞给奶妈，径自走到厨房，大声对小姑道："你既同嫡哥哥如此要好，又让他讨外头人干吗？我要禀过公婆，把薇薇丢给你们，回娘去吃口苦饭也不会饿死！"

正嚷着，李钦后睡眼惺忪下楼来舀水洗脸，他未来得及问什么事，小姑便抢先出来扯哥哥进厨房去看，她手上沾满糯米和芝麻，李钦后闪开，小姑更加气愤地逼着哥哥进去瞧瞧："这些糯米团子我想做给你早点吃，不知你会不会嫌脏？"

李钦后不知就里，只连连摇摇头道："糯米点心我此刻不想吃，吃不下。"

小姑"啪"的一下把一个糯米团子摔在他的脚下，冷笑道："你不要吃狗也会吃的，畜生毕竟比人识抬举。"

李钦后瞪眼看了她一下，睡意却吓醒了不少，但也不搭语，走过苏青身边问道："她究竟为了什么？"

苏青默然不语，她从壶中倒了水，捧着脸盆上楼去。李钦后也懒洋洋的跟了上去，只见背后冷笑道："我才不为什么，你却给狐狸精迷昏了头脑！"

从此妯娌二人不再说话。李钦后像没事人似的仍旧找妹妹玩，她起初摆出一副怨恨冷淡的样子，后来则改变了主意，同哥哥格外的热络起来，她是故意做给苏青看。

公婆也知道了发生的这件事。每遇小姑与哥哥聚谈时，总是借故把小姑支走。

终于公公对儿子发话了："你差两个学期，明年就毕业了，得好好用功一番，学校里寄宿太嘈杂，我想假如有合适的房子，还是让阿青一道同你到上海去，上完课回家她也能帮你抄写抄写。薇薇可以留在这里，我会替阿青管着。"

李钦后没有说话，公公便亲自写信托岳母卢老太太去找房子。

不几天，卢老太太便让阿棠写信来，说房子找到了，在北四川路德华里，离李钦后上学的昆山路不远。李星如看了信极为高兴。

于是，经过公婆一番周密安排，一切准备妥当，要带的东西码在客厅，整整齐齐一大堆，这差不多用了一个月的工夫。

出行前，公公李星如说，东西多不要紧，只要牢记件数就行了。婆婆也说，别的我没有什么不放心的，就是阿青年纪轻，初次管家不知来得否。听说上海雇人可不比这里，容易出乱子。

苏青的母亲连忙接口说："既然如此，就把林妈给他们带去，人还伶俐。"

于是临时商定，母亲匆匆用车把林妈接了来。由婆婆同她讲定，每月工资

4元，而甬城只有2—3元。

天黑尽了，天上亮出一颗颗星星。苏青拉着李钦后的手，一同回到船舱里。

第二天清晨，船在上海黄浦码头靠岸，卢老太太早已差阿棠前来等候。

他们取出行李，在阿棠的引领下，汽车径直驶向北四川路德华里那幢房子。苏青看了看房子，是在客堂的楼上，房间三分之二处用木板隔开，分为前后两间，后间给林妈做卧室和堆放杂物。

他们把带来的东西粗粗放定，到上午10点多钟，由阿棠带着去卢家吃午饭。卢家离这里不远，苏青一路上还在想着瑞仙的事，可是到了卢家却不见瑞仙的影子，问起说是跟着她的母亲、哥嫂到青岛去了，这才使得苏青心中一块石头落了地。在上海住下不久，东吴大学法律学院便开课了，李钦后兼职一所中学教书每天傍晚到学校去上课，钱虽不多，但每天忙忙碌碌，来去匆匆，在家的时间很少。

苏青原想在上海自建小家庭一定是美满的，但事实并非如此，离她的想像相去甚远。

她在上海人生地疏，终日无所事事，闲得心里发慌，孤独与寂寞首先向她袭来。她有时到司马路书店翻翻图书杂志，但大多做在房里看看书报，看累了就在房里踱踱步。无聊至极时，她就去数墙壁上的小黑点，她数了一遍又数一遍。过了半个月，她觉得不能再做这样的傻事了。她在《搬家》一文说：

> 我已想出一种很有趣的消遣办法，便是做独脚戏：最初我在旧书架上抽出了一本The Best One——Act Plays（独幕剧），第一篇就是Lady Gregory的The Rising of The Moon（格利高利夫人的《月亮升起》），于是我把全文看了一遍后，就用几种声音代表几个人物，自己同自己讲话，讲了后又自己来做导演及剧评家，再三揣摩每句的语气。这样又过了一月有余，直到我背熟了五六只剧本……

后来她患了重感冒，病好后便不堪此道了。

苏青到上海后遇到的第二件烦心事，便是接二连三的搬家。

第一家是房子不隔音。二房东是广东人，只要你躺在床上，总是听见楼下及隔壁打着咭咭呱呱广东话，弄得无法入睡。特别是不久前苏青得了重感冒，本来需要休息，对方哪里管你这些？一会纵谈，一会儿狂笑，弄得她又增加了一个思乡病，难受加焦虑，更是万分凄凉。最后只要听到楼梯上传来木屐声，她便用被子把头蒙起来，无奈之下，只好选择搬家。

第二家是在附近的另一个里弄内，住家十之六七是宁波人。白天你只要静听，遍是充耳的小贩叫卖声："卖宁波萝卜哦"，"卖宁波牡蛎哦"等等，四周"阿拉"声不绝于耳，她再无心思做独角戏了。

然而，不到一个星期，麻烦又来了。这家二房东是个孤老太婆，同住的亲戚及孩子也多。苏青一时高兴，参加了孩子们一次踢毽子比赛。接着而来的便是这些小孩不请自到她的房间里，弄得她的室内乱作一团，丈夫回来也不高兴。直到有一天打坏了一只花瓶，她才告诉小朋友在楼下等她，不必上楼。这下可得罪了二房东，于是常借故辱骂。他们未住满一月，只好搬家。然而二房东不干，搬家要交三个月的房钱，并找来三个流氓阻止搬家。在苏青、李钦后为难之际，路上遇到在海关做事的孙君，设计冒充一位"大亨"三姨太的兄弟，这可吓坏了那三个流氓，她的搬家才得顺利脱身。

后来又搬了两次家，一次是邻居一位大嫂因亭子间没人偷苏青家的开水；另一次是因林妈与房东的娘姨为淘米吵了架。最后他们搬到老靶子路（今武进路）才稳定下来。

接下来是苏青与李钦后的性格碰撞，也为他们带来无尽的烦恼。

李钦后虽进入高校之门，但他的性情脱不尽商家本色。他从小受父亲耳濡目染，爱虚荣，大男子主义根深蒂固地浸蚀着他的生存理念。他体魄伟岸潇洒，却徒有其表，灵魂深处布满了孔方兄的阴影。他所喜欢的妻子的类型，更是追求袅袅娉娉，卿卿我我，把他能侍候得周周到到，永远偎依在他腋下的贤妻良母型的女人，他不喜欢女人与他比肩，更不喜欢站在他肩膀之上的女人。

而苏青却与他大相径庭。她出生在诗书之家，祖父、父亲都有很高的学识，在文化与官场上都是有所作为的人，即便母亲也是凤毛麟角的女师毕业生。她从中学到大学，也是文才华赡，出类拔萃，是个有思想、有追求的人。她不施粉黛，懒描水鬓，性格率性而为，天生不是一个做小脚媳妇的材料。她青青子衿，昂昂气忻，矢志以求的是要做一个操刀弄墨的文人。

这样一对俊男秀女，日日生活在一起，自然水火难容，让他们不发生战争，倒是一件奇怪的事。

一个家庭开门，谁也少不了柴米油盐酱醋茶，哪一件都少不了钱，李钦后认为，自己已是一个娶妻生女的人，应该自己挣钱养活老婆孩子，再向父母伸手要钱，那是一件极丢面子的事。而他又要上学，又要兼职教书，白天黑夜，风天雨地来挣钱养家糊口，好不辛苦。现在离开家庭到了上海，有苦也不知向谁诉说。而苏青没有工作，自然无钱可生，家里一切花销，都要向李钦后去讨。

有一次，林妈对着苏青说，家里又该买米了。苏青转身告诉了刚回家的李钦后。他听了把脸一沉说："没有你去买呀！"

苏青亦说："钱呢？"

李钦后说："那我可不知道。"

苏青偷眼看了一下林妈，她虽不好插话，但看出她似乎在说："天下有这么不讲理的姑爷"。

苏青心里一阵难受和委屈，伤心地掉下泪来。

李钦后不但不愧疚，反而无名火起，他指着苏青骂道："你嫌我穷就给我滚蛋！我是人，你也是人，你向我要钱？"

苏青收住眼泪冷笑道："我出去也不怕饿死，真是倒霉，嫁你这种只会做寄生虫的男人！"

李钦后眼睛一瞪，连脖子都红了，大喝一声说："你要出去马上给我滚蛋！"说完就揪住苏青的头发往外拖，林妈更加着慌，拼命把二人隔开，李钦后一面喘着气，头也不回地跑下楼去了。

苏青禁不住痛哭起来，林妈一面拿着浇了水的热毛巾让她擦脸，一面劝说："小姐快别和他计较了，男人都是火性子，给人家听了反而见笑。"

李钦后直到吃晚饭也没有回来。

苏青也伤心的没有吃晚饭，独自倦卧在床上，但一直没有睡觉。

直到深夜，李钦后喝得醉醺醺的地回到家里。他沉重的坐在桌边，叫林妈给他拿洗脸水来。他洗过脸，喝了两口茶，又点了一支烟猛抽起来。林妈劝说："姑爷早些睡吧。"他嗯了一声，挥手叫林妈退去。

他猛得站起身来，从衣袋里掏出一卷钞票，向苏青一丢说："拿去吧！"

苏青本想把钱给他丢回去，因实在也等钱买米，却也没有伸手去捡，只是嘤嘤地抽泣着。李钦后装做喝醉了的样子挨过身来，讲了他到学校借工资的事。后来他们吵架的事也就释然了。

接下来的日子，李钦后显然也在努力张罗着钱。

他喜欢苏青爱贪玩，爱打扮，有事时又要摆出主妇的架子，督促佣人清洁居室，上街买菜。他喜欢她能替他抄抄课堂笔记，改改学生卷子等。他不喜欢她读书看报，不喜欢她有"大志"，更不喜欢她向上好学，超过自己。

小姑在宁波就要订婚了，李钦后感慨地对苏青说："她就要成家了，我们总得做个样子给她看看才好。"

苏青说："我们这样不是很好吗？你好好教书，我好好写文章，大家努力向上再好也没有了。"

李钦后半晌没有说话，然后坚决地说："请你以后别再写文章了吧，要钱我供给你就是了。"

有一次，徐讦给苏青写来约稿信，李钦后见了勃然大怒："你要写文章，随你出去找徐讦，找你母亲也好，请你别住在我家里。"在争执了一场之后，李钦后便匆匆到学校里去了。

苏青越想越气，于是整理起东西，决定回宁波跟母亲去住，林妈再三劝说不听，她拎起小皮箱坐上车子走了。到了码头，离开船的时间尚早，趁此她到永安公司走走，到了商店，她又改变了主意，买了几双袜子又回家来了。

林妈看见她便说："我刚才打电话给姑爷，让他到码头去找你呢。"

苏青说："你不要管，我明天才走。"

她回到房里换了衣服，过了许久，李钦后才回来。他见到苏青在房里，惊诧地说："咦！你在这里没走，真的在这里没走?"

苏青冷冷地笑道："明天准备回娘家。"他走到苏青身边，眼泪掉了下来，说了些安慰的话。以后他再没有说过不让苏青写文章的话。然而，李钦后并不甘心，他最怕妻子趴在自己头上显本领。

这真是心也消磨，情也消磨，在这微雨如酥的秋天，苏青伴着新愁与旧绪，一起退向时光的边缘。

8 愤书饮食男女

苏青陷入苦相冥思，
突然原来最不欣赏的那位古人的话，
跳到她的面前："饮食男女人之大欲存焉"。

苏青的梦还没有做完，那片美丽的云便被袭来的冷风吹散了。眼前的当务之急，果腹成了她最实际的需要。她日里夜里感到，人的生存是那样的窘迫与无奈。

她最先想到的是，必须找一件事做，以取得生存的手段。她在《结婚十年》中说：

> 不过我在上海可没有熟人，时常看到新闻报，觉得聘请的广告很多。我喜出望外的写了许多自荐信，有的还附作文一篇，小楷样子等等，结果终如石沉大海，一些消息儿也没有，害得我茶饭无心等邮差，一面还再三叮嘱林妈有信来时莫当着姑爷面前送上来，须得藏在别处等无人时悄悄递给我，弄得林妈也疑惑不定。其实我是恐怕事不成功给贤知道了难为情，将来总要给他一个冷不防大出意外才好。
>
> 有时候，我想不如找个英语女教师来练习英文会话吧。这样找起

事情来机会比较多些；可是找了几个都是因为学费太贵，每天小菜钱已经怕开口了，哪里还说得出口要学费来？

这些设想最后无果而终。

恰在此时，陶亢德给苏青写来了邀稿信，说林语堂先生又创办了《宇宙风》半月刊，创刊号定在9月16日出版，他亦在那里负责编辑工作，请她寄稿来。

陶亢德（1908—1983）是发现苏青的伯乐，苏青的处女作《生男与育女》便是他经手编发的。他是浙江绍兴人，出身贫寒，自学成才，闯过关东，做过学徒，苏州乐群社职员，后来结识了《生活》周刊主编邹韬奋，以“徒然”作笔名写小说和专栏文章，并著有《徒然小说集》等，后与林语堂编辑刊物，成了著名的编辑，并通晓英、日、法文。

陶亢德的来信，这无疑给苏青鼓起了新的希望。

《宇宙风》半月刊1935年9月筹办，林语堂任主编，徐訏、陶亢德任编辑。那时京剧全本《宇宙锋》正在上海演出，报上登了特刊号广告，林语堂等人便顺手拿来做刊名，但又嫌“锋”字太露，遂将“锋”改为“风”。内容仍以小品随笔为主，兼发小说、诗歌、报告文学等体裁作品。办刊主张：“以畅谈人生为主旨，以言必近情为戒约，希望办成一个合于现代文化、贴近人生的刊物”。撰稿作家有郭沫若、老舍、蔡元培、郁达夫、叶圣陶、朱自清、冰心、胡适、吴宓等人。《宇宙风》还连载了郭沫若长篇回忆《海外十年》、《北伐途次》，老舍的长篇小说《骆驼祥子》等。

苏青顾不得丈夫李钦后的拦阻，不能再受这份闲气，必须自己拯救自己，争得一点做人的尊严。

她写什么呢？

长廓步屧，幽境寻真。她陷入了苦思冥想，突然，最不欣赏的那位古人的话，跳到她的面前：“饮食男女人之大欲存焉”。她如梦方醒，“饮食男女”这几个最通俗字，不是她苦苦寻觅、久违了的那个所谓的“诗眼”吗？父亲母亲、公公婆婆、丈夫孩子、邻居奶妈、老师同学，这不是古人所说的“立言曰意”吗？这是一个多么美妙绝伦的世界让她去探寻！真是处处无“华严”，处处皆“华严”啊！

你参透了这个世界，才能找到自己最熟悉的风光，才能找到人的心灵的安顿。面对这惶惶乱世，直言立相，或许可以绝处逢生！

于是，她愤而疾书，接连写了《科学育儿经验谈》、《现代母性》两篇稿子，一起寄给了陶亢德。

一天，林妈拿着一张纸片走上楼来，她接到手里，原来是一张明信片。她心头狂跳着，头晕眼花的念下去，大意是：尊稿收到，甚好。拟近期刊出。尽管刊登的具体期数没有写出，她也兴奋的不能自己。

她在《科学育儿经验谈》一文中说：

> 当妊娠现象在我的身上发生时，我就下了一个决心，要用科学的方法来抚育这个未来的婴儿。到了有一天早晨五时半光景，我的女儿诞生了，喜悦与好奇之心，使我急欲一试所谓的“母性的高尚的责任”，我觉得“个人牺牲”的时机到了……

然而，遵照《育儿常识》规定，12 小时后第一次哺乳，初生 14 日中，每隔 3 小时授乳一次，白天与夜间相同。苏青如此做来，不是时间已到小孩不醒，便是小孩正睡过了时间。

> 如此过了几天，弄得儿啼，母疲，仆怨，邻居被扰不堪，为息事宁人起见，只得接受了三婆婆的劝告：“书本里红毛人讲的话那里好听？初生娃娃吃的是‘折花奶’，意思说隔了折一朵花的时间又要吃了，哪里能够饿上两个钟头?”

过了一周，婴儿的眼肿起来，好容易从《妊娠与娩产》里查到，叫“漏脓眼”，不治会失明。

却又被三婆婆阻住："什么'楼脓眼'，不楼脓眼！住在楼上的孩子眼睛便会生脓吗？这里生来胎火大，只要吃些川连便好了。"当时给她吃了三次，第二天果然立见功效。

书上说，脐带蒂脱落，要给婴儿洗澡了。

不料次日忽然伤风了，发热，打嚏，授乳时鼻塞不能畅吸，终日吵闹，三婆婆说是不该给她洗浴，而王妈却坚持婴儿应与母亲同睡，不可让她独睡在小床上，夜间授乳时从热被窝里抱出来，当然要伤风……于是我第三次违反科学育儿法，从此不给她洗澡，而且抱回来同睡。

同睡三五天，问题又发生了，婴儿哺乳后哭闹不止，于是又把三婆婆请来看过：

才知道婴儿因没缚臂带，右臂缩向胸前，被不小心压伤了，骨节脱了穴，又须得三婆婆费手续，把骨节凑合起来，手续完毕，果然啼声渐止，酣然睡去。

弥月那天，母亲差了一个富有育儿经验的奶妈来，与三婆婆一谈即合，大有相见恨晚之慨。从此她的女儿，在她们二人经验育儿法下长大，今将十月，健壮而可爱。

那本《育儿常识》被束至高阁，封面上已落满了尘埃。

又过了几天，她撰写的那篇《现代母性》又刊登在了《宇宙风》的第二期上。

便是在高兴之时，让她预想不到的是，有一位叫赵敏求的读者，给《宇宙风》杂志编辑部写一篇《关于科学育儿经验谈》的批评稿件，对苏青的《科学育儿经验谈》提出了质疑。文章说：

深山独卧，于岚影风声中读《宇宙风》，自觉神怡性适，有如中郎所谓“不忍极言其乐”者，然亦不能无憾。我颇惴惴于“科学育儿经验谈”之被用为挡箭牌为焦易堂或“三婆婆”诸“国医救国”者流作护符，因而误却多少小国民的生命，则太失“风人”之旨矣。

我颇认为冯和仪“夫人”看“各种小说杂志”的时间太多，对于“科学育儿法”的“研究”太少；我又认为她太“现代母性”化，“奶妈”、“王妈”之流的人太多，对于“科学育儿”的“经验”不够。率尔而谈，所谈未免有点语病，其实她要只说“我的所谓‘科学育儿’的失败故事”就切合她那篇文章多多矣。

接着，赵先生对“婴儿出生后，12小时后行第一次哺乳”，“每隔3小时授乳一次”，“硼酸拭口后哭”，“发生眼炎之原因”，“沐浴后伤风”等五个方面，提出了自己的见解。赵文最后说：

其实中国式的育儿法，也能把孩子带大；科学育出来的小孩，也有夭折……明白人决不能因为“姑姥姥”养了八子七女，就说她的方法对，种田的女人，在“地里”一阵肚子痛，养个孩子，一顺手用锄头把脐带斫断。她的孩子活了，我们亦必锄头砍脐带乎……

我为此书，大有方巾气……不知大师少师认为如何？奇将诱我以冷猪肉，而后痛打乎？

苏青接到陶亢德转给她的赵文，亦写了《科学育儿经验谈之性质及命题》，对赵文提的出的问题给予了回答和反驳：

顷读赵敏求先生致本刊编辑函，以鄙人“率尔而作”之《科学育儿经验谈》一文，有“被用为挡箭牌，为焦易堂或三婆婆诸国医救国者流作护符”之嫌疑，因此引起这位男士的惴惴，根据平日读卫生常识之心得，为“多少将被误却之小国民生命”而仗义执言，慈悲为怀，善哉！善哉！

虽然，鄙意尚有不敢苟同者，谨为解释如下：

（一）《科学育儿经验谈》之性质，与《现代母性》相同，原在攻击这批仅知“皮毛”的现代母性型女子，而赵先生竟认为在提倡国医救国论，也未免把这件“事实弄得不清”，而反对讥笑得太有理了。而且，何以见得三婆婆之育儿法与国医的相同？岂《内经》、《本草》中亦有“小儿受惊时应速令其撒一泡尿”之治法耶？

（二）赵先生认为那篇东西要是更名为《我的所谓科学育儿的失败故事》，换汤不换药，就可把“为焦易堂……作护符”、“误却多少小国民的生命”等罪名消去，正名字之法力大矣哉！虽然，“经验”二字，原不专用于“成功”方面，即做了失败亦得称为经验也……至于“科学育儿……”之上，必须冠以“我的”，是赵先生细心过人处，吾则认为此经验并不怎样光荣伟大，固不必怕人来冒认也。

其实，我为此文时，不过据实记载，既无为国医救国者流作护符之心，亦未自以此次“育儿经验”为“真正科学方法”及试行已经“成功”之意，更没有希望人家来效法；名之为“科学”者，颇思有以讽之也。

赵敏求的《关于科学育儿经验谈》与苏青的《科学育儿经验谈之性质及命题》，同时登在1935年12月1日出版的《宇宙风》第六期上，在二人文章之后，林语堂写了一篇按语：

语堂批案：你们俩一男一女，妄事生非，且语多牵涉，累及本“堂”池鱼遭殃。本堂与原案无涉，不必搅在里头。且赵生牡鸡司卵，未免多嘴，冯氏逢场作戏，不必深责。是奶是水，全是捕风捉影，非奸非杀，何故击鼓喊冤？以喂乳作免战牌，冯氏既自知不合，倘王妈呈辞职书，赵生岂甘为荐头店耶？冯氏发回养儿，赵生务须安分，此后若闻人作天癸高论，仰即免开尊口。

林语堂一片幽默风趣的按语，不一定能化解他们的干戈，但这场小小“育儿经验风波”，至此也就烟消云散。

林语堂对苏青的才气颇为看重，曾邀她面晤。然而，她正怀着第二个女儿，大腹便便，左右为难，因之没有应邀。1936年8月，林语堂率全家远赴美洲大陆，二人便再没有见面的机会了。

林语堂出国之前，推荐其兄林憾庐参加《宇宙风》的编辑事宜。抗日战争爆发后，这个刊物先后迁至广州、香港、桂林出版。1943年林憾庐在桂林去世后，《宇宙风》由缪崇群、叶广良、林翊重接编。抗战胜利后，再迁至重庆、广州出版。出至第152期终刊。

而苏青从此一发而不可收，她先后写了《女生宿舍》（载《宇宙风》第5期，1935年11月16日）、《元旦演剧记》（载《宇宙风》第8期，1936年1月1日）、《小天使》（载《宇宙风》第12期，1936年3月1日）、《桎梏》（载《逸经》第7期，1936年6月5日）、《搬家》（载《宇宙风》第19期，1936年6月）、《说话》（载《宇宙风》别册增刊第1册，1936年10月16日）、《上海事件纪念》（载《宇宙风》第28期，1936年11月1日）、《算学》（载《宇宙风》第41期，1937年5月16日）。

值得一提的是，在这之前苏青发表文章一直用冯和仪这个名字，从《算学》这篇文章起，改用笔名苏青。从此，这个名字在文坛上被众人所熟知。她在《续结婚十年·代序》里说：

我投稿的目的纯粹为了需要钱，虽也略受朋友怂恿，我知道此乃人家对我的好意，替我设法解决吃饭问题哪。不过我在以前写文章属名总用“冯和仪”的，从那时起便改用“苏青”了，倒也不是怕有什么罪行会给地下工作同志调查去了，因为当时我的确从未听见过有这么一个组织的名称，更不知道他们究竟钻在地下第几层。总之我是因为不大愿意用真姓名，所以才用这个新笔名的。我的意思大概是预备把卖稿当做一个短时期的生活方法，不久以后仍希望能有固定的职业，有固定的收入可以养活自己和孩子。

在这里，她只说了使用“苏青”这个笔名的想法和背景，未说笔名的来源和含意。一般来说，中国人起名的习惯，有取以五行八字的，有取以经典诗词的，有取以崇拜或寄托的等。苏青的本名和仪，不是取自《左传》和《书》的“鸾凤和鸣，凤凰来仪”的语意吗？她取“苏青”这个笔名，绝不会是信手拈来，而寄托着一定的思想寓意，她没有讲，我们不妨做些推测和破译。

一、取学子悠长之意韵。《诗经·郑风·子衿》：“青青子衿，悠悠我心”。《子衿》虽是一首优美的情诗，但后世却把“青衿”作为学子的代称。她在《归宿》一文中曾说：“我幻想着三十年后，青山常在，绿水常流，而我却归黄土，是不是呆在湖汇山上虽不得而知，但总有我的葬身之地吧，我将来墓碑上大书‘文人苏青之墓’，因为我的文章虽然不好，但我的确是写它的，已经写了不少，而且还在继续写下去，预备把它当做终身职业，怎么不可以标明自己的身份呢。”她本人亦是学子出身，从小学到大学，她是喜欢文人风范的。

二、取“河清海晏”之天籁。《荀子·君道》：“君者，民之原也，原清则流清，原浊则流浊”。清者，青也。古人常把“圣人出，黄河清”，比作太平盛世的象征，她当然是肃“浊”追“清（青）”的。

三、取曲调高远，生生不息之意。唐·钱起诗《省试湘灵鼓瑟》末句云：“曲终人不见，江上数峰青”。其意是曲调高亢，响遏行云，缭绕于青峰之间。“数”疑为“苏”的谐音，青则取自“峰青”的绿意。青是离离生长着的颜色，大自然生生不息，路转峰回，那何尝不是她放逐自己于浩淼的山水风光？

四、取对母亲的崇敬与依偎之意。苏青母亲鲍云仙，字竹青。鲍云仙一生不幸，31 岁守寡。作为长女的苏青，当然深谙母亲的辛苦，感激母亲的养育之恩，母亲喜爱那个“青”字，自然也被女儿所爱。她用苏青作笔名，有着对母亲的崇敬与报答。

以上探轶，对乎？不对乎？

苏青为稻粮谋，历尽冷酸艰辛，一年四季，日日夜夜，坚韧不拔地写下去。在世风浇漓，公道人情两是非的社会里，她不避流俗，黍稷重穋，禾麻菽麦，孤愤地去大写她的“饮食男女”。用自己的血流对着自己的心说话，一笔一笔去镀亮那些卑微而闪光的名字。

9 公公皱起了眉头

苏青接连生产四女，
别说李星如老先生不高兴，便是苏青自己，
也渐渐怀疑起自己缺少某种因子。

大好年华的苏青，在宏图未展之际，却爆豆似的接连生了四个女儿，释放了她生命中的最大能量。

在不孝有三，无后为大的封建社会里，公公李星如是信奉遗传学的，此时的他，却犯了大难。他认为老天是专门与他作对，若大世界怎么就把他往角落里挤。他一生事业亨通，有钱有业（钱庄、咸货店、南货店、绸缎庄），有儿有女（二儿一女），可以说要什么有什么，生活过得有滋有味，生意做的游刃有余。

然而，在传宗接代问题上却不能令他称心如意。他不想要的偏给，他想要的偏偏没有，莫非老天让李家断子绝孙？他埋怨观世音菩萨不给他送子，他便叫老太太每天去庙里烧香求子。他又往儿子身上撒气，说他恋房，净生些丫头，从上海回来让他睡书房。弄得苏青也无话可说，丈夫从上海回来只好分居，怕怀上孕，再生女儿。

回想初嫁李家时，公公高兴极了。遇人便说："女人总是有学问好，阿青虽然年轻，但肚里明白，说起话来斯斯文文，哪像她的婆婆笨头笨脑呢。”

他有时恨起儿子钦后来：“不中用的东西，我花了一大堆银子给你读书，你还留级。瞧，阿青比你小两岁，程度却比你好，你这个不害臊的，小心让你媳妇超过去。”

弄得李钦后也迁怒于苏青。动不动便说：“像我这样不中用的人，哪有资格与你女才子讲话!”

苏青常常被弄得有口辩不清。

在苏青的新房楼下，住着一位田妈妈。她是李星如好朋友田老板的妾，他儿孙一大堆了，自己觉得不好意思再胡闹下去，所以把她从娘家搬到这里来，托付李星如给他监看着，也不收他的房钱。

苏青过门后，李星如常笑呵呵地对她说：“田嫂子，你瞧我家的儿媳怎么样，长得还不错吧?”

田家女人当然表面极力奉承，背面却说：“李家这位新娘子漂亮是漂亮，就是没有福相，她的八字里官煞混杂，我料定她不能从一而终。”

这些话终于被李星如听到了，在自己的太太面前大发脾气：“以后再不准理会田家这个下等女人，一个有知识的女人哪能会像她？哼，做小老婆的哪里有好货，田老板一生讲究道德文章，却坍塌在这个坏货身上!”

苏青听到田家女人说的话，心里像扎了一根针，痛苦良久。但对公公的袒护，却心存着感激。

她生第一个女儿的时候，公公没有说什么。事情刚刚过去一年多，苏青又在上海生下第二个女儿。这可惹得李星如老先生不高兴起来，他常常在苏青婆婆面前叽叽咕咕地说：“这可算什么呢？一个丫头还不够，还要养出第二个，亏得她不害羞!”

婆婆劝她不要心急，他们两口子都还年轻，哪能日后没有七子八孙的?

他听了仍不能释怀，竖起一根拇指说：“寡欲多男，总是钦后这孩子爱胡闹，所以才来一个丫头，又来一个丫头。事情要是你与我，要么不养，要养准弄出个小子来。现在不成了，你也是一根木棍一层皮了，真倒胃口!”

婆婆是个老实人，听到话头转到自己身上，半天扔出一句话：“我看你是想孙子想疯了，净说些没脸皮的话!”

这年秋天，夫妻二人接到家里的来信，说小姑要结婚，叫他们回去参加婚礼。不用说婚礼是热闹的，然而到了晚上睡觉时，苏青又犯了难，因来的亲友很多，住处不够用，婆婆说你们小两口就不要分床了吧。于是苏青又怀孕了。

1937年8月12日晚上，苏青第3个女儿降生了。第二天是8月13日，日本人把战火烧到了上海。苏青在自传体小说《结婚十年·产房惊变》中写到：

> 大概到了五更光景，我才朦胧睡着了，但不久隐约便闻隆隆声音，渐渐近起来，也重响起来，看护们慌张地嚷着满屋跑，我也惊醒明白过来了，有一个邻床年轻的产妇锐声哭，说是不好了，开炮了，兵队马上就要到。又有人嚷着屋顶快悬外国旗呀，省得飞机投弹，于是又有一个产妇光着下身要爬到床下躲避去，我的心如丢在黑的迷茫的大海中，永沉下去倒反而静静的，贤（李钦后）不能再来看我了吧？大难临头，夫妻便永别了！各自飞散了！

到了第三天晚上，苏青让李钦后与医院交涉，破例让她提前出了院。

李钦后的弟弟李钦若是中央大学的一名学生，因患胃病住在哥嫂家里。他可高兴了，他跑到街上去买号外，讲着日机轰炸的故事。听到飞机过时，他赶紧跑到阳台上去看，不知轻重的地叫喊着：“这真是伟大的时代呀!”

李钦后接连接到宁波家中三四封电报，催他们赶紧回老家躲避。他们三人商量，决定第二天一同到码头上难民船回去。第二天上午，李钦后一手扶着苏青，一手抱着婴儿，还有弟弟、林妈一同登上一辆汽车，一路鸣着喇叭，向外滩开去。可是到了海关附近，早已挤得人山人海，根本无法走动，只好又叫司机开回家去。

苏青与李钦后商量，让他兄弟二人回去报信，她住在这里等满月后再回去，李钦后不干。又找同城邻居张老先生商量，结果是先让张的侄子和李钦若一同回去。谁知第二天李钦后去送他们，李钦若、李钦后刚挤上车，张老先生的侄子却没上去，李钦后也被挤的下不了车，兄弟二人只好先回宁波了。

又过了几天，在张老先生安排下，由他的侄子陪着苏青母女和林妈，一同回宁波。

在码头，苏青抱着婴儿好不容易才挤上了船，只在煤舱里找了一块地方坐下来。此时婴儿早已哭哑了喉咙，苏青想给她喂奶，林妈却把奶瓶弄丢了。直到夜里旁边有个妇女实在看不过去，从小包里取出一块饼干递给苏青，要她嚼烂了再喂给孩子。

煤舱里没有窗户，几百人挤在一起，四面只有两个小圆洞可透气，有人还在不停的抽烟。苏青被呛得受不了，只好在船边站一会儿，海风吹得很舒服，然而，她想到自己正在月子里，只好又回到煤舱里。

次日早晨，她们狼狈地回到家中。公公见面便说，我正想着让钦后赶回上海去呢。

紧接着，宁波的机场被炸了。公公与婆婆计议了一番，对苏青说："阿棠和卢老太太也从上海回来了，都住在卢家堰，你同钦后和孩子先去住着，遇有紧急情况我们带薇薇也到那里去住。"

卢家堰就在城南不远的首南乡，卢老太太家的房子也不少。并给他们夫妇找了一个女佣买菜做饭，还从庄上为孩子请了一个吃帮奶的，这样便算安顿好了。

过了大半个月，李钦后得到通知，他在上海教书的那个中学已迁到租界，现在开学了，要他赶回去上课。苏青和孩子也回宁波家中去住，东西先留在这里，危急时再回乡下去。

时间过得真快，女儿已经百天了。

一天，日本人的飞机又来轰炸，玻璃窗被震得哗哗作响，公公双手捧着斑白的头发低声叹道："想不到我活了50多岁，不知哪天就要死于非命，钦后又远在上海，哎，这三个都是孙女……"他还是那门子心事，惦记着给他生个传宗接代的孙子。

当晚苏青的母亲差人来探望了。她得知城中被炸的消息，说请全家到凤岙镇去暂时躲避。公婆也觉得有苏青母亲照看，住在那里也较适宜。第二天便带了一些东西，与公婆一早乘乌蓬船去了凤岙。

母亲见了又悲又喜。她先去张罗公婆的住房，房子当天便找到了。

凤岙镇在宁波的城西偏南，到处是郁郁葱葱的青山，飞机来了，随处可拣山洞去钻。乡民说，飞机有时也过来，只是不投弹，也不拉警报让人躲藏。

过了三五天，听说飞机没有再来，公婆放心不下城里家中的东西，告别苏青母亲先回去，留苏青与女儿暂住在这里。

不久，李钦后来信说，现在上海战事已经结束，他准备明年当律师，公婆也同意苏青回上海去住，只是带着小女儿不方便。婆婆说："我看孩子还是留在乡下找个人养吧，等到断了奶，你再领回去，那时天下也太平了。"

苏青思前想后，觉得也没有什么好办法，于是下决心把孩子留下。遗憾的是，这个女儿还没有名字呀。

1938年春天，日寇已占领了京（南京）沪沿线城市，许多人也涌到上海租界生活，李钦后弟弟李钦若本在外地读书，他听了哥哥的主张，转到上海来读大学，自然寄住在哥嫂家里。

时间长了，不知不觉中苏青与这位"颀长的青年，西装毕挺，面容却显得有些苍白"的小叔子发生了恋情，而且还有惊人的发展。

苏青内心十分矛盾，她明知不可为，却忍不住偏要为之，一度沉浸在悔与愧的情感交织中，不久苏青理智地断绝了这份感情。

1939年春天，苏青在战火中诞生的那个女儿，因长期寄养在奶妈家里。她有奶喂了自己的孩子，哪会给苏青的孩子吃，只给她吃些烂山芋，哭时还要打，害得常年生病，骗去了医药费却不给找医生，直到快死了，才慌忙到城里来找公婆。公婆也不告诉苏青，只给了奶妈一笔埋葬费，便把女儿的尸体埋在了野外。

苏青在《结婚十年·避居乡下》中写道：

一个刚在炮火声中出来的生命呀，不及等到炮火终止便给磨折死了，仅仅度过二十一个月的苦难的人生，她的来去何匆匆？毕生不曾见到过太平。我也知道在无数万的死亡遗失中，她自然是很渺小的一个，但假如她养大了，也许是一个绝世的美人，也许是一个伟大的天才，也许是一个慈悲的教主，也许是一个最有权力，最能做事，最最受人尊敬的人儿呢？又有谁能断定不，但是她终于去了……

此时，苏青正怀着呱呱待产的婴儿。她深深责备自己的失责，更是痛悼对不起这个死去的女儿。这个孩子从生到死，只在世上活了21个月。

三个月之后，苏青又生下了让公公失望的第四个女儿。这仿佛应验了四年前她第一次发表《生男与育女》时说过的话："生女儿可就不同了：一女二女尚可勉强，三女四女就够惹厌，倘其数量更在'四'以上，则为母者苦矣！"

不同的是，小叔李钦若亲自给她取名菱菱，丈夫李钦后却对这个小女儿格外关爱，视若掌上明珠。尤其花在菱菱身上的钱，几近于奢侈，天天不是牛奶、鸡蛋，便是水果、鱼肝油。他还听信中医的话，喂她桂圆汤、胡桃茶、参须汁等，吃遍了人间所有贵重的食品。他只要同菱菱在一起，什么事都可忘掉，女儿半夜醒来，他也要她骑在自己的背上玩上一会儿。

然而，当他把菱菱的照片寄给自己的父母时，母亲总是表示十分喜悦，希望把女儿养好。他的父亲却皱起了眉头，只好推说别把孩子宠坏了，金钱花得要上算，为人总要积蓄些才好。

苏青接连产下四女，却触到了李家接香续嗣的痛点。别说李星如老先生不高兴，便是苏青自己，也渐渐怀疑起自己缺少某种因子。真是有天理没饭吃，都怪自己不争气，满腹诗书不如一头壮硕的母牛。尽管她暗自生气，等待的只有世人的嘲讽和挖苦。她无奈的叹息，人啊，人啊，怎样才能改变这离合人情的尴尬？

10 妻性与母性

苏青的一颗心，
常常为公婆、母亲、丈夫、
儿女淹渍得耿耿难眠。

苏青的妻性与母性，是在那个男权社会的沼泽中孕育出来的。

正是那样一个时代，你别无选择，无法摆脱那个因陈相袭的社会，只能在这个泥沼里挣扎，完成社会规定的性别角色。苏青亦不能例外，必须对丈夫尽妻道，对儿女尽母道，才能打造好这个双重自觉的妻性，然而，对于受过高等教育的苏青来说，她却有着自己的诉求。家庭经济的拮据，逼着她不得不走向社会，谋求一份职业，或写文章赚取稿费补贴家用。这虽为她人生最基本需求，也是被生活逼出来的无奈之举。

苏青再次回到上海，国民党军队从沪西已经撤离。上海的华界及位于苏河以北的租界已沦入日本人之手，苏州河以南的公共租界和法租界因难保中立，已成为“孤岛”。其范围东至黄浦江，西达法华路（今新华路）、大西路（今延安西路），南抵民国路（今人民路），北临苏州河。

最近，他们住在老城西边宝康里。苏青不用佣人，自己担起了家中的全部事务。李钦后先是在中学教书，不久又到一家洋行当“大写”。

这家洋行其实是华行，规模相当大。

李钦后是个聪明人，他善于揣摩上司的心理，因此经理非常器重他，月工资百元之外还有花红。下午工毕以后，经理还邀他去吃茶跳舞，当然他乐于奉陪。在李钦后十分得意之时，他也向经理透露了自己的想法。那经理是个小派人，乖巧的很，知道他不是一个平稳安定的人，便顺水推舟，来个明升暗降，从“大写”调任法律部主任，还减低了他的薪水，把“大写”的位置让给别人去做了。

李钦后又后悔又着急，但事已至此，也没有别的办法可想。

弟弟李钦若闻此，向哥哥建议说：“你为什么不挂牌当律师呢？自由职业总是少些拘束，用不着坐在写字间熬时间，看人家脸色行事。”

李钦后对弟弟的意见深以为然。

于是苏青便和李钦若为他开办律师事务所四处寻找房子，他们看了许多房子，不是弄堂太脏，就是交通不便。李钦后最后说，只有一个原则必须坚持，那就是外观要好，里面差些倒可迁就。

有一次，李钦若兴冲冲地跑来说，霞飞路西段有一处大洋房，那里面有几间要出租，不妨去看看。他们走到那里，房子没租到，却碰到了老同学赵琏。她问苏青住在上海多久了，有几个孩子？并噙着泪告诉苏青，她与徐讦结婚已经四年，他根本不爱她，现在已有两个女儿。

徐讦听到外面有人说话，他从后房走出来，口中衔着烟斗，惊喜地说：“是你吗？真的是你吗？我们好多年不见了。”

徐讦告诉苏青，辣斐德路（今复兴中路）附近有新房在建，每幢费用3000元，样式和颜色也很美。他还劝苏青说，不久他们将搬到那里，苏青也搬来，一起做个邻居好往来。

1939年秋天，苏青与李钦后果然搬进了辣斐德路新居。房子全幢三层楼，卧室在二楼。明亮的房间里，摆满了租来的家具，窗帘是用彩花轻绢制成，他们仿佛又重温起燕尔新婚的旧梦。

开业那天，徐讦和赵琏也来了，还有许多亲朋好友。桌上堆着鲜花，墙上挂了祝贺开业的字画，有许多镜框无法悬挂，只好放在地下，不然要挂满几个房间。

李钦后的律师生涯就这样轰轰烈烈的开始了。起初，事业进展的并不顺利，上门的业务没有几件，那时苏青刚生下小女儿菱菱，抱着孩子与他挨着寂寞的日子。过了不久，还是那家洋行的经理帮忙，委托李钦办了几件事，案件才接得多起来，从此他的律师事业才渐渐进入佳境。

孤岛时期的上海，维系着一市三界的局面（即公共租界、法租界和上海特别市）。国民政府为防止资金外流，曾严令限制现金提存，大量资金流入租界。这些热钱扩大了市场需求，造成了畸形的繁荣。饭店、舞厅、茶室、旅馆、游乐场等服务业空前活跃起来。如位于闹市中心的永安公司的天韵楼，游人如织，每天来此寻欢作乐的人达十万以上。李钦后的生意好了，钱用不完，他们夫妇也到这里来消费。

然而，物质生活的富裕填补不了苏青精神上的空虚，夫妻关系并无根本改善，思想分歧仍然存在。尤其是她对李钦后不能公正处理案子看不惯，常常于心不安。这年秋天，苏青经朋友介绍，找到一份宁波私立效实中学上海分校教书的职业。在征得李钦后同意后，到那里做代课教师。

这所私立中学由陈训正、钱保杭等创办于 1912 年，是全县第一所私立中学。学校高中部以大学预科为目标，要求要高于一般中学，凡效实中学毕业生，可免试进入上海复旦大学和圣约翰大学。战时学校待遇相当菲薄，讲课一小时的钱仅够买一盒火柴，合市价一元五角。而一个人月基本生活开支要 368 元。即使这样，苏青也决心到学校一试。

她没有想到，即使找这样一个代课教师的职业，得之也相当不易，还要实行竞争上岗“试教”，那天来了足足二三十人，苏青“试教”抽了个 29 号。她在《试教记》一文中写道：

好容易等到该馆的主事人来了，站在上面呵呵腰，照例客气两句，便说出试教的办法。天哪，原来是要各人轮流着做学生与教员，一个人跑去上面讲，其余的就在下面听，时间限定五分钟。当时便有三个女的跑了。

苏青与那个姓张的坐在最后一排，当喊到29号时，她像被宣布死刑似的一步步挨到讲台上去。

“诸位……”我忽然觉得为难起来，究竟接下去应该说“诸位同学”呢？还是“诸位先生”？喉咙干燥得很，眼睛模模糊糊地瞧着他们指定叫我教的一页，那仿佛是一个故事，却不知究竟在说些什么。正想定一定神自己先看她一遍，不料一个失手，书掉到地上去了，我忙拿起来再翻原页时，却再也找不出来，铃声响了，我便匆匆下台。

“这简直是同我们失业者开玩笑啊!”我又羞又忿，拼命的忍住眼泪。好容易等到试教完了，大家一窝蜂的拥出去，有的还围住了主人怎样个决定法，那种患得患失的样子真使人看了难过。我一言不发的尽自向外飞跑，汽车、黄包车、行人、红绿灯的影子都模糊了，仿佛听见张在后面叫喊，但这声音也渐远渐微，而渐至不闻。他们也许在怀疑我发疯了吧？也许会笑我太不自量，谁又知道我的文凭是教育学院第一号呢？

最终，苏青还是被录用了。

效实中学分校校址在牛庄路，她每天都要从宁波路乘车跑来跑去，即使这样，连生活费也挣不回。苏青在《关于我——〈续结婚十年·代序〉里写道》：

……当时我也想找个中学教书的职业，然而人家嫌我没有毕业文凭，确难留用。好容易靠一个朋友帮忙，在某私立中学弄到一个代课教员的位置了，说明下学期可以正式聘用，我是只要有薪水可赚，代课与正式的名分差别倒是不计较的；不料到了第二学期，那个中学的校长到内地去了，遗缺中我的一位至亲长辈升任，这位长辈乃是善于避嫌的正人君子，他做了校长以后除把自己的几个女儿侄辈统统发表为公费生后，想到人言可畏，便把我的代课教员一职取消了。“你是一个现成的少奶奶，又何必辛辛苦苦出来赚铜钿呢?”他说。

便是这样，她的代课教师资格也被这位“至亲长辈”堂而皇之的取消了。苏青又回到了家庭。

苏青回到家中，一颗世俗进取心仍未泯灭，为了实现自身的生存价值，在文友的帮助下又写起了文章。

《宇宙风》杂志1938年5月南迁广州，第二年3月，在上海又创办了《宇宙风》乙刊，陶亢德编辑兼发行人。于是苏青的作品开始在上面出现，先后发表了《我们在忙些什么》、《断肉记》、《拣奶妈》、《母亲的希望》、《论夫妻吵架》等文章。这中间《论女子交友》一文又引发了争论。

有一名叫溪谷的先生给《宇宙风》乙刊杂志社撰文《读了〈论女子交友〉后》，对苏青文章提出质疑，开篇写道：

读了冯和仪先生《论女子交友》一文，我发生不少感想：冯先生的文章无疑是好的；尤其是在文章的活泼性上更见成功；可是这样的文章如给一般视个人家庭高于一切的女人看看，原无不可，如对准中国的妇女大众，且未免不妥，原因是冯先生忘了世上除这些只知有己，不知别人的太太小姐们以外，还有广大的妇女群，因此，不免说了许多武断的，过火的，笼统的话。

接下来，溪谷举证了苏青文章的论点，然后逐条加以批驳，现摘要于下：

1.“女子对男子没有什么友谊可言，就是女子间也很难找到真正的友情”。

溪谷认为，友爱是不论性别的，从古至今不仅女子对女子有，女子对男子也有真正友情。

2.“大多数女子对交友根本只是为一种消遣”。溪谷认为，这也许是一般闲得没事可做的女人才如此，人生除事业外，唯有友情最可珍贵。

3.“女子们最爱当着朋友讲丈夫坏话，但丈夫真正的坏处却讳莫如深”。溪谷认为，那也未必。

4.“女人们最多疑心”，“十个女人十个妒”。溪谷认为，女人不一定都如此，男人也未必不如此。

5.“我相信要是一个男人肯天天陪着太太上馆子，看电影或干些别的玩意儿，那时女人定会嫌憎孩子累赘，母爱起码打个七折”。溪谷认为，虽然世上有不爱子女的母亲，但大多数母亲却是竭尽心血，热望子女成长的。

6.“在目前大家都讲团结一致的时候，恐怕女人们永远不会团结”。溪谷认为父女大众早在救国第一的目标下团结起来了，如“五四”、“五卅”运动。

7.“一千个女人中难得有一个肯爱丈夫，但却有九百九十九要管束丈夫”。溪谷认为，那是爱的一种表示。

总之，溪谷认为苏青这篇文章，如对准一般小资产阶级女性，那是讲得入目三分的；如读者对象为整个妇女，那未免犯了笼统武断的毛病。他颇怀疑这是作者的“自画自赞”的经验谈。

溪谷最后说：

> 我也希望冯先生到外面来看看许多被摧残的生命——作为奴隶的奴隶的女人；那就是说：希望冯先生看见森林中的每株树木，也看得见整个的森林；更希望我自己没有把冯先生的文章错读或误解，冯先生也不至认为我是恶意的辱骂。

苏青的回应溪谷的文章是《不算辩证》，文章开头说：

《宇宙风》编者转来溪谷先生大作一篇，系“不是恶意辱骂”拙作《论女子交友》的，嘱答复之。我本想不说也罢，继忖说亦无妨。

……

现在且休提我的武断，先来看看溪谷先生的“文断”如何：

“其实”项下第一款，溪谷先生认为女子对男子是有真正友情的。关于这点可惜溪谷先生也没有举证，猜想起来祝英台对梁山伯的始终友谊大概即属此类了。

其次是女人们不一定善妒善疑，据溪谷先生高见，我中此推论，觉得“吃醋”的典故想系讹传，七出中该条亦属多事。

还有女子在团结这点上，据溪谷先生说，也是事实俱在的。恨我孤陋寡闻，不及早知大观园中的诸姑嫂姊妹，小姐丫鬟，都能在做诗第一的目标下精诚团结也。

第四点溪谷先生认为不能不说的，便是“管束”和“等待”就是“爱”的表示，否则又“为什么”呢？在下斗胆，也想问句：狱卒之管束囚犯，其亦为了爱乎……

再下去，连溪谷先生也觉得诸如此类的话，一句句挑剔起来，未免浪费篇幅，于是反对笼统武断的溪谷先生就把它来个正确的估量：这是作者的自画自赞的经验谈。断语出自有科学头脑的溪谷先生之口，便是真理，“明证”、“统计”之类是用不着的……

苏青最后说：

只可惜中国人是向来缺乏科学头脑的，统计明证都马马虎虎。韩愈诗“夕贬潮阳路八千”句后既未附道路清丈单一纸，杜甫说“最苦妇人身，事人以颜色”时也未曾统计过有若干塌鼻头妇女，如溪谷先生之高高祖母般，拿“德”做幌子也可讨丈夫欢心骗饭吃也。不知溪谷先生也将捧住此事实辱骂韩杜而劝整个妇女或妇女大众勿读其诗乎？抑许其武断笼统过去而不来展开而纠正之乎？若宽于责彼而严于责我，是亦欺侮奴隶的女人之明证也，我要“妒”矣！

这不算辩正。

对于溪谷先生的批评，苏青有些激动。又因着《宇宙风》编者“嘱答复之”，她还是写了《不算辩正》一文。

她没有步溪谷先生鸡口牛后的后尘，而是高檐走笔，极尽稽唇之语，用一幅泼墨之笔，回答了溪谷先生的诘问，巧妙地书写了迥异相向的另一种荒诞。

李钦后的律师事务所渐渐兴盛起来，他在金门饭店（今华侨饭店）另租了3间房作律师事务所，雇了一名男仆和一名书记，后来还有了几名帮办。他也更加讲究起仪表来，经常穿长袍黑褂，有时也穿西装，鼻梁上架一副玳瑁式眼镜，口衔烟斗，手持司的克，俨然一个大律师的样子。他的进项也不错，一笔就有三五千，吃的用的也满谷满坑，这是苏青和李钦后婚后生活最佳时期。富裕起来的李钦后，这时想到了远在宁波饱受战火蹂躏的父母，决定接到上海来躲避日机的轰炸，同时也尽尽孝道。

那时，日机已对宁波进行了第三次大轰炸，共投弹119枚，炸死居民90人，炸伤117人，炸毁房屋860多间。接着，日机还用蜘蛛拌面粉，投下大量的鼠疫杆菌，有93人死于这场瘟疫。

李星如收到儿子的信，便带着苏青的婆婆和女儿薇薇来了。

苏青见到薇薇心中一惊，那个圆圆胖胖的脸已不复见，现在却变成了瓜子形，中间是端端正正的鼻梁，颜色略带黄黑，母女见面倒有些生疏起来。

婆婆穿着灰色羽纱衫子，印度绸的裙子，样子有些枸束。苏青感到，明天还需要去商场替她添制一件长衫、买一双缎鞋、纱袜，日常装束也就差不多了。

公公一面捧茶，一面咳着叹息说：“日机轰炸后，我们赶紧逃到卢家堰躲起来，可怜薇薇一路上吓得直哭呢。”他还说，“谁想到活到这把年纪，还会遇到这样的事！辛辛苦苦积聚了一辈子，满以为把这些东西交代给你们，谁知道给日本人劫过便完了。”

李钦后忙安慰父亲，让老人家千万别发愁，儿子虽没用，但养活你们俩位老人还不至于有问题。

他的母亲也高兴起来，摸着薇薇的头说：“如今我们要把你还给你爹妈了。”

薇薇把头往她膝上磨着说不肯，婆婆再要同她开玩笑时，看见公公的脸色惨白着，也就忍住了不再说话。

从此，李钦后和苏青常陪着父母去看京戏，逛公园，还请他们上酒楼吃饭，到大公司买东西。在家里，苏青也给公婆特意买好多菜给他们吃。吃黄花鱼的季节上海比不了宁波，那里临海，捕的鱼都是新鲜的，常放盐和绍酒清蒸，但上海吃黄鱼大都是红烧，老年人吃不惯，有几次公公到外面买些瓶装香螺来，苏青知道后，便也跑到街上为他们买回来吃。

到了中秋节的时候，小姑也到上海来了。她的丈夫近年来不大如意，暂时要到外埠去经商，顺便送她到上海暂住。李钦后非常高兴，说现在骨肉都团聚了。苏青把她安排到三楼亭子间屋住。

苏青又怀孕了，肚子渐渐大起来。

公婆计议了一番，由婆婆开口，说苏青太辛苦，她与公公、小姑及薇薇四人还是自己烧饭吃罢，省得佣人忙不过来。苏青再三劝阻不听，李钦后只好每月把费用送给他们自己去张罗。苏青看着他们淘米洗菜，着实心里难过，叫佣人帮助，他们也不让插手。

1942 年 12 月 8 日，太平洋战争爆发，日军占领了上海全部租界，一切全都改变了。李钦后不再做律师，只办些非讼事件，收入锐减，家庭经济来源也成了问题。一家人整天闷坐在家里。李星如见状对儿子说：“阿青快生产了，你一时又没事做，我们不好再在上海拖累你，薇薇也跟着我们惯了，我们还是一起回宁波去。但愿明年养个小子，我再来上海看看，只要见到面，死也便瞑目了。”

苏青默默地低下头去，不敢再多看一眼。

李星如已是满头白发，眼眶也凹了进去，真恐怕在人世的日子不会太久了。

看到如此情形，做为一个儿媳苏青也感到于心不忍，一颗心常常被淹渍得耿耿难眠。

11 他爱上她的女友

当他离开房间后，
苏青从他的衣兜里摸出一个皮夹，
里面装着赵琏给他的一张微笑的照片。

顺着那米色的墙壁，一支藤蔓终于爬上了小楼的西窗，那叶子血红血红，犹如西天的一缕晚霞，燃烧着一个个性迥异的季节。

那软软的秋风，拂动着薄如蝉翼的帏幔，静悄悄地扑进了半开的窗子。

苏青因着与赵琏的乡谊，两家先后搬进了辣斐德路（今复兴中路）的亚士林路相隔不远的居处。苏青因怀孕在家，无所事事，常到徐讦家去借小说阅读。

赵琏对苏青很亲热，与她无话不说。她把丈夫徐讦夜里在外、不打电话三四天不回的事告诉苏青，并垂泪说："哪有这样浪漫法？"

苏青劝她说："各人有各人的脾气，互相摸透了，也就不足为怪。"

后来李钦后知道了徐讦家里情况，便对苏青说："你若喜欢同徐讦来往，就请他们常到我们家来玩吧，用茶饭点心款待他们，你最好不要出去，免得带孩子出去受风。"

于是苏青每逢无聊的时候，便邀徐讦夫妇到家里来作客。他们来时还常带些客人，苏青也约了几个朋友，家中气氛便热闹起来。

徐讦是个作家，他的收入靠卖文为生，他家里有钱，因母亲病故，继母当家，他也不愿回家去拿。他又爱乱花钱，不仅买书画、唱片、衣装，而且出入动辄坐车，香烟不离口，话剧、京剧非看不可，剩下的才轮到家用。赵琏最痛苦的便是这一条，那是每天过不去的坎儿。她与他说时，他便大发脾气，并说："你这个女人就爱金钱，你不知道我家，还要逼我要钱？要离婚便离婚好了！"

每到这时，赵琏只有流泪，过后跑到苏青家里诉说。苏青总是苦苦相劝。

苏青热心好客，丈夫也不反对，家中成了一个理想的沙龙场所。徐讦每次来，与苏青有许多共同话题，他们谈历史，谈文学，有说不完的话。徐讦说话风趣幽默，想象丰富，仿佛整天遨游在幻想的之中。他把书借给苏青，又同她谈文学圈中的事，鼓励她创作，有时还把她的作品推荐到杂志上去发表。每到这时，李钦后也给徐讦递上一支烟，全神贯注听他云里雾里讲些新闻趣事。

赵琏很会打扮，每次来时还把李家女儿菱菱打扮得花枝招展。她替菱菱缝了舞衣，织了线裤，还同苏青一起出去选购鞋帽等。菱菱本来就很美丽，经她这么一打扮，更像一朵花了。

李钦后回家见了非常欢喜，问是谁的手艺。苏青如实告诉了他，半晌他说："徐太太真是个会管家的女子，而且很安本分，只可惜徐先生太才子气了，经济未免拮据了一些。"

苏青反驳说："那么我是不安本分了？本领不够呀！比不上人家，你何不去追求她呢？"

李钦后有些瞧不起徐讦，堂堂男子汉，只搞些雕调虫小技，风花雪月，没有什么用处。

而徐讦也觉得李钦后未免虚伪，天天只知道围着孔方兄忙碌，没有什么真本事，还自以为得意。

有一次苏青问徐讦夫妇说："你们觉得李钦后是个怎样的人？说他有感情，当然不像；说他没有吧，他爱菱菱却像是真的。"

徐讦答说："那有什么稀奇，市侩的人只知有利，别说儿女了，至于老婆便靠不住了。父女爱若过分，便是夫妻感情不足的变态心理。”

赵琏说：“不管人家变态也好，不变态也好，爱惜女儿总不是坏事。你说男女之情倒是真的，我看这话说到你们文学家身上，能靠不住吗?”

徐讦冷笑说：“文学家也不是靠不住，恐怕要看对方的为人，一个庸俗的脂粉气的人，是决不能理解他的。”

苏青看到他们又要吵起来，她代赵琏争辩说：“文学家怕比较不可信吧，他们太爱自己的作品了，对别人便少真情。因为他们幻想太多，而实际上不大会爱人。”

赵琏笑了起来。徐讦也不好意思反对苏青。

1941 年 12 月 8 日，太平洋战争爆发，日机日舰偷袭了珍珠港。日本天皇昭告天下，向英美宣战，在上海的日军越过苏州河，分路开进公共租界，上海全部沦陷。日军封闭了电台、报刊杂志，控制了金融机构。起初还有人给他们放几颗炸弹，日军结绳而治，不久这种情况也就消失了。

李钦后不再做律师了，收入锐减，往来人见他便问：“你近来打算怎样?”他便回答失业了，准备饿死。为了撑面子表示富裕，对来人仍买酒做菜招待。

而徐讦本来才思敏捷，天天写文章换钱，现在也搁笔了。他出版的那部著名的小说《鬼恋》，有着赵琏的影子，在他笔下赵琏成了“人约黄昏后”的漂亮“女鬼”，很有卖点，此时也不愿再印，卖完为止。

本来喜欢声色犬马的徐讦，现在也移情别恋，闹起了眠花卧柳的勾当。他原先认为赵琏的美是诗意的，认为女人就应该是一朵花，吐着妖艳，透着聪慧，像希腊女神一样，万古庄严与高贵，美丽的让人仰视。然而，他与赵琏生过两个孩子后，发现她过于世俗，是不足于惹人爱怜的，对苏青的才情倒有些渴慕。渐渐地他感到心中有一种莫名的空虚，最终成为爱的缺失。

他和赵琏吵过几场，拿起桌上的茶杯砸过去，还用脚把她踢伤。赵琏气得回娘家去，口口声声要离婚。

徐讦说：“离婚是再好没有的事，家中正缺钱，倒省得一个人吃用，只怕你找不到第二个丈夫。”

赵琏说："就是没有丈夫，也比天天愁米愁面，还要被人打骂好！"

赵琏还来苏青家告知此事。李钦后凝视半晌取笑说："像你这样的太太还怕没人要，又美丽，又贤惠。"

赵琏很看重李钦后的富有。一来二往，便与李钦后热络起来。他们常到舞场跳舞，到饭店吃饭。那时苏青正怀着她的第5个孩子，根本没有注意到这些事。

苏青的产期一天天临近，而李钦后每天很晚才回家，苏青问他每天在外做什么，他也只简单地回答找饭吃，不然谁拿白米塞你的肚子。苏青听了无言以对，心里直生闷气。

一次酒店上楼来收酒钱，苏青转告给他。

李钦后冷笑着说："收钱管我什么事，酒店老板又不是你姘头，你这么起劲替他来讨钱？"

苏青没办法，只好下楼将仅存的钱交给讨债人。从此李钦后便不常在家吃饭，苏青在家寂寞地过了年。

一次佣人王妈对苏青说："少奶奶，我告诉你一句话，你听后可别生气。我也是听邻居穆太太女佣说的，穆太太有一次在爱多亚路（今延安东路）大沪饭店（1933年建造）舞场碰到过少爷，他在同一个漂亮的女友谈着知心话。听说这个女朋友从前常到我们家来玩。"

苏青听后几乎晕了过去，猜想这个女的一定是赵琏。

这天，苏青怒气未消，气得把昨天为李钦后备的饭菜也倒掉了，李知道后又打了她两记耳光，还说："以后你就靠稿费为生好了，今后再别向我要钱！"说完穿上大衣径自走出门去。

到了下午，苏青的肚子痛起来。她躺在床上一声不响，把生死置至度外，告诉佣人看好菱菱。但出乎意外李钦后下午五点就回来了，看她睡在床上便问哪里不舒服。苏青一阵心酸，眼泪流个不止。李钦后讪讪地说："我是近来脾气不好，在外面也常同人闹架，昨夜是一个朋友请客，徐订也在，他最近决定到内地去了。"

此时，苏青告诉她肚子有些绞痛，他真的有些慌了。当晚上即联系住进了医院。

1942年正月初四午夜，苏青生下了儿子元元。

李钦后高兴极了。他一边向佣人致谢，一边对帮忙的弟弟说："我早说菱菱是个有福气的孩子，果然给她招来了个弟弟，父亲知道了不知怎样高兴呢!"

苏青也感到应该把这个喜讯告诉公公，当天夜里便让李钦后拟好了电报。

就在苏青生下儿子的第三天，徐訏差人给她送来了一封信。说他今天就要到内地去了，祝福她平安，希望孩子健康成长。还说有些话他不能对她说，总之他是不想留在上海了。

苏青看了信对李钦后说："徐訏去内地，赵琏不同去吗?"

李钦后含糊其词地说："恐怕不会吧。"

苏青又说："那么赵琏一个留在上海怎么办呢?"

李钦后沉思半晌说："他们最近已经离婚了。"苏青装作要睡的样子，告诉李钦后给她盖上一些衣被。他未加思索便将自己的大衣盖在苏青身上。当他离开房间后，苏青从他的衣兜里摸出一个皮夹，里面装着赵琏给他的一张微笑的照片。事情果然得到了证实。

公公来信了，说他已经替元元排过八字，是魁降日生的，富贵非凡，可惜未免硬了些，与母有冲克，最好能够过房出去找一个寄娘。

李钦后天天出去，不到半夜不回来。苏青不再追问他，他也不再向她解释。赵琏写信来向她道贺生子，她向李钦后说，便时也向赵琏问好，关于徐訏的事希望她不要太难过。李钦后听了不高兴地说："徐訏的事与她有什么相干，我知道你是成心让她难过。"

终于挨到满月，因许多人都送了礼，苏青问李钦后要不要请客。李钦后勉强说："不过请一次也好。"说完便出去了。请客的钱还是弟弟李钦若借钱给垫付的。

等到晚上客人散去后，赵琏独自找苏青来了。她的态度很忸怩，一面尽量坦然，一面笑着说："有孩子的女人很幸福吧?"

苏青说："那也要看幸福能坚持到多久。"

赵琏说："但是要全凭你自己去努力啊。"

苏青说："假如另外有人也在努力，去夺走你的幸福呢？"

赵琏说："那也没有办法，因为人类都是自私的。"

赵琏走后，苏青明白李钦后是靠不住了，但是为了维护孩子的幸福，她只有忍耐，天下哪有中途变心的母亲呢。她觉得，一个女人可以放弃十个丈夫，却不能放弃半个孩子。

春天到了，苏青把菱菱打扮得格外美丽，元元整理得利落干净。她穿一件浅红薄呢夹袄，外加纯黑窄腰长大衣。佣人替她抱着菱菱，她把元元放在童车里，一路推着，路人不时投来羡慕的目光。然而，这些人哪里知道她心里正承受着巨大的痛苦与悲伤呢？她天天计算着如何弄买菜买米的钱，不过吃完了又该怎么办呢？她心中一片茫然。

李钦后告诉她，他已没有固定收入，因此也不能给她固定的生活费用。高兴时给一点，不高兴时就没有了。苏青责备他不该如此不讲道理，他反说你有本领自己去管好了。

苏青没有办法，只好忍气吞声地挨着。

一天晚上，赵琏又悄悄地跑来看苏青。她穿着一件半旧的碎花绸夹袍，面容显得有些憔悴。她半晌没有说话，最后才毅然对苏青说："我觉得我很冒昧，有句话想问你，你同钦后还相爱吗？"

苏青心里虽然不快，但面子上仍装得诚恳，回答道："我相信我们一向是相爱的。"

赵琏沉默了半晌，只得老实说："你觉得他真得靠得住吗？因为他对我……别人都说……"

苏青忙截住她的话说："我是十分相信你的，也相信他，别人的话我决不睛听，我们原本是好朋友。"

赵琏无可奈何地流下了眼泪，说她已有了两个月的身孕。

然而，李钦后还是对赵琏说，他离不开孩子和妻子。最后赵琏堕了胎，悄然离开了上海。

但此事对于李钦后来说，思想一直很矛盾，他一方面舍不下妻子儿女，另一方面又舍不下赵琏。赵琏的走，他又迁怒于苏青。他说："现在我可明白你的心，这次我上了你的当，实际上你并不需要我，让我替你挂个虚名。我要报复你，让你吃尽苦头，从此你休想向我要一文钱！"

苏青也有些害怕，于是写信求助于公婆，让他们给李钦后说定期给生活费，或者带着儿女回宁波家中去住。

过了四五天，李钦后接到父亲的来信，把他训责万端，说他不日就要拼着老命来与他理论。李钦后看完信，把信丢给了苏青。原来公公已经卧床不起了。此时李钦后不等苏青说话，手掌便疾风般向她的脸上打去，苏青没有躲避，亦没有流泪。而李钦后却收住了手，答应每月给她与子女的生活费。并嘱她快发电报，别让父亲到上海来。

第二天，李钦后要回宁波去，苏青交给他一封解释并安慰公公的信，她还从李钦后留下的500元钱中又拿出300元，让李钦后给公公买些食品。

李钦后走了。她的心里更加空虚，仿佛大地失缺了一切重量，她望着西天那轮红日，慢慢地沉下去。她茫然感到，他们的婚姻也已走到命运的尽头。

12 不能承受生命之轻

他的腕上围着麻丝，
苏青不由的大惊盘问他道：
“公公现在可安好吗？”

苏青是一个不能让生活留有空白的人，从她那里你会感受到生命的激情。

为了生活，她不得不去媚俗，正如有人反对吃饭，而又不能不去吃饭。两极同位合一，无伟大可言，她不能不去承受那一份生命之轻。

她也是饮食男女，她不想吃嗟来之食，丈夫靠不住，在求生无门的时候，她只得凭着仅有的一点本领以卖文补贴家用，一时间成为她最紧迫的生活诉求。

李钦后回宁波以后，为减少生活开支，苏青把佣人陈妈辞了。白天，她带着两个孩子艰难度日；晚上，她一人坐在灯下写文章，稿酬千字二三十元不等，常常直到深夜。暑天夜里闷热，她流着汗水，一边写文章，一边还要为孩子打着扇子。她怕他们从梦中醒来，影响她的思路，常常是等到写完稿子，又是五更天了。尽管她写稿不辍，登不登只得听命于编辑选择。有时稿件登了，但稿费却迟迟不来，害得她望眼欲穿。

这段时间她写了《道德论》、《牺牲论》、《王妈走了以后》、《红叶》、《论离婚》、《送礼》等稿件，并见著报刊。

然而，写稿辛苦不说，得来的稿费并不能解决生活的全部之需。她很想到商业机关当一名小职员，可以有一份固定收入，但必须懂得日文。由此，她每晚7点到日语补习学校练习会话，孩子交给王妈照看。

在学校里，她认识了一位从德国留学回来的博士苏曾祥医师，她美丽、高雅、善良，二人很快成了好朋友。当她知道了苏青的身世后，她很同情她的遭遇，因为她也是离婚的人，有过切身的体验。

苏青因写作搞得身体很疲倦，有时甚至产生厌世的想法。苏曾祥医师总是温情地鼓励她：有了孩子的女人是任何困难都不怕的，天下没有逃避责任的母亲。

秋天来临了，李钦后杳无音信。苏青几次去信问及公公病情及安好，他总是不复回音。有时她疑心，是否连公公都不能原谅她了吧。她像被扔在甲板上的鱼，无奈的喘息着。每到这时，苏医生总是给予精神上的支持，使得苏青看管着一双儿女，苦守着孤寂的日月。

有一天，元元忽然发热了，脸上还出了红色斑点。第二天晚上，菱菱也给传染上了。情急之际，她便求助于苏医生。苏医生接到电话，便匆匆赶来。经诊断，元元得了痧子肺炎，菱菱倒无大碍。

苏青足足忙了半月之久，王妈也支持不住了，苏医生设法又给找来一位老妈妈，经日夜精心护理，元元的病终于好了。然而，没有想到的是，苏青咳血患上了肺结核。两位佣人都惊呆了，那时这种病是不治之症，苏青有些谈虎变色。

经过X光检查，苏曾祥医生告诉她，婴儿先断奶，她必须打空气针。回到家里，苏青让女佣把她的被褥用具移到三楼，孩子留给她们照顾。元元改用奶粉后不习惯，有时夜里啼哭，苏青也只能忍着。在那段日子，苏青只能与子女楼上楼下打打招呼。为了母子的安全，苏青心里已很满足。

她后来在《记苏曾祥医生》一文中说：

我认识她还在五年以前，那恰巧是我最不幸的时候，家庭发生变故，谋职业不易，而写文章也没有出名，接着而来的是忽然吐血了，无亲无故，孩子都幼小，凄凉地病卧在床上，我的唯一的消极念头便是自杀。是她，苏曾祥医师忽然来探望了，亲切的安慰与有效地帮助，其实我是一个什么都没有的人，为了同情与她爱人类的天性，她替我介绍了专家周寿祥医师，免费替我打空气针达一年之久，我才完全恢复了健康，同时在精神方面也得到了不少安慰与鼓励，我确信自己总得生存下去，艰苦可怕的岁月呀。

后来我的儿子患痧子肺炎，也是她给免费治的，她的认真与努力抢救了这小生命，我将如何的感激呀。以后我曾多次看到她替别家的孩子们看病，都是如此认真而努力的，不论富贵与贫贱人家的儿女，她都爱惜他们，从她的手里不知道救出了多少条小生命……我常自恨不早像她一般的学医，仁心而有仁术，岂不是好？

她在节头上常收到许多食品的馈赠，她自己不爱吃零食，过去常常分赠给我，我也就“拜领谢谢”的收下了。可是我却从来没有买什么东西去送她过，因为我知道她在各方面都是有余而不虞匮乏的。古人云：“大德不言报。”她待我太好了，我可不是买十几只粽子或两篓枇杷所能报答得了的。我希望自己一生不要有报答她的机会，换句话说便是她永远能够帮助人而需要别人来帮助她才好。至于她待我的好意，我只好用以去待别的比我更不幸的人了。

在养病期间，她有充分时间去思考与李钦后这桩十年婚姻，从同学到订婚，从结婚到生儿育女，从故乡到上海，一步步走来，她尝到了幸福与痛苦两枚果子。她非女权主义者，她本想做一个贤妻良母，相夫教子，写写文章，实现她的文人梦。然而，当产女的痛苦刚刚过去、产子的快乐还没有享受的时候，丈夫的移情别恋像一声霹雷，给她带来更大的打击。她的一腔悲愤无处发泄，只好把他落到纸上。这真是“明月做旧，晓风写惨”，她痛苦地撰写了她的第一部长篇小说《结婚十年》。

她曾为这部书稿起了两个名字：《怀抱集》和《结婚十年》。她写信给在青岛读大学的妹妹冯和侠（苏红）商量，觉得后一个更有特色，于是便这样定了下来。

在一天天的期盼中，李钦后终于回来了。苏青写道：

> 他的腕上围着麻丝，我不由的大惊盘问他道：“公公现在可安好吗？”他呆视我半晌忽然号哭道：“我再不要同你见面，也再不要同丽英（赵琏）见面了！你害死我的父亲，可怜他在临终时恨着我，叹息他不能瞧着元元长大哩。”

然而，家庭生活并没有因李钦后的回来而改善，夫妻关系却更加恶化了。李钦后仍不肯承担养家的责任，对苏青态度更加恶劣。

一天下午，画家董天野来找苏青商量一篇文章的插图，在谈完之后下楼时，正好碰到李钦后回家，他一把抓住董天野的衣服，怒气冲冲地问道：“你到这里来干什么？”

董天野感到莫名其妙，回答说：“我来找冯小姐（苏青）商量幅插图。”

李钦后又说：“你可知道我是她的丈夫？”

董天野早已耳闻此人脾气很坏，没有理他，便匆匆下楼而去。

李钦后回到楼上，他不问青红皂白，对着亲戚、佣人，上去就给了苏青两记耳光。

苏青平时对丈夫总是逆来顺受，为了孩子维持着家庭的平静，这次她却再也忍无可忍。当天下午她便离家到一个远房姑丈平襟亚家里借住，从此便再没回来，直到1944年初与李钦后离婚。

平襟亚是中央书店的老板，同时办有《万象》杂志，社址在福州路昼锦里附近一个小弄堂里，是一座双开间石库门住宅。楼下是书店店堂，楼上是编辑部，苏青就住在亭子间里。

那天傍晚，平襟亚要留苏青吃晚饭，她推说回去拿东西，婉谢了。平襟亚怕她一人拿不了，便从弄堂里叫了一位打扫卫生的人陪她同去。

苏青喊了两辆黄包车，心神不定地回到亚士林路家里。尽管有儿子和女儿跑来与他亲近，她还是含着眼泪整理好自己的东西，便向他们告辞了。

到了平家，苏青装作满不在乎的样子说："现在总算一刀两断了，至于孩子，我倒也不大感到无趣。"

姑母正色说："哎哟，大小姐，一家吵吵闹闹的事总归有，你们现在也算是老夫老妻了，结婚已经十年，孩子养了三五个，总不会真的分开。暂且在这里安心住上几天，得平了气，叫你姑丈去找李钦后数说一顿，大家欢欢喜喜回去不就得了。"

平襟亚叹了口气说："事情恐怕没有这么简单吧。"

第二天早晨，佣人原是煮好一家人早餐的，姑母为苏青起了一个大早，特地叫佣人喊大碗一肉面来，苏青赶紧阻止说："姑母你若待我这么客气，反而让我住不下去了。"

苏青早就想做一名中学教员，她征询姑丈平襟亚的意见，他连连摇头说："你以为做个中学教员是光荣吗？几百元钱一个月，饭也吃不饱。"

苏青苦笑着说："我闲着也是无聊，不如暂且将就着。"

平襟亚哑然失笑："你还说将就，钻谋的人多着呢，你又没有大学文凭。"

苏青心里知道没有指望了，感到亲戚真不如朋友。

此时的上海已全部沦陷，刊物纷纷停办，内迁的内迁，陶亢德也准备将他的杂志移到重庆出版，这次他来沪本想接家眷回去，不料太平洋战争发生，他被阻于此。他是第一个赏识她文章的人，不妨找他去商量商量。

那天她去找陶亢德，说明来意后他叹道："在此时此地谋事，会有好事情给你做吗?"

苏青告诉他离婚出来了，一点费用也未拿到，连嫁妆都未能取回，如今住在一个远亲家里，也不好依赖人家太久。

陶亢德沉吟半晌，突然问她："你认识柳雨生吗？"

苏青说："早闻其名，却未谋面。"

他点点头，沉默片刻说："事到如今，自然只有谋生要紧了。柳雨生近来很活跃，我替你介绍，请他帮你想一些办法吧。"

苏青满怀希望的问："他住在哪里？"

陶亢德说："你不用到他家里，明天华懋饭店有一叙茶活动，你也去参加，到时我也去。"

柳雨生原名柳存仁，祖籍广东，1917 年生于北京，先后就读于上海东吴中学、光华中学，后考入北京大学中文系，学习成绩优异。大学毕业后教书若干年，又到《大美报》、《文史周刊》等报刊供职，后又与林憾庐、周黎庵等合编《西洋文学月刊》。两年前与姜小姐结婚，一度到香港任港府文化检察官，给许多报刊撰稿。

次日下午 3 时，他们在华懋饭店（今长乐路 109 号锦江饭店北楼）见了面，她也加入了他们的聚会活动。等到会议散后，柳雨生才对她说："苏小姐，我请你吃晚饭吧。"

苏青说："那可不必客气，我来主要是请你帮一些忙。"

话未说完，柳雨生便说："你的事陶先生已对我详细说过，朋友应该帮忙的，我很快就会给你回音。"

苏青谢过，便告辞走了。

可是四五天过去了，什么消息也没有。到第八天，她又去找陶亢德，他笑着说："我正要通知你呢，却不知你住在哪里。"

柳雨生给苏青介绍的工作，是在"中华电影联合股份有限公司"编辑组当编剧。

这家公司是有着日本人背景的文化机构。虽然表面上由汪伪宣传部长林柏生任董事长，川喜多长政任副董事长，但实权却掌握在日本人川喜手里。

苏青根本不知道这些深层内幕。当她把在"中联"任职的事，告诉陶亢德时，陶并没有因此而高兴，他叹息说："你去找韦瑞生，只要能糊口就算了，现在根本不是做事业的时候。你是一个女人，不幸在此时又离了婚，唉!”

第二天，苏青便去找韦瑞生。

韦瑞生是编剧组主任。他见到苏青后便说：“不错不错，苏小姐，我看你今天便可以办妥进来服务的手续，到人事组去领一个职员证，这样就可以办公了。”

苏青没想到韦瑞生如此爽快。她在《结婚十年·所谓职业》中写道：

> 办公室是一共有四个人：那个温文尔雅的是唐萱（谭惟翰），他原来还多才多艺，绘画音乐都爱好，衣服鞋袜都清洁异常，一张面孔清秀得像女人。他学的京戏也是青衣，珠圆玉润，唱得很不错的。至于那个方面浓眉的中年人呢？他叫做陆揆一，在电影界中已混得很久了，现在中国电影公司的剧本差不多大都是他改编或写作的，所有导演全同他熟悉。本来王经理预备请他担任这组的主任，只因魏如生（韦瑞生）是宣传部的人，宣传部为伸展自己的势力到电影界起见，在中国电影公司改组后，硬要把他推荐到这里来，王经理不敢不替他妥为安排，因此就让他做了编剧组主任，其实他对电影戏剧是一窍不通的。陆揆一当然又妒恨又瞧不起他，王经理后来听了陆揆一的话，也知道他无能，根本不想采用他所说对于剧本的意见。其余还有一个瘦长的青年叫做范其时（鲁风）的，是一个文艺理论家，他爱谈戏剧的原理以及发展过程历史等等，但是口会说而手不会做，他编的剧本别说不能演，连随便看看都是枯燥无味的，魏如生哪知就里，只因为孙其时过去是他在某中学教过的学生，便把他请来担任编剧之职，也不问他所写的东西如何。因此众人都心怀不平，当魏主任不在的时候，莫不议论纷纷的。

然而，上班不到一个月，苏青又失业了。一次公司开讨论会时，韦瑞生提出，以后公司采用剧本须经编剧组通过，而且要先采用本公司写的剧本为原则。导演们纷纷起来反对，张经理还袒护着他们。为此韦瑞生愤而提出了辞职。

编剧组四名同仁不得不与他共进退，跟着一齐辞职，公司还假惺惺做了一番挽留，结果就留下陆揆一一人，其余全部结账走人。

苏青站在“中联”公司杂草丛生的院子里，望着头上阴雨连绵的天空，西边那一抹刚刚开启的天光，此刻又合笼了起来。

13 无奈歧路

苏青的心情是矛盾的，
因着生活所迫，举目无靠，
又不得已不这样做。

苏青辞职后又去找陶亢德。

陶亢德告诉她："你去'中联'公司我早有预感，韦瑞生是个糊涂虫，他在这家公司待不长，这不是你的过错。"他想了想说："我们去找朱朴先生吧，上次开会你们也见过面，他对你和你的文章印象都不错。"

朱朴（1901—1970），字省斋，早年追随汪精卫，1939 年起，先后任伪中宣部副部长、交通部次长、组织部副部长。因亡妻觞子之痛，辞去上述职务，只担任经济委员会委员等闲职，受陶亢德"怂恿"，创办了《古今》杂志。

于是，他们驱车到了《古今》杂志社，陶亢德付过车钱，便径往朱朴的办公室。

朱朴对他们的来访很客气，便请他们到附近一家店里喝咖啡。陶亢德把苏青离开"中联"公司的事说了，朱朴便说："那没问题，要是苏小姐愿意，就到《古今》杂志社做些事，一个人的生活总是容易维持的。"

苏青听了激动万分，就连陶亢德也觉得欣欣然。不多时《古今》主编打来电话，说有事请朱社长回去。告辞时朱朴一面付账一面说："苏小姐放心，这事明天通知陶先生吧，一切没有问题。"

第二天陶亢德告诉苏青，周黎庵来找过他，说杂志社人浮于事，不久又要裁员，朱朴是个好好先生，其实底下的人倾轧得很厉害。沉思片刻，他又对苏青说："刚才周黎庵说，有一天朱社长到周（佛海）公馆去，同杨太太说起你的文章，她很愿意见你。所以周黎庵建议请朱社长替你介绍一下杨太太，周佛海是一等阔人，银行界中绝对有权威，为你在银行谋一位置，简直是易如反掌。"

苏青又生出新的希望来，觉得在银行里做事当然比杂志社妥当，陶亢德也看出了她的心思，劝她再找一次朱朴。

朱朴是汪伪政权周佛海领导的人事小组成员，曾任交通部次长，与周佛海关系非同一般。

不久，苏青又去找了一次朱朴。朱朴沉默半晌说："这样也好，杨太太很有地位，她若愿帮助你，希望自然大了，我替你试试吧。"

苏青听了朱朴的话，没抱什么希望，只好赧然告辞出来。

然而，令苏青没有想到的是，杨太太竟然愿意见她。朱朴差人通知说，后天是她家蓓蓓小姐生日，让她去玩。

那天，苏青带上订好的花篮，走到朱朴先生的楼下，搭他的汽车，一同去到居尔典路（今湖南路）周公馆。

周佛海（1897—1948），湖南沅陵人，20 岁赴日留学，1920 年回乡探亲时在上海认识了陈独秀。次年 7 月 23 日参加了中共第一次党代表大会。在上海他认识了杨淑慧，同她搞起了婚外恋，不久同去日本。1923 年帝大毕业后，回广州担任了国民党宣传部长戴季陶的秘书，后来任蒋介石陆军军官学校政治部主任、国民党训练总监部处长、总司令部主任、民训部部长、侍从室第二处副主任、国民党宣传部代部长。抗战期间又追随汪精卫奔走"和平运动"，出任汪伪政府财政部长。杨淑慧也水涨船高，一改昔日"贫贱相合"的旧颜，锦衣玉食，高车驷马，成了上海滩一等显贵。

苏青在《续结婚十年·花团锦簇》中写道：

徐光来（朱朴）领着我穿过小客厅，只见一个蓝袍黑褂，风流儒雅的男人端正坐着，他的头发已经有些花白了，照他的年龄其实不当白的，大概是操心过度之故。徐光来替我介绍说："这位便是戚先生（周佛海）。"戚先生打量了我一下笑道："苏小姐我是看见过的，在那天世界饭店。"我同他鞠躬致贺，他也答礼，徐光来又领我进大客厅去了。

……有一个中年贵妇人却显得活泼的、满面春风的向四周招呼着。我心里忖度这大概就是戚太太（杨淑慧）吧，果然徐光来也如此告诉我了，又把我带上前去向她介绍："这位便是苏小姐。"我羞惭地向她鞠躬致贺。

她立刻很亲热的拉住我的手说："苏小姐的文章我是很佩服的，以后请常来玩。——随意喝些咖啡呀！"她穿着一件华丽的紫红缎袍，衣角绣黑蝴蝶，花团锦簇地。

接着众人又像捧凤凰似的，把金总理（陈公博）捧到贵宾室去了。我独自回座，一会儿茶点完了，人们纷纷告辞，我四处瞧望徐光来不见，戚太太挽留我说："且待吃了晚饭再叫徐光来送你回去吧，他此刻在楼上打牌，你要去看看吗？"我只好默默又耽搁下来，渐渐地天色黑沉下来了，屋子里都拉上厚呢窗帘。

苏青心情是矛盾的，因着生活所迫，举目无靠，又不得已不这样做。

这次到周宅，杨淑慧提出要苏青为她代笔撰文，为了找工作，她自然答应下来。至于苏青想在中国储备银行求职做事，杨淑慧说该银行从来不用女职员，但愿意为她找工作帮忙。苏青临走时，杨淑慧拿出一万元伪币送她，苏青不肯接纳，杨便以"给孩子买些东西"为由，执意给她，苏青觉得，再推却就有不恭之嫌了，于是便接了下来。

日子一天天过去，苏青为谋职屡屡受挫，借住在堂姑丈家里很不是滋味，心里很是着急。

有一天朱朴对苏青说："《古今》杂志创刊就要一周年了，最近要搞个纪念活动。你也是它的作者，听说你发表在本刊上的《论离婚》，陈公博看了非常赞赏，他是特别市市长，何不写点文章奉承奉承他，你找工作的事不就好办了?"

苏青因谋职心切，未加多虑便答应下来。于是借《古今》创刊一周年为由，写了《〈古今〉的印象》一文，刊登在《古今》"周年纪念特大号"上，文章写道：

> 陈氏是现在的上海市长，像我们这样普通小百姓，平日是绝对没有机会可以碰到他的。不过我却见过他的照相，在辣斐德路某照相馆中，他的十六寸放大半身照片在紫红绸堆上面静静地叹息着。他的鼻子很大，面容很庄严，使我见了起敬畏之心，而缺乏亲切之感。他是上海的市长，我心中想，我们之间原有很厚的隔膜。
>
> 及至开始读他第一篇文章的时候，我的性情改变了不少。他把上海的市长比作 Number One Boy，这个譬喻便是幽默而且确切，"他是个很有趣的人，"我心中想，隔膜薄了好些。
>
> 最后，他说他自已在许多市长的必备条件之中，只有一个天然的具备条件，便是他的耳朵真是半聋的，这话真说得不唯幽默而且谦逊之至了。这类谦逊使人听了起亲切有趣之感，与"兄弟忝为×××，鲜德寡能……"之类虚伪客套相去不知几许。一口气看完他的文章，我的观念全改变了。
>
> 市长也是同我们一样的人；他在小孩子的时候，也是好取耳朵为乐的，现在所不同者，无非是职业上区别；他做市长，我们做别的

罢了。

市长也有牢骚，也爱做游戏文章来发泄他的牢骚呀！

于是我不必等到读他的《了解》，自以为已经相当了解他了。当我再走过辣斐德路某照相馆，看见他的半身放大照片的时候，我觉得他庄严面容之中似乎隐含着诚肯的笑意，高高的，大大的，直直的鼻子象征着他的公正与宽厚，因他在《古今》上面之文字感动力，使我对他的照片都换了印象。

不难看出，苏青迫于生计，哪管它黑猫白猫了。这是她个人的悲哀，也是社会的悲哀。苏青这样做，不能说没有无奈的成份，事后她在编自己的文集时，均不收这篇文章。

6 月 18 日，陈公博从杨淑慧那里得知苏青生活的困窘，借住在别人家里，急于谋职，第二天便给他写了亲笔信：

昨晤周夫人，知先生急于谋一工作，同时我也知道中日文化协会有问题，非一朝一夕之事。

我想请你做市府的专员，但专员是没有事做，也太无聊。派到各科办事，各科习惯对于无专负责的专员，时时都歧视。所以我想你以专员名义，替我办办私人稿件，或者替我整理文件。做这种工作，不属什么名义也行。但有一件事——不是条件——请你注意，最要紧能秘密，因为政治上的奇怪事太多，有些是可以立刻办好的，有些事是明知而不能办的，有些事是等待时机才可以办的，因此秘密是政府内为要的问题。请你考虑，如可以干，请答复我，不愿干就做专员而派至各科或各处室办事罢。

至于薪奉一千元大概可以办到。

信是用“上海特别市保安司令部用笺”，字是用毛笔写的，每个字大约有一二厘米大小，三四百字的信，竟然用了三四张信笺。

帮人帮到家，救人救到底。陈公博的“慷慨”之举还不算完结，接着又差人给苏青送去一张10万元的支票。

苏青接到印着特别市机关名称和“陈缄”的信封大为惊怵，她真有些惶惑。在《续结婚十年·夜长人不寝》一书中她写道：

……接按目前的物价来计算，个人生活费用每月至多四五百元光景，这十万元钱加上利息足足可以维持二三十年的生活，我从此可以不必再找什么事做了，就可安心写文章，租一个清洁的公寓房间住。我要买吃食玩具给我的孩子，我要寄钱给母亲，我要一一购买自己生活所必需的东西……唉，钱的用处实在大，它真是太好了，太诱惑人了。然而……然而假使那是不义之财呢？

我不要！我凭什么可以拿这十万元钱？我对他毫无贡献，他同情我，是的，我也感激他。但是，其间倘使有了钱的授受关系存在，同情反类侮辱，感激也仿佛不是出于至诚，而是带些利用性质了。我绝对不能拿他的钱，我要设法退给他，让他知道我乃一个清白的女儿。

……他是如此细心而周到的，叫我不必盖回单。出票人的姓名又不是他自己的，大概是转付与，这样可以使我不必负任何法律的责任。就为着他一番好意，我又怎能不顾而推却呢……

睡在床上细细思量大半夜，觉得姑丈家里再不能住，而那张支票也不可以轻易接受

……一个人就是穷也要穷得光明磊落，好在天无绝人之路，就算始终找不到编辑或教员位置等，我便不会去当保姆或女佣吗？大丈夫富贵不能淫，贫贱不能移——打定了主意，我便走下床来瞧一遍箧中支票可安全，毕竟因为放心不下，又把皮箧放在枕下，这才

朦胧入睡到天明。

第二天上午，她到陈公博办公处去把支票退回去，可是到了那里戒备森严，连门都不让靠近，不一会儿又赶上戒严，她只好又回到姑丈家里。

后来她又告诉陶亢德，撒谎说姑丈最近投机得利，送给她一些钱，又替她在静安寺附近找了一个公寓房，目前生活问题总算解决了。

陶亢德听后非常欢喜地说："你现在生活既然安定了，还是替我们周刊多写些稿吧。《中华日报》总主笔鲁风很赞美你的文章，要请你写稿，这话已经同我说过好几次了。"

苏青当然答应下来。

对于陈公博的来信，她考虑的结果是，不担任他的私人秘书，去科室做专员。陶亢德也同意苏青的选择。

在她上班一个多月后，她便写了《谈做官》一文，载登在《古今》杂志同年8月16日第29期上。

她先讲做大官的。

做官究竟开心不开心？我不知道。……照我看来，愈是做大官的人，便愈应该感到寂寞。早晨他的汽车到了，肃静回避，宽阔的道上几个武装卫兵之外，什么人影儿也不见，情景该是怪凄凉的。进了办公室，又是孤零零的坐下，与他作伴的只有案头堆积如山的文件，一张张，一本本，都得批阅下去……他的客人虽然很多，但决没有一个客人是他的朋友……

也许有人说，那是限于办公室内，公事完毕之后，他的私生活开始了，总该有些调剂吧。……真正的朋友应该志趣相投，丝毫不存利用的心理，现在两人的阶级不同了，欲自忘其阶级也很难，因此一个上司若想同下属讲友谊，便很容易给下属利用而造成那人幸进的机会，一个下属想同上司讲友谊，也很容易给上司误会而认作奉承拍马的表示，这又是多么痛心的事哪！

一个做大官的人，不惟没有朋友，而且没有爱人。一个真正想讲爱情的女子决不会把做官的人看作对象，他的事情这样忙，行动这样不自由，都是恋爱过程中的致命伤。……所以我相信世界上决没有多少女子会真的爱上一个做大官的人，说是爱，爱的定是他的金钱与权势。

一个做大官的人真像独夫一般，那末，只有自寻其乐了，然而也不可能。第一他是根本缺少空闲工夫，第二恐怕出来遭遇意外，第三给人瞧见了可是要惹骂的。跳舞场，咖啡馆不敢去也罢了，电影话剧乃高尚娱乐，但是阔人一到，众目睽睽，坐在包厢里也就难过得很……

再讲做小官的。

然而小官却不然了。一室之内，五六张写字台子，面对面，背对背，回过头来四处可以谈话。林主任今天换了一条领带，大家可以取笑；张科长胡子忽然剃掉了，也是同事间背后谈论的资料。尤其是这地方有个把漂亮的女职员，芳踪到处，满室生春，科长主任等尊严全失，上下也就打成一片了。

还有一点值得谈起的，便是女人很少热中于升官发财。她们在这里大概都是科员书记接线生之类，但是她们很少做着主任、科长或什么长之梦的。她们的工作都很轻便，但是她们也很少想着同人家争什么权利。她们平日大概只有一个念头，便是在衣服饰物方面能与别人争一短长……

最后讲她自己。

我的职务是核签工作报告，他们送来的工作报告大抵总是做得很详细，很有条理的，如七月份收到公文几件哩，发出公文几件哩，都有统计；委任几人哩，免职几人哩，都有理由；承上命而做的事若干哩，吩咐所属机关所做的事若干哩，自动发起去做的事若干哩，都有说明并注出已未办竣。看来很清楚，但仔细一想却不容易明白：因为报告是他们“写”的，是否如此“做”，却不得而知。

公文对于政治上的弊害，第一便是养成笼统的观念。上面所用“尚”字，“拟”字，都是官样文章，其实像这样详尽的报告书——就其本身而言——当然应该说是甚详而准其备案的，又何必含糊其辞曰“尚”？又何必不负责任的姑“拟”一下？

至于第二个弊害，便是养成阶级的尊卑观念了。一件甚么大的事，本来只要向上司问一声就可算的，偏要一呈一批，东核稿，西盖印，忙得不亦乐乎。如此一来，官之尊严虽因而维持，但事情之办不好与办不速，也往往由此而起。

这篇文章云霞般地落到纸上，联想加感受，从上至下一番评判，这可犯了工作大忌，而且公开见著报刊，把机关人员说了个遍。苏青没有想到，她又犯了信口开河的老毛病，也违背了陈公博关于政府内严守“秘密”的警告。作为作家，她来市府工作仅一月有余，此文写得可说感受之深，力透纸背，无可厚非，真可为捷才。但作为一名机关职员，她缺少的是躬谨勤勉，安守本职，何需你那么有穿透力的表述？不熟悉为官之道，当然要招来非议了。

她的女儿李坚回忆，母亲初去的头两个月每天上班画卯，最后一个月便不再去，只在家里拿薪水了。

陈公博对苏青说，女人搞政治不合适，辞职后每月薪金可以照发。苏青尝到了“做官”的苦衷，“三月专员”从此便告结束。“辞呈”后她只领过一次薪水，以后便不再去领。

这是她的不幸之幸，“涉水”没有那么太深，但也被这潭浊水沾湿了鞋，成为她的人生之累。

14 创办《天地》月刊

天大地大，
固无物不可谈者，
只要你谈得有味道耳。

《天地》月刊是苏青1943年10月创办的一本杂志。

她创办这本杂志的动议，很大程度上是对《风雨谈》刊载她的长篇小说《结婚十年》位置编排的不满和一种负气。

《风雨谈》是同年4月上海太平书局（日资）创办的一本杂志，主编是苏青的旧识柳雨生。这个杂志创办之初柳雨生向她约稿，她便把不久前完成的小说《结婚十年》交给他连载，竟出乎意外地大受读者欢迎。远在日本游历的陶亢德，看了这部小说刊登的章节，写信给予鼓励。他说："此乃至性至情之作，非时下一般搔首弄姿者可比。"并对柳雨生说，"此篇应排在卷首"。然而，柳雨生则认为，刊物是靠知名老作家来号召的，他未接纳陶亢德的意见，到下期连载时，编排顺序仍未作任何调整。

为此，苏青心中郁郁不快，随即产生了一个大胆设想，她要创办一个刊物，自己掌握自己的话语权。

此时的苏青，已不是先前的苏青。她官场经历了，大人物交往了，眼界也开阔了，对于创办刊物充满了期待和自信，许多朋友也来为她出谋划策。于是经过一番筹备，为刊物取了一个无所不包的名字——《天地》，刊址选定在爱多亚路（今延安东路）160号大楼的601室。这座大楼称“泰晤士报大厦”，亦称“清风大楼”，日伪时期，中国海上意外保险公司、《大英夜报》、《中美日报》等均设在这里。因为一时找不到油印机，她只好亲笔书写邀请函，向上海知名作者一一发出征稿信，她很快收到了一批稿件和回信。

苏青请陈公博支持，他给了她5万元，按当时市价可购买50领白报纸。

周佛海的夫人杨淑慧听朱朴说她要办杂志，也很高兴，说苏青“是个有志气的女人”。特派人传话说，“我们女人应该同女人合作，”“我将来若有文章，一定在你刊物上发表。”并送给她两万元储备票作为贺仪。

《天地》的封面请谭惟翰设计。图案是婆罗门教和印度教的三大神之一的婆罗马坐像的变异，左手拿着一瓶墨水，右手拿着一支笔，盘腿坐在莲花生上，象征天和地的创造者。苏青对这个设计很满意，认为“别致”而有喻意。

杨淑慧的稿子写好了。她派副官拿着亲笔信请苏青到周府，审视《我与佛海》那篇文章。苏青看了文章，只在无关紧要的地方稍作改动，稿子便这样定了下来。

苏青在创刊号发刊词里说：

天地之大，固无物不可谈者，只要你谈得有味道耳。虽然我认为有味道，你未必觉得有味道，但我相信在他们这许多人中，总有与我同味者在，故我仍不妨随心所欲的谈来，而不愁无听众也。

而且在同一天地中，尽可你谈你的话，我谈我的话，只要有人听，听了觉得有味道，便无不可谈。

……一个人的见闻有限，能力有限，欲认有限之见闻写无穷之文章，必有力不从心之叹。故鄙意文人实不宜自成为一个阶级，而各阶级中却都要有文人存在，这样才会有真正的大众文学，写实文学，以及各种各式的，对于社会人生有清楚认识的作品出来。《天地》极需要此类作品，执笔者不论是农工商学官也好，是农工商学官的太太也好，只要他们（或她们）肯投稿，便无不欢迎。

《天地》的取稿范围是：

“随感录”（即“谈天说地”）嬉笑怒骂，论事理，辨是非，从心所欲，只要检查处可以通过的话，便无不可说……

“小说”乃反映社会人生的，暴露亦可，叙悲欢离之情，或赞美歌颂现社会的均无所不可，只要读来顺口，能感动人，便是佳作，新文艺腔过重者不录。

“书评”很重要，但因近时出版物不多，而读后觉得有作评价值者尤不可多得，故主张有稿别登，无时只好从缺……

“人物志”顶不容易做……现在我们只得知其不可为而为之，拣顶熟知的人来写，写得顶老实，“天地”良心，只要不是有意谩骂或拍马屁，知我罪我，也就听之而已。

其他如“地方志”、“风俗志”、“掌故”、“杂考”、“科学小品”之类，苟有佳稿，便当供诸同好，惟亦不必求期期皆备耳。

除此几类外，其余文章，便只好统名之曰散文了……

《发刊词》最后说：

我还要申述一个愿望，便是提倡女子写作……而女子顶爱道东家长，西家短的，正可在此大谈特谈……有感便写，无话拉倒，固不必如职业文人般，有勉强为之痛苦也。

《天地》创刊号除创刊词外，共推出三个栏目。

第一个栏目是《谈天说地》，共发 15 篇文章。依次是：谈纪念日/拾一、甘和苦/撞庵、我与佛海/杨淑慧、梅景书屋观画记/朱朴、日记/赵叔雍、忆旧游/何苦、新士林秘笈/纪果庵、记予且/谭惟翰、怀毛富刚/秦瘦鸥、江村之夏/文载道、谈西洋人的闹戏院/班公、新秋的话/吴易生、论言语不通/苏青。

第二个栏目是《读书随笔》，共2篇文章。依次是：董谒的传说/谭正璧、书莫读/傅彦长。

第三个栏目是《小说》，计1篇，不能忘记/予且。

《天地》创刊号10月10日出版，其实8日那天已经上市。等到10日早上各报将《天地》广告刊出，许多报贩得到消息，赶到销售处去批发，初印3000册，早已销售一空，他们只得空手而归。接着苏青又加印了2000册，不到两天，又销售告罄。苏青在《续结婚十年·吴山点点愁》中说：

> 我的杂志出版了，三千册不日售完，居然又添印二千册。戚太太听了很开心，找我去闲谈，向我祝贺。我说："那是全靠你的文章有号召力呀!"说毕又脸热起来，我也知道文人是应该清高的，不应该故作谀辞，尤其是对于有钱有势的人。即使他是真好，你对他说的好了，给大家听起来也仿佛像在拍马屁似的，据说做文人应该反其道而行，向富贵者骄而对贫贱者作揖打躬的；显然矫枉过正，却是有人赞美。

苏青看到创刊号销售如此畅旺，为筹集周转资金，立刻在杂志第二期刊出广告，只要预交100元，就可成为基本订户，每期可享受8折优惠。

在《天地》第三期上，苏青又有新招式出台，举办"同题"征文。她这样说明：

> 《最……的事》，不论是最快乐的事也好，最痛苦的事也好，"危险"啦，"烦恼"啦，"不幸"啦，"卑鄙"啦，"无耻"啦，"滑稽"啦，"伤心"啦，"平常"或"稀奇"啦，"得意"或"失望"啦，"勇

敢”或“懦怯”啦，“欢喜”或“讨厌”啦，都可以由读者自由解定。

文体是记叙文，据实写来，废话少说。事情不论是听见的也好，看到的也好，经过的也好，如“我所看见的最滑稽的事”，或“我所经过的最痛的事”，或简单地写一件“我最得意的事”也行。就是不限于我，而是你的他的，也无妨。

征文当选决没有第一名第二之别，因为我们没有这样狂妄，敢以评判员自居。也没有截止期限，诸君不妨有兴就写，写好寄来，留待本刊陆续发表。

她还预告说，第四期（1944年元月号）将推出“新年特大号”，除增加篇幅外，加铜版纸一页，用以登载《天地》作者的照片，这一招果然又受到作者与读者的双重欢迎。

《天地》杂志陆续出刊，外界反响不错。苏青给远在日本游历未归的陶亢德按时寄去刊物，他几次来信鼓励苏青：

批评我不敢，说几句读后感如何，虽然读了还不到半本，已经给人家抢着借去了。但就已读而言，《天地》是本好刊物无疑。

你知道实斋与你，我常说是从《论语》至《宇宙风》这一时期中的新人双璧。就使那个刊物不过灾梨祸枣的东西罢，但因此东西而促成了两位天才写作者的执笔，已经对得起纸张油墨的了。

我一向是编而不作，来此以后更打算读而不作。我先前之编而不作，是可以不作就藏拙，今后读而不作，是为准备有所作也就是先加足油，然后一足踏引擎飞去。不过你办杂志，我不致于胃酸，因为照例你是编女权妇德之类杂志之人，现在竟办《天地》当有别创一格的内容可看。

陶亢德在鼓励赞颂之余，也提了两点意见。

我对于《天地》的内容，不免希望其多带一点巾帼气，女中的丈夫总还是女性，正如扮演了半生林黛玉、杨贵妃的梅兰芳博士之胡子，不留也总必长出来一样。你总记得你的出世作是《科学育儿经验谈》，你总明白《结婚十年》何以誉满江南。女性对于女性的一切，总比男性冷暖自知一点。这一点自知在选稿上就可得益不少。

其次，是贵杂志一方面因须请老作家撰述，一方面亦不妨多使非作家写点文章，老作家在层出不穷的新刊物上撰文，有点像上海滩那几位老闻人忙于征婚剪彩，为求吉利与号召，自然最好请得到他们，可是在读征书执剪刀者之外，也不妨另请几位玲珑可爱的小孩子，无论叫他们作什么都好，藉使场上多一点活气。

陶亢德的建议，苏青放在杂志《东篱寄语》栏中编发，又引来了新一轮来稿。

周作人先后从北京寄来《武者先生和我》、《论小说教育》、《雨的感想》、《关于测字》和《女人的禁忌》等文章，她陆续编发在《天地》月刊上。周作人还赠苏青近照一张，背题“奉赠　冯和仪女士　周作人（章）”。

接着寄来稿件的作家有秦瘦鸥、徐一士、文载道、周越然、谢刚主、樊仲云、纪果庵、朱朴、谭正璧等，一时名家云集。

陈公博写了《改组派的史实》（《天地》第2期）。

周佛海写了《忆亡弟》（《天地》第6期）；周的儿子周幼海写了《梦余抄》；杨淑慧又写了《在日本的小家庭生活》（附杨的照片），一时间，《天地》杂志搞得生动活泼，顿时热闹起来。

张爱玲是给《天地》杂志稿件最多的一位。《天地》共出21期，其中16期有她的稿子，《封锁》、《道路以目》等都是很有份量的作品。

苏青的妹妹冯和侠以苏红作笔名，写了《五日旅程》、《烧肉记》、《安于食谈》等，连续在《天地》发表。其文笔生动犀利，大有乃姐之风。

苏青对陶亢德的感激也投桃报李。在《天地》第4期上，她特意编发了何实斋的《闲话陶亢德》一文，突出介绍了陶的生活、性格、脾气、为人等特点。苏青说何文“娓娓道来，亲切有味，在认识陶君者读之固要颔首者再，不识陶君者亦可因此而思过半矣”。

苏青刊登何文的目的十分明确，意在借他人之手，对这位亦师亦友表达心中的感激之情。

《天地》从第11期开始，改用张爱玲设计的封面。这个封面简洁而大方，天上有几片云朵，地下有一个硕大的仰面佛头，给人以一片宁静祥和之感。

正在《天地》办得风头正劲的时候，中伤的传闻也纷至踏来。

有人说，《天地》卖得那么好，这是创办者占了女人便宜。

也有人谣传，《天地》卖不出去了，连赠人的刊物也是从报摊上倒购回来的。

中伤、谣言不起作用，就有人变着法砍断稿源。手段之一是给作家某些好处，让其不为《天地》写稿；手段之二说苏青得罪了某人，给她写稿岂不是也得罪了某人。第二种手段起到了一些作用，有些作家听后，写了半篇就罢手了。但也有些作家不为所动，继续为她写稿，如苏曾祥、陶亢德、谭惟翰、何实斋、周文玑、危月燕、汪正禾、纪果庵、柳雨生、周班公、文载道、周越然、予且等，自始至终，给予苏青很大支持。

这期间，随着纸张涨价，也给刊物造成了很大困难，尽管亏本，也还是要把刊物印下去。她在《文化之末日》一文中写了办刊的苦衷：

> 我是去年12月份去替《天地》请求领配给纸的，当家核准，当时几乎可说是数目最少的一家。去领的时候，看看纸张实在太薄而且太黑，故把权利暂时放弃了。至今年一月份，黑市纸价业已涨至一千五百元，因而只得前去领用。这次纸张是中国切纸公司出产的，比市上普通所用的天章报纸好，但与黑市西洋的报纸比起来却又不可同日而语了，因此看见人家有用洁白光滑西洋纸的，总是不胜羡慕；后来经打听结果，原来也有并不是硬碰硬拿出花花绿绿钞票去买来的，而

是拿较多令的配给纸去掉换而得的，真是戏法人人会变，各有巧妙不同了。

老实说，假使没有配给纸了，为出版者的本身利益计，我觉得出书出杂志真没有囤纸上算。二十令纸印成了书，卖出去虽也赚钱，而且据说销路很快很好，但待收齐了款再买纸时，恐怕只能买回十五令了。辛辛苦苦忙了一场，难道目的在减少，五令纸吗？

《天地》杂志办到8个月的时候，即遇到纸张涨价和供应的困境。这对于集编、印、发于一身的苏青来说，她尝到了经营的另一种尴尬。

为挽救杂志的颓势，1944年8月，苏青又创办了《小天地》月刊，她想以此弥补《天地》月刊的亏空。这本杂志是小32开本，由周班公任主编。由于日伪局势处于溃败之中，杂志夭折的命运也便注定了。尽管创刊时“名作如林”，那只是一种短暂的闹热而已。

随着抗战胜利的到来，这两份杂志也走到了尽头。《天地》共出了21期，《小天地》只出了5期，像两个婴儿一样，便一起停止了呼吸。时在1945年6月。

在不到两年的时间里，苏青临渊涉水，吃了不少苦头，而且还沾了一身腥气，为世人所诟病。这其中的得与失，白与黑，恐怕连她自己也难以说得清楚。这件事甚至影响到她的后半生，吃了不少苦头。

第三篇

沪上才名世人重

15 离 婚

苏青与李钦后在苏曾祥的家庭诊所办完了离婚签字“仪式”。

苏青离家后的等待，并没有唤起李钦后的省晤之心，他们的10年婚姻，至此走到了尽头。

陈公博问起苏青的家庭情况，她说她想与丈夫离婚。陈公博说容易，只要用他保安司令部的名义，把李钦后叫去，写个字据就行了。苏青心里明白，她没有这样去做。

1944年初，苏青与李钦后在苏曾祥的家庭诊所办完了离婚签字“仪式”。

苏医师作为证明人，与诊所几名护士小姐见证了离婚的全过程。

在这之前，苏青和李钦后已谈了离婚问题，他表示同意。二人协商的结果，孩子都归李钦后。办理离婚手续只找朋友证明，不用找律师，亦不用登报声明。

那时找亲友证明签离婚协议，并不是想象中那么容易。因为在人们传统观念里，叫做“劝和不劝离”，谁也不愿出面作证明。于是苏青想到自己在困难时给予帮助的苏曾祥医师。李钦后对此也没有意见。

他们二人一起来到苏医生诊所。苏青把来意说了，请苏医生帮助。这位医学博士心肠极软，听苏青说着便流下了眼泪，在旁的几个护士小姐也都哭了。但是，苏医生还是爽快地签了字。苏青考虑到李钦后没有职业，为孩子计，她给了他 4 万元诸币，李钦后也照此收下。

李钦后签完手续先走了。

苏医生把苏青留下来，向她道歉，说刚才自己不应该这样冲动，忘记了自己是一名医生。

苏青说："这哪能怪你，我还要向你致谢呢。"

苏医生要留她吃饭，她说要回家取东西，婉谢了。

然而苏青走出诊所，才感到心里一片茫然。她喊了一辆黄包车，心神不定的回家去。

回到家里，佣人正在喂元元吃饭，菱菱蹲在地上，由李钦后用汤匙一口一口喂饭。她见妈妈回来了，急忙推开李钦后的手，呼唤着向苏青跑来。李钦后热情地让她坐下来吃饭，她摇了摇头，说是拿东西来了。

苏青含着眼泪整理自己的东西，那一件件衣物都留着往日的回忆。有一件大衣是李钦后陪着她买来的，时价不菲，她怔怔地望着它，心里不免触起旧情。李钦后似乎也察觉到了，他说："这件大衣质料还好，不过现在流行大袖口的了，你有空就去把它改一改再穿吧。"她不禁感激地点了点头。

家中所有的棉被，差不多都是她当年的嫁妆，照理都应该拿走，但是真的拿走了，李钦后和孩子就要挨冻。她决定把自己盖的大红缎绣花被带走，正待包裹时被菱菱看到了，她高兴得手舞足蹈地说："菱菱要盖红红被！菱菱要盖红红被！"

为了不伤孩子的心，苏青换了一条蓝缎的，李钦后从旁劝说："小孩子又懂什么，哄哄她就行了。你是盖惯这条被的，还是把它拿去吧。"

苏青惨然答道："不，我没有什么好的东西留给孩子，她喜欢这条被就留给她盖吧。"

整理好衣物后，她要告辞了。在家做佣人的老妈妈忽然背过脸去，眼泪涌流不止。苏青低声对她说："请你好好照顾元元吧，过几天我会再来看你们。"

菱菱这才明白过来，嚎啕大哭，跑过来拉住苏青的旗袍不肯放手，她心里有一种说不出来的酸楚。

李钦后说："你就在这里多耽搁一会儿吧，让孩子们睡熟了再走。"

她不能形容此刻的心情多高兴了。

菱菱、元元都跑过去与她拥抱，轮流着吻他们的面颊。

最后苏青对李钦后说："我看还是哄菱菱去看电影吧，到了戏院门口，你抱着她进去，我乘机溜走得了。"

于是，三人从家里出来，乘上 28 路汽车，向影院方向而去，在汽车驶到黄浦滩边，她随众人走下了汽车。

她无法想象，孩子在影院里是如何吵着找妈妈的。

对于离婚，苏青曾写过两篇文章。第一篇《论离婚》写在她离婚之前，这篇文章写得洋洋洒洒，入情入理，对离婚的原因作了种种归纳，一是"人家不喜欢我，又何必强求呢"；二是"他不了解我，时时妨害我的工作"；三是"他迷上那个妖精"；其他如"家庭经济拮据哩，对方脾气不好哩，公婆妯娌噜嗦哩"等等。

她认为，意见不合绝不是难以偕老的原因，夫妻相配便可为偶，合与同都是没有用的。

苏青还认为，"男子都是贪的"，"女人都是懒的"。"离婚在女子方面总是件吃亏的事，愿天下女人在下这决心之前须要多考虑为妙"。

这篇文章颇引起许多读者的重视，就连上海特别市长陈公博读了此文也感到见解颇新，出于女性之手倒不简单，有一见作者的想法。

第二篇《再论离婚》，写在她离婚之后，她的感受就大不相同了。文章开头说：

记得我从前曾经写过一篇文章，叫作《论离婚》，刊在《古今》

第 9 期上，内容是说离婚对于女子方面的种种吃亏，劝人家可以马虎还是马虎过去为是，那时候我还是以第三者地位替人说话，所说的话自然不免近乎风凉。但是现在情形不同，我已深切的因此而感到痛苦了……

在第二篇文章中，苏青把离婚归纳为四怕。她说，第一怕离婚后嫁不着人；第二怕生活反不如从前；第三怕受人笑骂；第四怕母子隔离。苏青最后说：

总而言之，一个女子在必不得已的时候，请求离婚是必须的。不过在请求离婚的时候，先得自己有能力，有勇气。至于离婚以后怎么样呢？我以为也不必过虑。……即使失败了，也能忍受失败后的悲哀与痛苦。

苏青虽然感受到离婚的痛苦，但她心中并无悔意，因为她“有能力”、“有勇气”在紫陌红尘中立足。

她的胞妹冯和侠（苏红）后来谈到苏青与李钦后离婚时说：

他（李钦后）这个人身材魁梧，人很聪明、能干，抗日战争胜利前夕，兄弟两人开始学德语，冒充重庆派来的接收大员接受了上海某德商的财产，结果发了财。但这个人有个坏脾气，就是爱财如命，那时他父亲给他一套法租界洋房，他还要去骗钱，真是卑鄙无耻。他好色，又爱喝酒，晚上每次边唱着歌：“襟上一朵花，花月就是她，她呀她呀，我爱她”。边喝得醉醺醺地上楼，他喝醉后脾气很坏，经常打我姐姐。李钦后这个样子，后来我姐姐实在忍受不下去了，只好离婚。我们家里人也赞成这样做，实在没有办法。

她的好友张爱玲也说：

> 她与她丈夫之间，起初或者有负气，到得离婚一步，却是心平气和，把事情看得非常明白简单。她丈夫并不坏，不过是个少爷。如果能够一辈子在家里做少爷少奶奶，他们的关系是可以维持下去的。然而背后的社会制度的崩坏，暴露了他的不负责。他不能养家，他的自尊心又限制了她职业上的发展，而苏青的脾气又是这样，即使委曲求全也弄不好了。只有分开。

与苏青有过较多接触的胡兰成也说：

> 她的离婚，很容易使人把她看做浪漫的，其实不是。她的离婚具有几种心理成份，一种是女孩子式的负气，对人生负气，不是背叛人生；另一种是成年人的明达，觉得事情非如此安排不可，她就如此安排了。她不同于娜拉的地方是，娜拉的出走是没有选择的，苏青的出走却是安详的。所以她的离婚也是冒险，但是一种正常的冒险。她离开了家庭，可是非常之需要家庭。她虽然做事做得很好，可以无求于人，但是她感觉寂寞。她要事业，要朋友，也要家庭。她要求的人生是热闹的，着实的。

李钦后的堂妹李钦慈也回忆说：

> 记得有次我去看望她，她对我说："有许多太太都很羡慕的对我说，你自己能赚钱，多么好，免得受丈夫的气了。"我说："如果我的丈夫能给我生活依靠，我宁可受他的气，殊不知在外工作要受很多人、很多事莫须有的气。阿姑，我很羡慕你的四位嫂嫂，她们都能平平稳稳的依靠丈夫渡日。"我说："我的嫂嫂都是旧礼教、旧思想，哪

有你能干?”她说:“阿姑，所谓能者多劳，我是只得苦下去了。”

苏青在《结婚十年》后记中说：

书中的女主角，在结婚十年中几乎不曾合理的生活，到头来还是离婚，我相信她以后仍旧不会好的，生在这个世界中，女人真是悲惨，嫁人也不好，嫁了人再婚出走更不好，但是不走又不行，这是环境逼着她如此。

我带着十二万分惋惜与同情之感来写完这篇《结婚十年》，希望普天下夫妇都能够互相迁就些。可过的还是马马虎虎过下去吧，看在孩子份上，别再像本文中男女这般不幸。

这是苏青对于自己离婚的明悟与忏悔，凄楚之情可触可感。

苏青的离婚，是她向命运的一次挑战与抗争，是对传统的婚姻观的一次颠覆，也是自主赢得生活的不凡女性。然而，走出了“围城”的苏青，因着对子女的牵挂而未能再婚，使得她陷入深长的寂寞与痛苦。她走出了生活的困境，却又走进了精神的困境，给她留下了许多遗憾和无奈。

在那个荒诞时代里，苏青可以说使尽了浑身解数，也无法建构自己的梦想世界，而传统的樊篱又远远地把她阻隔在外面，这是她的得与失，幸与不幸。实在是一个事物的两个方面，一个用哲学解构不到一起的“结”，一个在佛家“色空”中得不到答案的“无常”，沉浸在人生幻想的海中，成了一曲用痛苦编织的幻灭的歌。

这是命运自然无绪的存在，是苏青离婚后才明悟了的一门学问。

16 苏青与张爱玲

苏青说：
“女作家的作品我从来不大看，
只看张爱玲的文章。”

《天地》月刊的创办，为苏青与张爱玲架起了一座友情的桥梁。

苏青给张爱玲的约稿信开头便说：“叨在同性，希望赐稿。”张爱玲看了苏青来信，忍俊不禁，总是要笑，这笑的声呐，使她们拉近了距离，消除了陌生。

张爱玲为《天地》写稿时，在文坛已崭露头角，她先后在《紫罗兰》、《万象》、《杂志》及英文月刊连续发表了《沉香屑·第一炉香》、《沉香屑·第二炉香》、《心经》、《茉莉香片》、《倾城之恋》等小说、散文和影评，已是上海夜空一颗照眼的新星。对于这么一位风头正劲的作家，有几家报刊社正在蜂涌而至的抢稿，而苏青为她刚刚诞生的《天地》去分一杯羹，是谈何容易！然而，让苏青没有想到是，她寄去的这封约稿函和《天地》创刊号的发刊词，却敲开了张爱玲的心扉。

张爱玲喜出望外，将刚完成的短篇小说《封锁》，寄给《天地》杂志社。苏青接到稿件，即在《天地》第二期（1943 年 11 月）作了安排。

这篇小说的两位男女，被“封锁”在一辆行驶着的电车上。会计师吕家祯和大学英文助教翠远，在电车上萍水相逢，仿佛在熟悉和陌生中产生了恋情。而两人都忘却了有妇之夫和家庭女性的角色，在恋爱将近达到永恒时刻，封锁开放了，他们各自又回到现实，“做了个不近情理的梦”。

张爱玲的这篇小说在《天地》杂志发表，无疑给苏青的刊物提高了知名度。

接着张爱玲又在《天地》第三期（1943年12月）发表了《公寓生活记趣》和第四期（1943年1月）发表了《道路以目》。苏青在第四期“编者的话”中，还作了特别推荐：

> 张爱玲女士学贯中西，曾为本刊二期撰《封锁》一篇，允称近年来中国最佳之短篇小说。在第三期刊载之《公寓生活记趣》亦饶有风趣。本期所刊《道路以目》，尤逼近西洋杂文格调，耐人寻味。

从此，张爱玲成了《天·地》专门作者，在《天地》出版不到两年时间里，她除1、15、16、21期外，其余各期都有她的作品。这些篇目是：《封锁》第2期（1943年11月）、《公寓生活记趣》第3期（1943年12月）、《道路以目》第4期（1944年1月）、《烬余录》第5期（1944年2月）、《谈女人》第6期（1944年3月）、《童言无忌》、《造人》第7—8期合刊（1944年5月）、《打人》第9期（1944年6月）、《私语》第10期（1944年7月）、《中国人的宗教》（上、中、下三篇）第11、12、13期（1944年8月、9月、10月）、《谈跳舞》第14期（1944年11月）、《〈卷首玉照〉及其他》第17期（1945年2月）、《双声》第18期（1945年3月）、《我看苏青》第19期（1945年4月）、译作《女装·女色》第20期（1945年5月）。

此外，张爱玲还为苏青创办的《小天地》撰稿四篇：《炎樱语录》、《散戏》、《孔子与孟子》、《气短情长及其它》。

除发表文章外，张爱玲还为《天地》杂志画了封面和插图。她画的封面从

11期起，一直到终刊，画面简洁大方，很有特色。苏青的散文《救救孩子》在《天地》第7—8期合刊（1944年5月）发表时，张爱玲还为苏青画了一个可怜无告女孩儿的题图，大大吸引了读者的目光。

1945年1月，苏青的散文集《浣锦集》和长篇小说《结婚十年》，载《天地》第15—16期合刊。张爱玲随后写出了长篇散文《我看苏青》，载《天地》第19期上，对于她与苏青的友谊、作品、为人作了较为全面地论述。她说：

> 苏青与我，不是像一般人所想的那样密切的朋友，我们其实很少见面。也不是像有些人可以想象到的，互相敌视着。……可是我想这里有点特殊情形。即使从纯粹自私的观点看来，我也愿意有苏青这么一个人存在，愿意她多写，愿意有许多人知道她的好处。因为，低估了苏青的文章的价值，就是低估了现地的文化水准。如果必须把女人作者特别分作一档来评论的话，那么，把我同冰心、白薇她们来比较，我实在不能引以为荣，只有和苏青相提并论我是甘心情愿的。
>
> ……我想我喜欢她过于她喜欢我，是因为我知道她比较深的缘故。那并不是因为她比较容易懂。普通认为她的个性是非常明朗的，她的话既多，又都是直说，可是她并不是一个清浅到一览无余的人。……许多人，对于文艺本来不感到兴趣的，也要买一本《结婚十年》看看里面可有大段的性生活描写。我想他们多少有点失望，但仍然也可以找到一些笑骂的资料。大众用这样的态度来接受《结婚十年》，其实也无损于《结婚十年》的价值。

> 我认为，《结婚十年》比《浣锦集》要差一点。苏青最好的时候能够做到一种“天涯若比邻”的广大亲切，唤醒了往古来今无所不在的妻性母性的回忆，个个人都熟悉，而容易忽略的，实在是伟大。……有人批评她的技巧不够，其实她的技巧正在那不知不觉中，喜欢花俏的稚心些的作者读者是不能领略的。

所以我同苏青谈话，到后来常常有点恋恋不舍的。为什么这样，以前我一直不明白。她可是要抱怨："你是一句爽气话也没有的！甚至于我说出话来你都不一定立刻听得懂。"那一半是因为方言的关系，但我也实在是迟钝。……她这一类的隽语，向来是听上去有点过份，可笑，仔细想起来却是结实的真实。

张爱玲的文章写得有点漫漶，不像通常的评论文章，但通过字里行间的表述，她却是深深"懂得"苏青的人与文的。这也是她们的友情所在。

苏青也同样"懂得"和了解张爱玲。

张爱玲出生在一个世代官宦之家，祖父张佩纶是晚清重臣，祖母是李鸿章的千金。她的父亲张志沂（津浦铁路局英文秘书）娶的是广西盐法道黄宗炎的女儿黄素琼。张爱玲4岁时，母亲不满父亲寻花问柳，和姑姑一起赴英国留学，后来父亲和母亲离异。苏青知道她从小失去父母之爱，得不到家庭温暖，性格孤僻，不喜欢与人交往和沟通，但"一旦与人倾心相交，就会无保留地一切都交给你"。

她们相识时，苏青29岁，张爱玲23岁。张爱玲说她是一个"红泥小火炉"，总是给她以温暖，她在苏青面前便也有了安全感。

她们二人是沦陷了的上海"目前最红的两位女作家"。"张爱玲是专写小说的，因此她的思想不及苏青明朗；同时作品里的气氛也和苏青截然不同，前者阴沉而后者明爽，所以前者始终是女性的，而后者有男性的豪放。苏青是个散文作家，写作小说她似乎不过是偶然的兴会。"

在当时的文坛，她们相互欣赏，又相互支持。

1944年3月16日，在上海《新中国报社》社宅，召开女作家聚谈会上，苏青和张爱玲就有一番对白。

主持人鲁风问，苏青读哪一位女作家的作品？苏青马上回答："女作家的作品我从来不大看，只看张爱玲的文章。"

鲁风又问张爱玲的意见，张说，古代的女作家中最喜欢李清照。近代的最喜欢苏青，她踏实地把握住生活的情趣，苏青是第一个。她的特点是“伟大的单纯”。经过她那俊洁的表现方法，最普通的话成为最动人的，因为人类的共同性，她比谁都懂得。

张爱玲的第一本小说集《传奇》出版后，1944年8月26日，《新中国报社》在上海康乐酒家，又为她专门召开《传奇》集评茶会，邀请了不少报社、杂志社的名编辑、作家和评论家，一方面为《传奇》做宣传，一方面让张爱玲亮相。苏青亦被邀请之列。

主持人吴江枫说，苏青女士与张女士很熟，可以先发表几句。

苏青说：“我不说，我写下来。”说着她摸出一张自己的名片，在上面写出来，由吴江枫在会上念出：

> 我读张爱玲的作品，觉得自有一种魅力，非急切地吞读下去不可。读下去像凄幽的音乐，即使是片断也会感动起来。她的比喻是聪明而巧妙的，有的虽不懂，也觉得它是可爱的。它的鲜明色彩，又如一幅图画，对于颜色的渲染，就连最好的图画也赶不上，也许人间本无此颜色，而张女士真可以说是一个“仙才”了，我最钦佩她，并不是瞎捧。

苏青的这段简评，一下子抓住了张爱玲作品的音乐性和绘画的色彩美，无疑也是诗意的张扬，一切意象、隐喻、象征都被统摄在审美的维度中。她懂得自然万物中包藏着的神性诱惑，不是泛泛的描述，而是用它去唤起人们心灵世界的感知，这不是一般人能做到的，因而苏青说张爱玲是“仙才”也就不奇怪了。

苏青还在《天地》杂志张爱玲《谈跳舞》一文的“编辑后记”中，大力推荐张爱玲的小说集《传奇》。她说：“张爱玲女士蜚声文坛，众口交誉，其作品价值已不必编者赘述。观乎其最近出版之小说集《传奇》畅销情形，已可见南北读者对其热烈拥护之一斑。今日编者更有一好消息可以抢先报告，原来张女士又集其年来所写的散文郑重付刊了，书名《流言》预料其出版后畅销情况又必空前的。”

这篇文字不免带有广告色彩，但苏青对张爱玲的支持是显而易见的。不仅如此，苏青还从一个出版者的经验出发，帮助张爱玲集编、印、发于一身，出书后交五洲书报社代为销售。

张爱玲也在《我看苏青》一文里评价苏青的作品：

> 苏青是——她家门口的两棵高高的柳树，初春抽出了淡金的丝，谁都说：“你们那儿的杨柳真好看！”她走出走进，从来就看见。可是她的俗，常常有一种无意的隽逸……《结婚十年》龙凤贴式的封面纷纷滚在雪地里，真是一幅上品的图画。

张爱玲评价苏青的俗，是放在一个纯然的世界里，看出她浑然天成的自然美和隽逸美。《结婚十年》便是她忘掉那些杂芜的东西，把痛苦化为醇美，润物无声，精心打造的一部心灵的寓言。

不仅如此，她们二人还商量着写同题文章。1943 年，苏青写了一篇《自己的文章》，翌年张爱玲也写了一篇同题随笔。

张爱玲曾打算为各色女人写一组人物素描，集为“列女传”一书。苏青也有同样的想法，她首先写了一篇《女像陈列所》，登在《小天地》创刊号上，后来因各种原因而未能再写。

1944 年 3 月，她们在《天地》第 6 期刊载了各自撰写的《谈女人》同题散文。

苏青的文章从不同的角度呈现了女人的生活断面。她大胆泼辣，文笔犀利，有着不少精彩绝伦的见解，超出人们的想象。她开篇便在一个高点上俯视男性：

> 许多男子都瞧不起女人，以为女人的智慧较差，因此只合玩玩而

已；殊不知正当他自以为在玩她的时候，事实上却早已给她玩弄了。

接下来她笔锋一转，直透女人本色：

女人所说的话，恐怕难以可靠，因为虚伪是女人的本色。一个女人若不知虚伪，便将为人所不齿，甚而至于无以自存了。

……

女人是神秘的！神秘在什么地方，一半在假正经，一半在假不正经。譬如说：女人都喜欢坏男人，但表面上却佯嗔他太不老实，那时候男子若真个奉命惟谨的老实起来，女人却又大失所望，神色马上就不愉快起来，于是男人捉摸不定她的心思，以为女人真是变幻莫测了，其实这是他自己的愚蠢。

她剖析婚姻中男人与女人的不同：

男人是地位愈高，学问欲好，金钱愈多，则娶亲的机会也与此等成正比例；而女人却必须成反比例。因为在性的方面，男人比女人忠实，男人只爱女人的青春美丽，而与其他的一切无关。

美丽是天生的，青春是短促的，不能靠人的努力去获得，甚至于愈努力愈糟糕，结果女人是吃亏了。女人只能听命于天，但天也并未完全让女人受痛苦，唯一补救的办法，就是予她们的孩子。她们有了孩子，便有了着落，即遇种种缺陷与失望，也能勇敢地生活下去。

她认为老处女和失恋女人是心理变态：

失恋的女人同残废者心理一般，因缺陷而发生变态心理。瞎子拧起孩子来特别凶，即此一列……

还有一种老处女，她们的变态心理是别人都知道的，但她们自己却不知道。这不知道的原因，是她们听了别人虚伪的宣传，以为性爱是猥亵的，而自己则是纯洁非凡……

张爱玲在《论女人》的散文中，则列举了英文小册子《猫》中女人的种种缺点。她认为，女人的缺点全是中国的环境造成的，千年的积习，不是一朝一夕能改掉的，只消假以时日。然而把这一切都怪在男子身上，也不是彻底的答复，似乎有不负责任的嫌疑。女人的不同是存在于相同之中。她接下来写道：

凡是说“女人怎样怎样”的话，因为是俏皮话，单图俏皮，意义的正确上不免要打个折扣，因为各人有各人的脾气，如何能够一概而论？但是比较上女人是可以一概而论的，因为天下人风俗习惯职业环境各不相同，而女人大半总是在户内持家看孩子，传统的生活典型既然只有一种，个人的习性虽不同也有限。因此，笼统地说“女人怎样怎样”，比说“男人怎样怎样”要有把握些。

她还认为，赫胥黎的“物竞天择”是天然的规律，单怪别人是不行的。“是何等样人，就会遇见何等样事”。社会进展大得不可思议，非个人所能控制，目前世界大局，造成了非打不可的局面，这不能说谁统治这个世界就好。

有人说，男子统治世界，成绩很糟，不如让给女人，准可以耳目一新。……君主政治的毛病就在好皇帝太难得。若是民主政治呢，大多数的女人的自治能力水准较男子更低。而且国际间闹是非，本来就有像老妈子吵架，再换了货真价实的女人，更是不堪设想。

“超人”一词来自于尼采，现今常常有人引用，但是，想象中的“超人”，永远是男人，而女人却只有“地母娘娘的慈悲和爱”。

女人纵有千般不是，女人精神里面却有一点“地母”的根芽。可爱的女人实在是真可爱。在某种范围内，可爱的人品与风韵是可以用人工培养出来的，世界各国不同样的淑女教育全是以此为目标，虽然每每歪曲了原意，造成像《猫》这本书里的太太小姐，也还是可原恕。

张爱玲谈女人与苏青不同，她是从大处着眼，小处落笔，仿佛把手中一朵美丽的云送入天空，然后把影子轻轻地投落到地上，张扬她对女人的论谈。

为此，她们的文章受到伤害评论界的关注和赞誉。

在沦陷区的上海文坛，苏青和张爱玲这两个最当红的女作家，就这样相互砥砺，相互支持，建立了一段难忘的友情。

她们按着各自的人生体悟，在一片噤声中，借饮食男女这个话题，写历史，写风俗，写人物，写民情，写城市的街谈巷议，写故乡的夕阳芳草，并且听信母语的力量，让手下的笔开出花来，倾诉心灵深处的人生沧桑。

17 她为他牵出一段姻缘

我去信问苏青，
这张爱玲果是何人？
她回信只回答是女子。

坐落在赫德路口的爱林登公寓大楼，勘落繁华，披一身初春的寒风，傲岸地站在宽阔的路边，不为季节寒冷所动，掬一张冬眠的面容，安闲地守望着岁月。

居住在这座大楼6层5室新近飘红的作家张爱玲，从不发乎于心的兴奋，仍然保持着“沉默如金”的信条，特立独行，把一个个造访者拒之于门外。

曾任汪伪政府高官的胡兰成，一度被汪精卫囚禁，获释后他回沪向苏青问了张爱玲的住址，贸然上楼叩响了张家的门铃，等待他的同样是吃了闭门羹。无奈之余，他从门缝里塞进一张纸条，快快然无趣而返。

这座大楼位于赫德路（今常德路）口的195号，是一座意大利风格的建筑，离静安寺路电车起点站不远，流线型的阳台宽大流畅，站在上面，可以看见哈同花园里熙熙攘攘的游人和男男女女的派对。

张爱玲的创作便是从这座大楼起步，先后完成了她的小说《倾城之恋》、《沉香屑——第一炉香》、《沉香屑——第二炉香》、《金锁记》、《封锁》、《心经》、《花凋》等作品，并迅速在沦陷了的上海蹿红，在文坛与苏青获得了“双璧”的美誉。

胡兰成，1907年生于浙江嵊县胡村，因家贫早年曾过继给上虞俞家作义子，才有机会上学读书。在杭州读惠兰中学时，他因顶撞老师被学校开除，21岁时去北平燕京大学副校长办公室当秘书，工余旁听，一年后折回杭州中山英专教书，寄宿在同学家里，因调戏同学的妹妹被逐。在转萧山湘湖师范教书时，妻子病故，他办完丧事，又去广西南宁、百色、柳州教书5年之久，并与第二任妻子全慧文结婚生子。在这期间，两广事件发生，他频频为报纸写文章，因鼓吹分裂被下狱，保释后不好再待下去，只好携家北归。

1937年初，他撰文于《中华日报》，因被日本杂志转载，不久受聘于读日报当编辑。上海“8·13”抗战后，他同报社一起去了香港。当汪精卫出走重庆，在越南河内发表投降日本的“艳电”，胡兰成迅即在《中华日报》发表《战难，和亦不易》的社论，与汪精卫遥相呼应。汪妻陈璧君到香港后，召见并给他加薪，月工资从60元提升到360元，并要他兼领“蔚蓝书店”（汪精卫的宣传机构），深受汪精卫夫妇的青睐，一年内发表文章100多篇，成为汪精卫的得力干将。

1939年7月，他出任上海《中华日报》总主笔，并兼任汪精卫的秘书，在汪伪“国民党第六次代表大会”上，被选为中央执委，并担任汪伪政府宣传部次长，一时炙手可热。几年下来，胡兰成与汪派其他汉奸不合，这引得汪精卫大为不快，由宣传部次长改任法制局局长。翌年汪伪政府取消法制局，他又被改任经济委员会特别委员。

1943年11月，他参加日使馆恳谈会，与池田笃记结识。他的一篇与汪伪政府口径完全相悖的文章被译成英文，并在日本发表，造成极大影响。汪精卫一气之下撤了他的全部职务，于12月1日把他关禁起来。

便是在这期间，苏青和张爱玲去周佛海家为其说情。直到农历除夕，汪精卫迫于池田笃记和日本方面的压力，才把他放了出来，前后关禁48天。

正是胡兰成在南京赋闲之时，他接到苏青寄去《天地》的创刊号。他读了发刊词和苏青《论言语不通》的文章，即写了《〈言语不通〉之故》一文寄给苏青。

苏青是胡兰成的大同乡，二人是由《人间》杂志主编吴易生介绍相识。

苏青的第二期《天地》寄到南京石婆婆巷20号胡兰成的寓所，这一期亦有他的文章。他搬过一把藤椅，在院子的草地上，边晒太阳边看杂志，当看到小说《封锁》作者是女性时，不觉身子坐直起来，他读了一遍又读一遍，心中大为震撼。他在《今生今世》一书中写道：

> 我去信问苏青，这张爱玲果是何人？她回信只回答是女子。我只觉世上但凡有一句话，一件事，是关于张爱玲的，便皆成为好。及《天地》第二期寄到，又有张爱玲的一篇文章，这就是真的了。这期而且登有她的照片。见了好人或好事，会将信将疑，似乎要一回又一回证明果然是这样的，所以我一回又一回傻里傻气的高兴，却不问问与我何干。
>
> 这样糊涂可笑，怪不得我要坐监牢。我是政治的事亦像桃花运的糊涂。但是我偏偏又有理性，见于我对文章的敬及在狱中的静。
>
> 及我获释后去上海，一下火车即去寻苏青。苏青很高兴，从她的办公室陪我上街吃蛋炒饭。我问起张爱玲，她说张爱玲不见人的。问她要张爱玲的地址，她亦迟疑了一回才写给我，是静安寺路赫德路口一九二号公寓六五室。
>
> 翌日去看张爱玲，果然不见，只从门洞里递进去一张字条，因我不带名片。又隔得一日，午饭后张爱玲却来了电话，说来看我。我上海的家是在大西路美丽园，离她那里不远，她果然随即来到了。

胡兰成与张爱玲的相会，应该是1944年农历春节之后的事。

张爱玲去见胡兰成，促动她的是清廷邮政大臣盛宣怀外孙、诗人邵洵美，他受胡之托，做了张爱玲的工作。胡兰成的家在大西路美丽园（今延安西路

379 弄 28 号），这里原是外国人坟地盖起的楼盘，怕没人买才改了这个诱人的名字。人们买下房子入住时，总要放红纸炮竹，以此驱邪赶鬼。

张爱玲去的时候，穿得惊世骇俗，卡腰的长袄，滚了玫瑰红的宽边，垂下瘦窄裤腿，藏在大衣里面。怯怯的身材，冷削的腮颊，眉梢高吊，幽思的眼，说话时声音像微风落叶。

胡兰成一见张爱玲，感觉与想像中的人全对不上号。她往客厅里一站，只觉得人高马大（身高 1. 69 米），与胡身高不相上下。坐在那里，一副幼稚可怜相，说她是个女学生，却连女学生的成熟也没有。令胡兰成奇怪的是，她并无明显的文人作家相，亦没有开朗大方的样子，总之令胡兰成的客厅变得全不合适了。

接下来，胡兰成开始评论她的作品，叙述自己的人生经历，谈话中还问到她的稿费。总之是他讲她听，这一谈便是 5 个小时。

黄昏降临的时候，胡兰成送张爱玲到弄堂口。他们并肩走着，胡兰成突然说："你的身材这样高，这怎么可以？"

张爱玲没有回答，扭过头辩驳似地看了他一眼，然后又羞涩地低下头去。她仿佛回到了从前，在书房里听父亲给她讲《红楼梦》的故事，那影子在眼前幌动着，慢慢地和胡兰成的影子叠合到一起。又仿佛自己是成熟在晚唐里的一颗梅子，注定要历经沧桑，注定要辛酸千年梦想，在这干渴的一望中，使她的心里开出了花朵。

这便是爱袭来时的力量。

第二天，胡兰成去回访张爱玲。

她穿了一身宝石蓝绸袄裤，载了一副嫩黄边框的眼镜，越发显得脸庞像一轮月亮。而她的屋里华贵得竟使胡兰成不安，那些家具陈设原本很简单，亦不见得值钱，却给他带来新鲜明亮的刺激。张爱玲的闺房，只是平常人家的摆设，并无什么特别。所谓"华贵"那是胡兰成的一种感觉，进而使他想到的也许是她曾经的家世。

他在她的房里又是一通海阔天空的谈论，而张爱玲只是静静地听。当胡兰成说起她的祖父张佩纶与祖母李菊耦的婚配，张爱玲便把祖母的那首诗抄给他看，并说她的祖母不怎么会作诗，这首诗是她的祖父修改过的。

张爱玲也谈起胡兰成在南京下狱的事情，她竟和苏青跑到周佛海家里为其说情，是出于“怜才之念”。胡兰成虽觉得有些幼稚可笑，但觉得这种诧异比感激还要好，因为他觉得眼前的一刻千金，连感动和比拟的工夫都没有。

回到家里，胡兰成第一次写信给张爱玲，那信竟写得像“五四”时的新诗一般。事后他觉得有些难为情，但这封信却道中了她的心事。

张爱玲回信夸他：“因为懂得，所以慈悲。”

从此，胡兰成每隔一天便去看张爱玲一次。他刚去了三四回，张爱玲便突然不高兴起来。她送来一张字条，让他不要再去看她。然而，对于胡兰成这个情场老手，自然知道“女子一爱了人，是会有这种委屈的”奥秘。他没等片刻，竟当日又去看她。张爱玲见了胡兰成不仅不反对，反而更加高兴。他知道此时的张爱玲已放不下他了，遂决定每天去看张爱玲。

事有凑巧，《天地》杂志为了吸引读者，苏青又在第 4 期上配发了部分作家的照片。这对于热恋中的胡兰成来说又是一种借力，他看到杂志上张爱玲的玉照，便急匆匆跑来为张爱玲献媚。张爱玲得报，第二天便毫不迟疑地取出那张照片相赠，并在背面题写了一段有趣的文字：

> 见到了他，她变的很低很低，低到尘埃里，但她心里是欢喜的，从尘埃里开出花来。

这朵花能让人看见它的根性，闻到泥土的芳芬吗？

胡兰成的职场在南京，大约一个月回上海一次，住上八九天，晨出夜归只看张爱玲。每到这时，男的废了耕，女的废了织，一天到晚盘亘在房里，连出去游玩都顾不上，卿卿我我，说个没完。胡兰成在他的《今生今世》一书中，记下他们许多谈话的情节与内容。

他讲在张爱玲面前说话吃力与笨拙：

在爱玲面前，我想说些什么都像生手拉胡琴，辛苦吃力，仍道不着正字眼，丝竹之音亦变为金石之声，自己着实懊恼烦乱，每每说了又改，改了又悔。但爱玲喜欢这样刺激，像山西梆子似地把脑髓都要砸出来，而且听我说话，随处都有我的人，不管是说的什么，爱玲亦觉得好像"攀条摘香花，言是欢气息"。

他把他的论文给张爱玲看，她说这样的体系不如解散的好：

我是受过思想训练的人，对凡百东西皆要在理论上通过了才承认。我给爱玲看我的论文，她却说这体系严密，不如解散的好，我果然把来解散了，驱使万物如军队，原来不如让万物解甲归田，一路有言笑。我且又被名词术语禁制住，有钱有势我不怕，但对公定的学术界权威我胆怯。

他讲他与张爱玲的性情差异：

我因听别人常说学生时代最幸福，也问问爱玲，爱玲却很不喜欢学校生活。我又以为童年必要怀恋，她亦不怀恋，在我认是当然的感情，在她都没有这样的应当。她而且理直气壮地对我说，她不喜欢她的父母，她一人住在外面，她有一个弟弟偶来看她，她亦一概无情。这与我的做人大反对。

他写张爱玲母亲如何训练她的性格：

她母亲是清末南京黄军门的小姐，西洋化的漂亮妇人，从小要训练张爱玲做个淑女，到底灰了心。她母亲教她如何巧笑，爱玲却不笑则已，一笑即张开嘴大笑，又或单是喜孜孜的笑容，连她自己亦忘了是在笑，有点傻里傻气。爱玲向我如此形容她自己，她对于这种无可奈和事只觉得非常开心。

他写张爱玲做事的认真：

她但凡做什么，都好像承当一件大事，看她走路时的神情就非同小可，她是连拈一枚针，或开一个罐头，也一脸理直气壮的正经。众人惯做的事，虽心不在焉亦可以做得妥当的，在她都十分吃力，且又不肯有一点迁就。但她也居然接洽写稿的事两不吃亏，用钱亦预算排得好好的。她处理事情有她的条理，亦且不受欺侮。

他问张爱玲对结婚的看法：

前此我问爱玲向来对结婚的想法，她说她没有怎样去想这个。……总之现在尚早，等到要结婚的时候就结婚，亦不挑三挑四。有志气的男人对于结婚不结婚都可以慷慨，而她是女子，却亦能如此。

但她想不到会遇见我。我已有妻室，她并不在意。再或我有许多女友，乃至挟妓游玩，她亦不会吃醋。她倒是世上的女子都喜欢我。

他们一起读西洋文学：

爱玲把现代西洋文学读得最多，两人在房间里……她讲给我听萧伯纳、赫克斯莱、桑茂忒芒，及劳伦斯的作品。她每讲完之后，总说“可是他们的好处到底有了限制”，好像尘渎了我倾听了似的。……可是对西洋的古典作品她没有兴趣，莎士比亚、歌德、雨果她亦不爱，西洋凡隆重的东西，像他们的壁画、交响曲、革命或世界大战，都使人觉得吃力，其实并不好。爱玲宁是只喜现代西洋平民精神的一点。

他与张爱玲谈苏青：

我说苏青的脸美，爱玲道："苏青的美是一个俊字，有人说她世俗，其实她俊俏，她的世俗也好，她的脸好像喜事人家新蒸的雪白馒头，上面点有胭脂。"

他与张爱玲谈炎樱：

爱玲每赞炎樱生得美，很大气，知道我也欢喜她，爱玲很高兴。炎樱每来，活动不停，三人在房里，我只觉笨拙，不但是我英文不行之故，即使她是讲的上海话，恐怕我亦应接不及。……有时爱玲要我评评，我就试与炎樱辩答。我说，但是事实如此，她道："真可怕！"我说社会本来是这样的，她道："怎么可以这样愚蠢！"……但与炎樱说话，的确好像闻得见香气。

胡兰成自和张爱玲恋爱之后，"变得爱啸歌"，他对侄女青芸说，张小姐不是个等闲女子。他到周佛海手下实力派人物熊剑东家去玩，熊家夫妇与周佛海夫人正在打牌，他看了一会儿，"心里满满的，想要啸歌"，但对着这些人无法说张爱玲。

熊剑东是胡兰成的少年朋友。他原名熊俊，新昌人，是他三哥在绍兴兵营当排长时的下属。那时胡兰成在绍兴上中学，熊剑东经常到兵营去玩，与胡兰成最要好。熊 18 岁，胡 14 岁，两人常在一起玩，他还教胡兰成学英语，后来熊剑东离开了兵营。两年后他们又在杭州相遇，一天熊剑东到杭州中学找胡兰成，想到上海找出路，苦于没有路费，胡兰成便把自己一学期两元大洋的零用钱送给了熊剑东。这一别二十年，直到二人在上海巧遇。熊剑东已是炙手可热的人物，他知道胡兰成热恋着张爱玲，自然他来做东，请二人吃饭。

恰在此时，胡兰成在南京的妻子应英娣知道了此事，她从家里直闹到社会，弄得满城风雨。这场风波的结果，促成了胡兰成与应英娣离婚，与张爱玲结婚。是年胡兰成 38 岁，张爱玲 23 岁。

胡兰成怕日后时局变动连累张爱玲，没有举行结婚仪式，只写婚书为凭：

胡兰成张爱玲签订终身，结为夫妇。愿使岁月静好，现世安稳。

前两句是张爱玲写的，后两句是胡兰成加上去的。旁边还写上张爱玲大学同学、女友炎樱（父斯里兰卡人、母籍天津）为媒证。

这次结婚仪式，张爱玲姑姑张茂渊没有参加，因为她根本就不同意这桩婚事，张爱玲心里明白，也不便告诉。

做为他们婚恋牵线人的苏青，也是结婚仪式的缺席者，这恐怕与胡兰成有关。内中奥秘，苏青 10 多年后说出了真相，但张爱玲、胡兰成对她还是心存感激。

这场婚恋静悄悄地开始，了无声息地落幕，最后又劳燕分飞，似乎谈不上有多少模本意义。有意思的是，经过山河激荡，这对男女的文字却延揽下他们的故事，如一个发光体，在时光的隧道里闪烁。

18 姑苏之行

苏青告别时对汪正禾打趣，
我希望古老的苏州也能像汪先生的头发，
保持着自己独有的一份风度，
不要被西洋或东洋化建筑物破坏了它固有的美点。

抖落一身寒冬的碎片，刚刚泛青的枝条，无可置疑地唤醒了一个季节的复归，远行的人，在这一天把日子点亮。

苏青等人受袁殊之邀，在一个春雨潇潇的黎明，踏上了去姑苏小城的列车。

袁殊，名学易，笔名严军光，1911 年 4 月 27 日出生，原籍湖北蕲春，8 岁时随母亲到上海浦东投奔姨母，父亲亦到浙江谋职。他后来参加了北伐部队，“4·12”事变后离开部队回到上海，参加了高长虹狂飙社的活动。1928 年赴日本早稻田大学新闻系读书，后中断学业，回上海加入了“左联”，1931 年 10 月入党。翌年打入国民党中统。一次被汪伪特工逮捕，经中共地下组织同意，又打入日伪内部，他很快当上了伪国民党中央委员、宣传部副部长、上海《新中国报》社长、江苏省伪教育厅厅长。抗战开始后他创办了《新中国报》、《杂志》月刊、《政治月刊》等。他表面上是汪伪政权人物，但未与国民党军统脱离关系。而且是中共一名特殊党员，并借此机会为党组织获取了不少有重要价值的情报。

有一天，袁殊在《古今》杂志上读到张爱玲《西洋人看京戏及其它》文章后，对文中的人情味颇有同感。于是给主编周黎庵写信，邀他与张爱玲、文载道到苏州玩几天，开出的条件是每人给他手下的《杂志》月刊写一篇稿子，由他这个教育厅长做东，江苏教育学院院长汪正禾接站。后来又增加了苏青、关露、吴婴之三位女性和谭正璧、谭惟翰、何实斋、予且、钱公侠、江栋良、黄果夫等。

苏青正在办《天地》杂志，很愿意参加并结识这些人物。

2月12日早晨，何实斋（陶亢德赏识的评论新秀）赶到苏青寓所接她，一起到《新中国报》社乘车到火车站。苏青见他穿着雨衣，便问："怎么样，今天下雨了?"

何实斋答："是啊，今天怕去不成了。"

苏青拿了把雨伞，带上一捆新出版的《天地》杂志，和他赶到报社去集中。

大家赶到《新中国报》社，才发现最先被邀请的张爱玲和周黎庵未来。

在火车上，苏青与金性尧、何实斋在同一车厢，又同坐在一起。

金性尧（1916－2007），笔名文载道，浙江定海人。上世纪30年代初为《舟报》副刊撰稿，16岁时全家迁至上海，靠父亲购地出租为生，无生计之虞，整天埋头读书写作。抗战爆发后与许广平等人编《鲁迅风》，后与桑弧办《萧萧》。日伪时期受周黎庵之邀为《古今》撰稿。新中国成立后在上海古籍出版社退休，成为有名的古典文学家，有北季（羡林）南金之称。苏青与他是宁波同乡，又常到他家去约稿，"一灯之下，无话不谈，往往到10点后才走"，他们在火车上相遇，自然多了一份亲近。

苏青这次出游，还带了《天地》新出刊的第5期杂志，准备到苏州分送。这一期正好发了周作人的《论小说教育》和苏青的《涛》，这一下三人就有了话题，他们一路说说笑笑，直到火车进了苏州车站方才罢休。

大家一到站，汪正禾便上来热情相迎。

他原名汪俊，文学研究会会员，原在大学任教，1940年到上海任《学术》杂志主编。因汉奸丁默邨让他当《国民新闻》报社社长，他不好推辞，向地下党领导潘汉年请示，由地下党组织安排到袁殊手下的江苏教育学院工作。后又任中日文化协会江苏分会总干事，到南京办《大公》周刊。

这次袁殊邀请上海作家到苏州游览，安排他负责接待作陪。

同来的还有两位女性。一个是关露，就是那首著名电影插曲“春天里百花香，朗里格朗朗里格朗……”的词作者。她原是左联作家，1932年就加入了共产党，后奉地下党之命，打入大汉奸李士群的特工总部和日本大使馆、与日本海军联手办的《女声》杂志当编辑。另一个是吴婴之。

袁殊的公馆设在拙政园内，它初为三国吴太守陆绩府第，后为唐代诗人陆龟蒙的宅院，元时建为大宏寺。明正德年间，御史王献臣官场失意后还乡，购此寺建宅，取晋人潘岳《闲居赋》中“拙者之为政”意，名拙政园。当时曹寅出任苏州织造购得此宅，后归李煦，并有曹雪芹少时足迹。全园占地70余亩，分东、中、西三部分。此园以水池为中心，中园为全园的精华所在。袁殊住在一所三开间的平房，进屋需拾级而上，办公与寝室皆设在此处。此时的拙政园已年久失修，荒凉不堪，有许多警察在此站岗保卫，苏青等人进出，他们都要举枪敬礼，弄得这一干文人颇觉不爽。

袁殊带着他的“女朋友”出面招待，他穿着蓝布长衫，剃着光头，矮矮胖胖，揖手相迎。稍坐便到韩家巷鹤园吃饭。这是一处近代建筑，因俞樾所书“携鹤草堂”而得名。全园面积不大，占地两亩，又称庞氏园。以水池为中心，周边布有建筑、山石、花木，景色平坦，幽静开朗，是文人墨客的好去处。

饭后，这一干人又到乐乡饭店去听樊素素说弹词。弹词，是苏州评弹的一种，评话只说不唱，俗称大书；弹词则亦说亦唱，习称小书，是从唐代诵经念佛“变文”脱胎而成。以吴侬软语说书，始于明末清初，其最早脚本是明末传抄的《白蛇传》。弹词多为“双档”，上手持三弦，下手抱琵琶，或委婉低回，或刚健苍凉，或圆润清丽，独具江南水乡风情。樊素素是当时苏州著名的弹词演员，她从“别凤”开篇，用三弦唱的《啼笑因缘》。回到住处，苏青在当天的日记中写道：

游拙政园毕，我只有两个感想：第一便是园中最好不站警察而由女侍代之，第二便是此园太荒凉了，夜行不免见鬼。

晚上在鹤园吃饭，吃完了饭，到乐乡饭店，听樊素素说书。樊素素相当有派，回眸一笑，百媚横生，弹琵琶的姿势也好。

这是她2月12日第一天到苏州记下的感受。

第二天游灵岩山。灵岩山的灵岩寺是中国净土宗著名的道场，寺基原为春秋时吴王馆娃宫遗址，东晋末年由宅改寺，唐代改为今名。上世纪二三十年代重建，有大雄殿、多宝塔、藏经楼、香光厅、钟楼等，规模宏大，殿阁巍峨。在灵岩寺他们瞻仰印光大师（1861－1940）像，看印光的舍利子。外室有印光大师手书的训诫，本是劝人为善，但其中有对女性不尊重的句子，苏青怫然跑到天井中，谭惟翰指着狗笑说："此地只要它与你一离开，便是极乐世界了。"苏青骂他："你死烧掉时一定没有舍利子。"

中午在石家饭店进餐，豆腐羹果然味道鲜美，只是时令尚早，吃不到名产鲃肺汤，但那盆鲜活的河虾却鲜美可口。

席间汪正禾向诸位索稿。他还要苏青以喝酒为条件，而且杯酒一次而尽。她不胜酒力，但在众人面前却不失豪爽，几杯酒下肚，已是耳热面赤，不觉足下已是飘飘然了。下午去天平山，她不得不坐轿子，一直睡到一线天才稍为清醒，辜负了一路美景。

天平山海拔221米，是苏州西南最高的山岭。站在山顶的望湖台，平如刀削，故名天平。天平山以枫、泉、石三绝著称，"万笏朝天"是石中之最，石根倒竖，堪称绝地。

然而，令苏青不快的是，三位女性同睡一张床上，关露与吴婴之睡在一头，苏青在脚后的另一头和衣而眠。这两位"前进女性"，一个去卫生间撒尿，另一个跟着进去化晚妆。回来后关露又大讲自己的恋爱史，净拣些高级人员追求她的去讲，原来她也如此爱慕虚荣。吴婴之似乎再也不想去听，转身佯装睡熟。关露意兴未尽，没处发泄，便故意将吴婴之捅醒，于是二人又开始谈论起来。她们从女人说到性，又从性说到动作。这天夜里，苏青被吵得半夜不能成寐。

那些男宾则被拉去打扑克，据说陪伴的人“输了”不少钱，归寝已是凌晨3时。苏青不知道这笔损失是否开在招待费的帐单上。

第三天，何实斋先回沪了，金性尧因体力不支，留在下榻处休息，今天去虎丘的人便少了。

他们先游了西园和留园。

西园和留园在苏州城西阊门外留园路，与虎丘路相衔接，两园东西相望。明嘉靖时二园同为太仆徐时泰的私园，后来他的儿子舍园为寺，崇祯时主持僧茂林为弘扬律宗，更名戒幢律寺，俗称西园。西园是戒幢律寺与西花园的总称，为一组完整的佛教建筑，有天王殿、大雄宝殿、罗汉堂、观音殿、藏经楼等，泥塑金身罗汉500尊，疯僧、济公两尊塑像，形象逼真，妙趣横生。苏青看了西园后在日记中写道：

佛像上有些金都给刨去，我想：将来战争下去，这些金屑不知是否将受统制？若然，岂不是和尚大倒霉了。

日伪统治下的苏州西园寺，在苏青眼里一片破败景象。

留园占地50多亩，分中、东、西、北四区，为典型的江南园林，以厅堂布局奇巧见长。到嘉庆时归刘蓉峰所有，习称：“阊门外刘园”。光绪时盛康修缮后取谐音“留园”，引“长留天地间”之意。苏青看了“留园三峰”、苏州织造局遗址等景点，又去了有“吴中第一名胜”的虎丘。一天下来，虎丘塔、试剑石、千人石、剑池等景点，使得苏青游兴不减，辛苦又快乐着。她在日记中写道：

夜里又打朴克，有的人连眼睛都睁不开，有的人喉咙也哑了，但都不肯罢休。我想，何苦来呢，要打朴克，难道上海不好打，又何必巴巴跑到苏州来呢？

显然苏青没有体会到打牌的特殊乐趣。

最后一天，仍由汪正禾院长陪着游览苏州古迹。

他们先去参观沧浪亭。

沧浪亭在苏州城南门内的三元坊，亦是江南现存历史最久的园林。五代时是吴军节度使孙承祐别墅。北宋庆历年间，诗人苏舜钦弃官流寓苏州，购此旧园，傍水建“沧浪亭”，取孺子歌“沧浪之水清兮，可以濯吾缨”之意。全园面积约1公顷，以假山为中心，“崇阜广水”上建亭，古树老藤，竹石花草，颇有深山幽谷之意境。园中石刻43处，700余方，是沧浪亭一大特色。苏青在日记中写道：

《游公六记》尽可不读，三白的旧址则看看也好，因此在古碑之旁，就大书：“翠贞你真美呀！”或“张国耀到此一游”等等，以冀名垂不朽，至少可以自己安慰自己说不虚此行了，而我们呢？惭愧得很，看这些歪句的兴趣实在比看古碑高，只是不忍辜负汪先生殷殷指导好意，只得含糊点点头，伸手向碑上一摸，算是懂得了。

这是苏青游沧浪亭留下的别一种印象。

苏青等一行从沧浪亭出来顺大道北返，到马医科巷踏访晚清学者俞樾的曲园。俞樾（1821—1907）浙江德清人，道光进士，翰林院编修，他在任河南学政时因“试题割裂”冒犯清廷，38岁时被革职，永不录用。此后他在苏州购得清代学士潘世恩故宅，他取《老子》“曲则全”之意，亲自设计，建造亭台楼阁，叠石植竹，成为一处古香古色庭院。

他在“春在堂”书斋潜心著述达33年之久，有“门秀三千士，名高四百州”之誉。章太炎、吴昌硕等均是他的学生。他著有《春在堂全集》500余卷，还有大量书画作品，直到86岁高龄在此去世。

苏青在日记中写道：

> 曲园故址是从裁缝店里进去的，里面都是蛛网尘迹，不堪入目。春在堂中凄凉万状，所谓曲园也者，还不及我的乡下家中后庭耳，此屋现由洪钧侄媳住着，堂中有一架旧钢琴，据说是赛金花弹过，真是人亡物在了。我见了别的倒不会感慨，就是在省立图书馆中见了这许多藏书，倒有些觉得人寿几何，这些书如何读得完呢？汪先生说：“又何必要读完它们！”

苏青的感慨，道出了“人事有代谢，往来成古今”的理趣。

他们往狮子林北行途中，又到锦帆路章园瞻仰了章太炎先生的墓。

章太炎1933年自上海迁来此处，花了2.8万元购得新落成的楼房一所，大门朝南在宋衙弄，后门朝西在锦帆路。院内前后两幢西式青砖楼房，分别为著述、藏书、会客和全家生活起居。后又由他的夫人汤国黎购了屋后空地10余亩，增建了面阔50间二层楼两幢，作为讲习课堂和宿舍。1936年6月章太炎先生病逝于寓所，因战事日紧，只得将灵柩暂厝章园防空洞中。后由张大千兄弟为其画像，马相伯题陈子昂诗，李根源请人刻碑立于园中。

苏青说：“太炎先生的文章我一篇没有读过，关于他的传说倒看得不少，因此对之颇有敬意。”

汪正禾站在章太炎先生墓前深深地鞠了一躬，他那本来就蓬乱的头发越发乱了，竟然被风吹得飘动起来，那学者风度着实令人可爱。

这次同游苏州的谭正璧、谭惟翰、予且、钱公侠、江栋良、黄果夫等，他们向《杂志》均交了作业，题目分别是《记灵岩天平之游》、《苏游杂记》、《苏州记行》、《苏州印象记》、《苏州的女轿夫》、《苏州素描》、《苏州印象》，关露写的是一首诗：《吴歌》。苏青干脆把《苏游日记》交上去。

苏青在离开苏州前也未忘向汪正禾索稿，他给她的稿子是一篇读书随笔：《冯梦龙诗辑》，刊登在1944年3月10日《天地》月刊第6期上。

苏青告别时对汪正禾打趣，我希望古老的苏州也能像汪先生的头发，保持着自己独有的一份风度，不要被西洋或东洋化建筑物破坏了它固有的美点。

19 又回南京

苏青看看窗外，火车像一条黑色的巨蟒，
在宝风村拐了一个弯，向南慢慢驶进城里。
列车鸣笛一声：白下车站到了。

阔别 10 年的故都，又重新回到苏青的梦里。

10 载别离，有着说不完的青春回忆；10 载思念，有着道不尽的物是人非。乍暖还寒时节，窗外一片冷色调的风景，火车不停的向前，大地迅速向后退去。

这次南京之行，对于陶亢德、柳雨生，并没有什么公干，完全是为了会会漂泊南来的老朋友纪果庵。而对于苏青，则是借机散心，同样想见见这位未曾谋面，旷达敦厚，为她不计报偿的撰稿者。对于南京，苏青并不陌生，然而那场血腥的屠杀，把这座古城洗劫得满目疮痍。母校已经迁走，师友已经离散，本来有着结结实实的记忆，此刻却变得陌生起来。

随着火车有规律的节奏，苏青与柳雨生窃窃私语着。她向他讲了与丈夫订婚、结婚和离婚的全部过程，还讲了在“中大”读书时与应其民的恋爱。她叹息说，那些都是昨日黄花，而今天，却有着有说不出的寂寞和痛苦，人生仅仅是为了吃饭吗？当初经济困难时，一心想着赚钱，精神生活顾不得去考虑，现在吃饭问题解决了，心里又有了许多不满足。每天忙忙碌碌，疲劳欲死，百无聊赖，真希望有人来陪伴，与她同忧共乐。

苏青颇有感慨的是，天下竟没有一个男人是属于她的，假如她是一个十七八岁的未婚女孩，可选择的机会就多了。现在只能嫁一个三四十岁的中年人，或屈就一个五六十岁的老翁。现在40岁的男人中那个没有家呢？谁又肯为她而离婚呢？男人稍有地位便大不相同。朱朴先生中年丧偶，比青年未婚还吃香，他不是同梁鸿志院长的女儿订了婚吗？怪不得许多旧式太太宁肯保留名分守活寡，抵死不肯抛弃儿女去离婚，现在看来那是有道理的。

她与柳雨生说到胡兰成，一直沉默着的陶亢德插话说："这个人我早就认识，他的政治手段是翻云覆雨，如今弄得无处容身，只好大谈他的艺术和革命理论了。"

苏青说："他的学问还不错吧。"

陶亢德笑道："他有哪门子学问？只知道一些江湖诀，信口开河，骗骗你们女人罢了。他是一个关系复杂的人，你要当心，不要上了他的当！"

火车一声呼啸，打断了他们的谈话。

苏青看看窗外，火车像一条黑色的巨蟒，在宝凤村拐了一个弯，向南慢慢驶进城里。列车鸣笛一声：白下车站到了。

到车站迎接他们的是纪果庵。

纪果庵（1909—1965），本名李纪庸，字国宣，号果庵，河北蓟县人，清代大文豪纪晓岚的后裔，毕业于北师大国文系，曾在察哈尔宣化师范学校任教，后回到北平孔德中学当教员。汪伪政府成立后，他先任教育部秘书，又任伪中央大学教授兼附属中学校长，伪立法院立法委员。

纪果庵笃实厚重，大高个子，是典型的北方人。他热情地接过苏青手里的行囊，边说话便走出车站。

到了学校，苏青等3人稍事休息，纪果庵便陪同参观他的学校。学校规模不大，房舍整洁，学生全穿校服，颇显整齐划一，纪律严明。有许多天真烂漫的女学生，听说来了三位著名的作家，一阵风似地围了过来，拿着小本本要求签字。陶亢德向来厌恶这一套，他走开了。柳雨生接过学生送上的本子，郑重地签了名，很礼貌地还给她们，弄得女孩子们反倒不好意思起来，吐一吐舌头，全部跑开了。苏青也被团团围住，心中有些发窘，也一一给她们签了字。

中午在纪果庵家中就餐，纪太太忙里忙外，亲自操厨，菜肴相当丰盛。

午后他们相偕去游玄武湖。

玄武湖古称"桑泊"，因位于紫金山后，又称"后湖"。传说刘宋元嘉时湖内有一条巨龙跃出水面，直冲天际，全城风雨大作，浑天黑地，不可一世。后黑龙入湖，瞬间风平浪静，遂改名为玄武湖。六朝时湖水宽阔，融长江与紫金山水为一体，成为一片浩淼水域，是皇家练兵、游猎和吟咏的好去处。到唐宋时，玄武湖逐渐荒芜，王安石变法时，废湖为田，从此在南京的地图上消失了200多年。元代至正三年才重新疏浚，然湖面大为缩小。明时因筑城湖水更为缩小，湖中小岛为"黄册库"，玄武湖也成了禁地。清同治时，湖心亭、观音阁、赏荷亭相继落成，长堤、翠虹堤也先后堆起，基本形成现在规模。辛亥革命后，玄武湖正式辟为公园。

在纪果庵的引领下，他们从正门进入公园。苏青对这里并不陌生，此番再来，经日军洗劫，古城风景大不如前，园内景疏人稀，一片荒凉。恰在此时，天上又落下微雨，四野一片茫茫，烟笼雾罩，心中一片凄凉。

纪果庵极尽地主之责，顾了一只小船，他们相继登舟，荡开初春湖水的波光，小船在船夫手中划动起来。他们在沪上时难得有这样一聚，如今倒乐得清闲，于是中外古今，天上地下，纵横捭阖，情怀怡然地谈了起来。

谈到朋友相聚，纪果庵深有感触地说："朋友之乐，有时会超过夫妇。"

陶亢德没有说话，只是赞赏地点点头，深以为然。

年轻气盛的柳雨生则不以为然。他说："朋友哪能比得上夫妇？不过偶然相逢，哪能常相聚呢？但男女之间也有例外，到了某一阶段，便要变质，破裂而不复存在了。"

苏青则说："与男人做朋友便很好，做夫妇或恋人便不适当了。作为一个单身女子，所以常常吃亏。"

柳雨生摇摇头说："你是一个十足的女性，在事业上愈得意，便愈会感到内心的寂寞与空虚。你常常感到不满足，这不满足不是需要一个男人，而是需要有一个可敬爱的对象，使你得以心甘情愿的属于他。你是一个爱慕虚荣的女性，然而你的眼界太高了，又富于观察力，所以容易瞧不起男人。有时候你对某一个男人表示好感，但那是欺骗自己，不是对方欺骗你，而是找不到对象，着急了，胡乱认定一个人便加以幻想起来。但你又不能像诗人太富幻想，睁着眼做美丽的梦。你是着实的，不久迷雾消失了，男人的真面目给你看穿了，你又不能容忍，我很替你的前途担忧。"

陶亢德摆摆手说："别再肉麻了，我生平不知道爱与不爱，张天翼的小说里常称'爱为那个'，我倒是很同意的。"

他的这番话，说得纪果庵也笑了起来。

不知什么时候小雨停了下来，他们说说笑笑弃舟上岸。走到堤边摄影处，请摄影师为他们合影留念。这张照片连同纪果庵的《谈朋友》一文，刊登在《天地》第7、8期合刊上，照片不很清晰，初春的树裸着枝桠，透出一派凄迷的景象。

走出公园，纪果庵领3人从玄武门上城墙去登台城。

从城墙上登高俯瞰，南面是栉次麟比的城区，鸡鸣寺、北极阁耸立其中。北面是刚刚荡舟的浩淼湖水。东面是蜿蜒的城墙城楼，再远处便是苍苍茫茫的钟山。

他们沿城墙东行，朝太平门方向走去。

纪果庵说："我是道地的北方人，南来几年，不甚了了，苏小姐是在'中大'念过书的人，对这座城市一定比我懂得多些。"

苏青说："我的宁波话讲起来，大家听着不爽，还是请陶大哥这位硕儒给讲讲吧。"

陶亢德沉思片刻，胸有成竹地说："早在春秋时，楚威王就在此埋金镇之，有了'金陵'这个名称。秦始皇统一中国后，凿方山断其王气，并改名秣陵。东汉时群雄相争，孙权易名为建业，从此便开始了六朝古都的历史。"

苏青补充说："南京自古为江南重镇，历史悠久，细说起来恐怕经历了10个朝代。"

他们边说边走，来到了台城。

纪果庵驻足说："台城原是东吴后苑城，晋成帝咸和时改建为新宫。晋宋间朝廷禁省为台，故称台城。南朝时已是重楼叠阁，雕梁画栋，殿宇多达3500余间。随着隋兵进城，彻底结束了陈王朝的统治。唐朝诗人刘禹锡在《台城》一诗中写道：'台城六代竞豪华，结绮临春事最奢；万户千门成野草，只缘一曲后庭花。'他的诗不仅写出了台城的历史，而且写出了'临春'、'结绮'两座楼阁的奢华，同时亦讽刺陈后主这个亡国之君的荒淫。"

离开台城，他们从城墙过去，便可到古鸡鸣寺。

纪果庵说："相传齐武帝萧赜早起到钟山射雉，走到这座山阜前始听鸡鸣，便称此处为鸡鸣埭。'鸡鸣寺'典概出于此。这里本是三国时吴国的后苑，晋为廷尉署。梁时建同泰寺，后屡建屡毁。明洪武二十年在其旧址上建鸡鸣寺。佛殿原有凭虚阁，明成化时又集资扩建，同时又复建了观音楼、豁蒙楼、景阳楼，飞檐翘角，古香古色，蔚为壮观。"

在豁蒙楼上，陶亢德对纪果庵说到自己家境贫寒，做学徒、闯关东的身世，说到为谋事到村边小庙祷告的经历，还说到那位不可多得的表叔，打牌时和了牌，就蹲在床上吸水烟的情景。说到激动时，他陶然忘机，眉飞色舞，仿佛又回到那个祷告求签的年龄。

他还与纪果庵讲了他接手太平书局总经理的最新话题，仅仅出版一个文史类的《风雨谈》是不够的，他还要办一个专门为青年人看的刊物，如从前《生活》周刊那样，给年轻人送上一份礼物。

纪果庵的心也被陶亢德点燃了。他望着他真挚、热诚、温厚的面孔，向苏青、柳雨生说："走，我们去求签去！"

苏青亦说："赞成，赞成，跟陶大哥在一起，观音菩萨定会显灵！"

他们走到大殿佛前，顶礼膜拜，虔诚上香，各自求签以卜好运。

柳雨生抽了个观音灵签第5签，是个中平。诗曰：

一锄掘地要求泉，
努力求之得最先。
无意俄然遇知己，
相逢携手上青天。

苏青抽了个第50签，也是个中平。诗曰：

涧小石粗流水响，
艨艟巨航恐难行。
路须指出前江去，
浪静波恬免受惊。

陶亢德运气最好，抽了个上上大吉。他看后把签扔回签筒里，没有人看到签诗。

苏青对自己的签语不甚满意，拟或不明所以，她后来写《续结婚十年》，写到玄武湖之游，对鸡鸣诗求签却不着一字。倒是纪果庵有心，他在事后刊登在《天地》月刊《谈朋友》一文中，作了上面那些详细描述。

太阳落山的时候，他们站到城头，看一轮红日慢慢地坠入西天的晚霞里。

当晚，他们不便再叨扰纪太太，便请纪果庵安排住在学校里，纪果庵也不勉强，替三人腾出一间房，品字型摆好三张小铁床，向学生借了被褥。有一个女生指定要把她的淡红薄丝棉被借给苏青，为感谢这个女生的好意，苏青托纪果庵把她的《结婚十年》一书，签字送给了那个女生。

晚饭后，纪果庵夫妇一同陪着他们说笑，说起这里的政治腐败，他们亦有同感。房后面有一片竹林，风吹时有索索声响，他们疑是鬼来探窥，于是大家的话题又转到鬼的故事上来。柳雨生说，有一次几个人在一起，其中一人忽现惊惶之色，问他有什么事，他结舌半晌说："见鬼了。"又问鬼是什么样子，他掩面说是个大白脸，耳目口鼻全无，当中只挂一条小辫子。说得纪太太害怕起来，陶亢德赶快劝他们夫妇去休息。

他们三人又坐下来天南地北的讲故事，说得疲倦了，谁都不好意思当着面脱衣睡觉。柳雨生对苏青说，他与亢德先去厕所，让她先解衣睡下。苏青亦想去小便，只得等他们回来再去。半路上有竹叶掉落之声，她吓得欲进不敢，欲退不能，好容易匆匆完毕跑回房来。等到她脱衣上床，还是柳雨生下床熄了灯。

接下来两天，他们又去了东郊风景区，拜谒了中山陵，逛了灵谷寺。他们还想去有“六朝胜地”之称的清凉山，那里有陶亢德尊崇的诸葛亮与孙权共商破曹大计的驻马坡，还有苏青喜爱的南唐后主李煜常去的清凉寺，可惜那里成了日本侵略军的驻扎禁区，被铁丝网密密麻麻的围着，他只得扫兴而归。

纪果庵在他们三人南京之行告别时写道：

> 第四天，三人别去。我们全家都很怅惘。声音、笑痕，留给我无限记忆。太太特地到那个屋子去看，我看她太呆，但我心中未尚不空虚。
>
> “人生不相见，动如参与商。”“昔别君未婚，儿女忽成行。”我们在知交星散之日，饱受着这样的刺激。前者苏青先生曾在信中说，也许就要“访旧半为鬼”的境界了。想想死去的友朋，原亦不是没有，不觉大吃一惊，原来三十左右的人，就是这般的过日子了。多日以来心思起伏，执笔为此小文，不意也屡作屡辍，其间竟历十数日，不知陶柳冯诸公有什么感触，像我这样低能的人，大约只能写出这样低能的文字，以记此因缘而已……

纪果庵是个重感情的人，字里行间跳动着惜别之情和不祥之感。

一年之后，苏青在信中说的“访旧半为鬼”，一语成谶。陶亢德经营的太平书局（日资）被定为敌产，他与柳雨生被戴上“文化汉奸”的帽子，锒铛入狱，各判三年徒刑。柳雨生出狱后去了香港，后到澳洲当了教授，著作等身。

陶亢德出狱后仍住老地方，很少出门，英文进步很大。上世纪50年代与周黎庵同到治淮工地劳动改造。“文革”中被打成“反革命”。于1983年病逝。纪果庵在南京被捕，随即又被释放，转到苏州国立社会教育学院当教授，直到1965年去世。

南京之行在苏青人生中留下了深刻记忆。短短的3天游历，把她心中的寂寞，驱赶的无影无踪。

20 女性文学的视点

苏青抢先说："女作作家的生活范围较狭，
因此取材也多不能广泛，
因为作者总是爱捡自己所熟知的东西或事情来写，
而且写起来也比较容易成功。"

上海威阳路2号，《新中国报》社的院子里。

一座典雅的住宅的石阶上，摆放着瓜子、花生、水果等食品，四周围了10来张椅子，这便是沦陷了的上海召开的一次闻名遐迩的"女作家聚谈会"。时间是1944年3月16日。

这次座谈会由报社总编辑鲁风和《杂志》月刊社总编辑吴江枫共同主持，与会者有苏青、张爱玲、关露、潘柳黛、汪丽玲、吴婴之、蓝业珍和唯一一名研究中国女性文学史的男性作家谭正璧参加。

院子里的树已啄出新芽，小小蜗角吐着淡淡新绿，它让人更多地想起生命的不安和骚动。四周一片寂静，阳光从墙的另一面照射过来，给初春的院子涂上一抹淡淡的暖意。

客人陆陆续续地来了。她们喝着茶，剥着花生、瓜子，无拘无束地谈论着。苏青来的迟了些，张爱玲看她来了，便招招手，示意让她坐到她的身边来。鲁风也递上签名簿，请她签名。

《新中国报》是1940年11月7日在上海创刊，日本人出资，日、伪合办。背景是日本海军、日本大使馆和汪伪南京政府。然而，出面创办者却是中共地下情报人员，由袁殊任社长，鲁风任总编辑。而另一名中共地下党员恽逸群是报社一名普通编辑，但社长袁殊却由他领导。

下午2时，座谈会准时开始。

总编辑鲁风（原名刘慕清，解放后曾任中共上海市公安局副局长杨凡的主任秘书）说："近来文艺作品在出版界最为蓬勃，尤可注意的是女作家非常多，作品的水准也很高，这在中国女性文学的创作来说，实在是可喜的现象。半年来本社连续举行过好几次座谈，例如出版界的、漫画界的、戏剧界的，参加的人都是当前上海的文化工作者。最近鉴于现在女作家的作品在各刊物发表的很多，我们觉得如果邀请几位女作家来作一次聚谈，对于文艺创作问题，听取一下女作家们的意见，这是非常有意义的事，因此有这一次聚谈会的举行。"

另一个主持人吴江枫补充说："这一次聚谈会因为邀约的时间太匆促，所以参加的人并不多。不过以今天参加的女作家来说，有写散文的，有写小说的，有写诗的，也有从事翻译的，像张爱玲女士最近还编了一个剧本，因此写各种作品的女作家都参加了，这实在是一个难得的机会。"又说："说到女作家，便记起了冰心，我记得最初对新文艺感到兴趣的，是在初中的国文教本上读到冰心的作品。"

苏青说："说到冰心，我从前读她的诗和文章，觉得很美丽，后来看到她的照相，原来非常难看，又想到她的作品中时常卖弄她的女性美，所以后来就没有兴致再读她的作品了，真是说也可笑！"

苏青的发言引起了大家的笑声。她这样说，并没有感觉到作品美与作者容貌美不美没有直接联系，这样讲已超出座谈会的内容，有伤人之闲，因而这笑声里并不是都赞成她的发言。

听到这里，鲁风说："当代女作家写诗的很少吧？"

关露（原名胡寿楣，幼年自学完成课程，后考上上海法学院、南京中大文学系读书，1932年入党并加入左联，抗战中期受党组织派遣，进入日伪合办的

《女声》月刊任编辑）说："有白薇，她现在桂林，很可怜，贫病交加。"

吴江枫说："我最初读到苏青女士的作品是《古今》上的《谈离婚》，觉得非常入情入理，后来从周黎庵先生的口中，才知道就是苏女士写的。"

苏青笑着解释说："这一篇本来是写给《宇宙风》的，后来《宇宙风》停刊，这篇稿子就取了回来，原想不发表了，后来因为卖稿为生，于是又拿出来，在《古今》上发表。"

当鲁风问到女作家怎样开始写作时，苏青便讲了自己发表第一篇作品的经历。张爱玲、潘柳黛、汪丽玲也先后讲了自己创作并发表第一篇作品的过程。

接下来，会议主持人又问到最喜爱那位女作家的作品。

苏青说："女作家的作品我从来不大看，只看张爱玲的文章。"

在大家沉默了片刻之后，吴江枫又问在座的各位，中国历史上及现代女作家，你们喜欢谁的作品？关露、汪丽玲（小说《太太集》作者）、潘柳黛（原名柳思琼，出身北京满人家庭，18岁到南京报馆求职，上海沦陷后到《文友》杂志当记者，与苏青、张爱玲同时崛起于上海文坛）大都谈了喜欢李清照、朱淑贞、李煜和丁玲、冰心、黄庐隐等人的作品。

张爱玲则说："近代的最喜欢苏青，苏青之前，冰心的清婉往往流于做作，丁玲的初期作品是好的，后来略有点力不从心。踏实地把握住生活情趣的，苏青是第一个。她的特点是'伟大的单纯'。经过她那俊洁的表现方法，最普通的话成为最动人的，因为人类的共同性，她比谁都懂得。"

鲁风以女性作品题材比较狭隘之说，向与会者征询对这个说法有什么意见？

苏青抢先说："女作家的生活范围较狭，因此取材也多不能广泛，因为作者总是爱捡自己所熟知的东西或事情来写，而且写起来也比较容易成功。"

关露则不赞成苏青的意见。她说："我以为题材的狭隘与宽广是以作者的生活来决定的，不能以男与女来划分。林语堂作品的题材并不比丁玲的宽广，都德作品的题材也并不比乔治桑的宽广，李后主的作品题材也不比朱淑贞和李清照的宽广。因此我对于这个说法是不赞同的。"

在座的女作家对题材狭隘的问题说法不一，并按各自创作体会讲了自己的看法。

谭正璧则从男性角度谈了对题材的看法。他说："关于题材，和作家的生活经验有关。在男性中心社会里，女子即使已挣得平等的名义，实际上离开平等还是南辕北辙，无论在家庭方面、教育方面、职业方面、经济方面、政治方面，即以此各方所受之不平待遇，发为文章，已抒写不尽。写爱写闷，仅为供人消遣之用，与吟风弄月无殊。记得《天地》初创刊时，苏女士曾云已约多位女作家各写其职业生活，后来果然登过几篇。我以为这种题材，大可用得。虽作者对文字技巧或无暇讲求，然言之亲切深刻，往往亦能瑜掩其瑕。比之文艺腔过甚之谈爱文章，自胜万倍。对此问题，因本文对创作即非专门，亦少经验，不敢多说；即所说亦不过抒吾之直感而已。"

大家又围绕男性作家及其作品发言后，吴江枫说："请问各位写作取材的方法怎样？"

苏青说："我写文章总爱取材于自己的生活经验。"

潘柳黛说："我是以所见所闻取材，有时也不免制造一点。"

汪丽玲说："我认为作品是要反映现实的，因为我总在我所知道和所经历的中间去找取题材。"

张爱玲说："也有听来的，也有臆造的，但大部分是张冠李戴，从这里取得故事轮廓，那里取得脸型，另向别的地方取得对白。"

鲁风说："苏青女士在《风雨谈》上连载的《结婚十年》是不是自传？"

苏青说："《结婚十年》是自传体小说，取材都从自己的实际生活上而来，但也有许多虚构的故事。"

接着，关露、张爱玲、汪丽玲也谈了写诗、写小说、翻译外国作品的体会。

鲁风问："苏女士编了《天地》，有没有妨碍写作的时间？"

苏青说："编了《天地》，差不多忙得透不过气来，因此我的文章便少写了，即使写，也是草草而就的，没有更多修改的时间。而且在收入方面说，似乎也增加了一些，因此有时候更加懒得写文章了。补救办法也没有别的，我想只好以后再减少些应酬及娱乐，以便省下时间来多写些自己所要写的东西。”

吴江枫说：“请问苏女士平常爱读什么书，喜欢什么消遣？”

苏青说：“我平常喜欢读哲学之类的书籍，中国旧诗词也爱好。消遣第一是看戏，第二是同很熟的朋友聊天，第三则独自逛旧货店，摩挲着小摆设以及盆碟碗茶壶茶杯之类，推想其以前主人境况，觉得很好玩。”

接着，张爱玲谈了自己喜欢读 S. Maugham 和 A. Huxley 的小说、唐诗、张恨水作品和看电影；关露谈了喜欢读哲学、历史、古典文学和散步；潘柳黛谈了喜欢读诗词、歌赋和历史；汪丽玲谈了只读战前的几本旧书、骑车和弹钢琴等。

鲁风最后提出一个问题，想听一听各位对于目前流行文艺作品的观感？他先请张爱玲女士谈一谈。

张爱玲说：“现在最时髦的是‘冲淡’的文章，因为一倡百和，从者太多，有时候难免有点滥调，但比洋八股到底是一大进步。”

鲁风又请苏青女士说一说。

苏青说：“目前杂志报章及单行本均不大细看，它们给我的大体印象，似乎是不很深入的，不大能感动人。这也许不是作品的不好，而是我自己心境已改变，无复少年时的热情与好奇了。”

关露、汪丽玲、潘柳黛，因很少涉猎，没有什么具体的感触。

主持人听了几位女作家的发言，然后把话题转到谭正璧先生身上。请他谈谈中国古代女作家和当代女作家作品的成就。

谭正璧（1901—1991），江苏嘉定人，1919 年入江苏第二师范，后又到上海大学中文系学习。肄业后他先后在上海神州女校、上海中学乡村师范部、上海民立女子中学教书，又在北新书局任编辑、新中国艺术学院任院长，对女性教学、女性作家作品都有着相当研究和见地。

谭正璧便应主持人提议，谈了自己的看法。

他说，中国古代女作家的成就，如以质论，唐诗当推李季兰，宋词当推吴淑姬，明人散曲以黄峨为首，我以为中国女作家真正的成就还是叙事诗——弹词，如陶贞怀的《天花雨》、郑澹荒的《梦影像》、周颖芳的《精忠传》，风格之特殊、思想之不凡、篇幅之巨大，可以说前无古人，后无继者。

他还说，当前女作家的作品，我看得很少，而且不全，实在不敢说什么。不过却存有一种希望：凡是女作家从事创作之外，应该多读中外名作，创作固需经验，但学问亦不可少。现在一般创作者的通病，就是不肯读书，所以即有经验，独少学问。我不是劝作家都去做书呆子，你看古今中外有名的作家，那一个不是多读书而成名的？多读书，学问既富，文章自然会好，再加经验，那就更好了。

座谈会直到傍晚才结束。

当大家从《新中国报》社院子走出来的时候，白克路大道尽头悬挂着一轮昏黄的夕阳，她们身后留下一个个灰色的剪影。

座谈会纪要发表后，受到沦陷区报刊界、文化界许多读者的青睐，给人们送上一份多味的菜肴。尤其是苏青的发言，风头独具，幽默洒脱，透出一份特有的境界与新鲜的视点，那一串串发人深省谈吐，填补着生命的轻松与愉悦，给那个不完整的世界，勾勒了一个纯然的梦境，让人感到生命的激情与慧光。

21 寄情“浣锦”

我是生长在宁波城西有一个叫做浣锦乡的地方，
其名称的来历不知道，我只知道我家的房子很大，
走出大门不远处，有一石桥曰浣锦桥。

《浣锦集》是苏青取故土浣锦乡之意，为其推出的第一部散文结集。

这部书1944年4月由天地出版社初版，这一刻，距作家梦的实现，她等待了将近10年。

这部散文集，从她1935年6月16日在《论语》发表处女作时起，收集了历年刊登在《宇宙风》、《逸经》、《文艺》、《古今》、《杂志》、《中华日报·中华周刊》、《风雨谈》、《天地》等报刊发表的主要作品，全书除序言和后记外，分为两辑：共收入55篇作品。

第一辑，谈女人、我国的女子教育、生男与育女、现代母性、论女子交友（附：读了论女子交友后（溪谷），不算辩证（苏青））、论夫妻吵架、论红颜薄命、论离婚、再论离婚、恋爱结婚养孩子的职业化、第十一等人、真情善意和美容、组织里弄托儿所、母亲的希望、我们在忙些什么、道德论、牺牲论、死后的同情、牌桌旁的感想、听肺病少爷谈话记、谈做官、论言语不通等23篇文章。

第二辑，科学育儿经验谈（附：关于科学育儿经验谈（赵敏求），科学育儿经验谈之性质及命题（苏青）、王妈走了以后、搬家、拣奶妈、送礼、烫发、吃与睡、做媳妇的经验、户长的苦处、写字间的女性、看护小姐、家庭教师面面观、小天使、我的女友们、钱大姐、小脚金子塔、女生宿舍、元旦演剧记、算学、红叶、一月来的寄宿生活、试教记、豆酥糖、外婆的旱烟管、说话、过年、断肉记、饭、海上的月亮、自己的房间、我的手等32篇文章。

这部书从1944年4月初版，到1946年11月先后印了9版，由此可见这部书的出版成功和畅销。

《浣锦集》初版有亦师亦友陶亢德给她写的序言：

> 苏青文章之优点，在于以女人谈女人事而无女人气。所谓无女人气，我的意思就是不哀哀切切，而能浩浩荡荡，文字如此，见解亦然。但这不是说她不能写轻灵纤细的文章。

序言不长，写得简短而深切。

《浣锦集》的名字取自作者的故乡——浣锦乡冯家村，可见作者对家乡的热爱和血浓于水的结情故乡。封面设计得非常简单，由六条有规则的曲线和块块组成河水和波纹，这使人想到作者文章的风格和硬度。“浣锦集”三字是由周作人题写，稚拙中透着潇洒。书的扉页上有一幅作照片，是卢施福摄影，从苏青的发型上看，与二月初苏州之行的合影照相仿，显然是一张近照。

苏青在谈到这部散文集的想法和所表现的思想时说：

> 《浣锦集》里文章显得有些杂，有几篇其实是不需要收进去的，但是偶然有一二句惬意，我便也舍不得割舍它了。其中有几篇是自己比较喜欢的，如《谈女人》、《我国的女子教育》、《论女子交友》、《恋爱结婚养孩子的职业化》、《第十一等人》、《道德论》等，似乎还有一贯的思想。至于第二辑中所收集的几篇，《科学育儿经验谈》、《王妈

走了以后》与《小天使》等也可以说反映现时代中的一般社会情形，至于写得是否恰好呢，那便不敢自吹自擂了。《豆酥糖》与《外婆的旱烟管》又是较古的一种生活，这些都是我所亲身经历的，至少我在执笔书写的时候态度总是忠实的。《过年》、《饭》、《海上的月亮》、《自己的房间》，以及《我的手》等则都是描述我自己某一时期的境遇与心情，现在我似乎已经脱离这种物质的苦境了，但是精神方面仍没有大好，反而觉得更空虚，凄楚，有时还带些厌倦。

于是有人称我为“大胆女作家”，这在我并不以为耻，却只觉得在事业上未免愧不敢当。《浣锦集》里所表现的思想是中庸的，反对太新也反对太旧，只主张维持现状而加以改良便是了。可是现在我已经不作这么想，我开始彷徨，想不出将来合理的世界应该是怎样……

我爱《浣锦集》，因为这里的东西篇篇都是我的，没有掩饰，没有夸张，积八年来的心血，断断续续地一篇篇凑成的，在这里，我回味了过去的生活，有些心酸，但却不能使我号啕大哭。一个人的心境不必强与人相同，不过假如有人能了解我，同情我，那当然是会发生一缕喜悦的，我将因此落泪……

苏青在《浣锦集》后记中说：

写作已经快十年了，有些什么成就？惭愧得很，简单是一些没有。我写文章的动机往往是为了发泄；在某一时期，则是为了穷。穷了的时候当然常会受到闲气，于是一愤而写文章，文章写出来后气恼就减去其大半了。其他的时候虽不很穷，但却有闲，有的时候便常有所谓感触之类，因此也思发而为文。除了上述两原因以外，出风头的意思当然也有，其中有两篇走偏锋的文章，即此之故。

我相信一个人的欲望，若在最基本的饮食男女方面尚不能得到满足，则其精神之亟需向外发展是必然的……我的文章算起来已写的不少，除去若干短篇小说，除去若干更不足道的杂文，除去若干事实上所决不许可发表的存稿外，这里共计收集了五十三篇散文，名曰《浣锦集》。

我是生长在宁波城西有一个叫做浣锦乡的地方，其名称的来历不知道，我只知道我家的房子很大，走出大门不远处，有一石桥曰浣锦桥，在幼小的时候，我常常随着祖父到桥边去，桥边石栏上坐着各式各样的人，他们都在悠闲地谈天。桥的旁边有一家剃头店，房子是我家产业，剃头司务名叫阿三，他见了祖父可恭敬，连忙端了张大木椅来叫他在店门前坐下，于是桥边的人都站起来了，问候我祖父，把一切里巷见闻都告诉给他听，征求他意见，听取他的判断……

这种心情，在以后回忆起来的时候，就似乎觉得可以写诗，可以作画，可以做无数篇的散文与小说……我知道有许多人是与我同意思的，也许比我更透澈。只不过他们是不高兴说，而我却说出来了，说得还具体而已。

《浣锦集》名称之必须解释一下，倒不是思亲思乡也来个假惺惺一番，就只怕自己是女人，等会儿也许给人家疑心到是妄想媲美浣纱等事情上头去了，这可真有些难为情，我是一向不怕露丑嘴脸，而不大愿意让人家笑话我戴起面具充美人的。

《浣锦集》初版不出一个月便告罄，第二个月再版时，苏青加了一篇自序。她在《浣锦集·再版自序》中说：

《浣锦集》再版了，照例是应该客套几句的，但后来仔细一想，自己是生来脾气爽直的人，也犯不着学那批作伪的家伙，满口谦虚，而实际上无非想因此而换得人家的加倍钦敬罢了。我把自己的文章编印成书，自然是相信有人要看，有人会买，于是可以赚些钱，得些名，此外还有些什么呢？还有一种莫名其妙的喜悦。

不过伴着这种喜悦心情而来的，却也有些忧疑。印书的钱是借来的，假如还不出，如何是好？有个朋友建议道：何不加印若干册精装本，由你自己亲笔签名，价钱定得贵一些，先行发卖，以偿印刷帐，这样好不好呢？我想想，付帐最要紧，于是也就把他的意见接受下来了。

说是精装本，其实也可怜的很，与战前书籍比较起来可大不相同了。不过在目前看看却总算不错：洁白带光泽的西洋白报纸，印上一排排整齐的字，姑不论内容如何，望去总是很舒适的。封面是上好木造纸做的，坚挺而平直，看去似乎结实得很，能够耐久。

《浣锦集》印第 4 版的时候，苏青又写了一篇《四版小言》，还附有她以前发表在《风雨谈》上《自己的文章》一文，这篇文章与苏青为文关系十分密切，饱含着写作动因和酸辛感受。她说：

自己的文章，其实不用看，连背都背得出来。因为我做文章，总是想的时候多而写的时候少，在电车里，在宴会上，在看没趣味的电影或话剧时，我总是默默思索着文章的材料的。有时候想好几段，回家之后便动笔写了；有时候则全篇已经想好，但总没有空，只得用心记着，俟暇方能够动笔。

我的文章做得不好，我自己是知道的。这不好的原因，第一是生活经验太不丰富，第二是写作技术的低劣。关于第二点我想或者还比较容易改正些，只要多看些古今中外的名家大作便行了；但是增加生活经验，这却大半要听老天爷安排，我总不能因写文章而去当个叫化子或流氓看，甚至不能因此而与他们做几天朋友，是不是？

于是我的文章材料便仅限于家庭学校方面的了，就是偶而涉及职业圈子，也不外乎报馆，杂志社，电影戏剧界之类。至于人物，自然更非父母孩子丈夫同学等辈莫属，写来写去，老实便觉得腻烦。

我常写这类男男女女的事情，是的，因为我所熟悉的也只有这一部分。但是，我对于它们却并未如读者一般的感到兴趣，相反地，我是十分憎厌着，这点恐怕决不是多数读者所愿意费些心思来体会体会吧。我的理想中的男女等人应该是爽直，坦白，朴实，大方，快乐而且热情的，但是我所接触，我所描写的人物，却又如此扭捏作态得可憎可厌。

我为什么要暴露黑暗呢？暴露黑暗也无非是渴望光明来临的一种手段罢了。但是人家却把我的所谓黑暗看作光明了，而且认为我的咒诅是赞美，因此我便变成一个歌颂光明的人，同时我的文章也就有了“有趣”的价值了。

我很羡慕一般的能够为民族国家，革命，文化或艺术而写作的人，近年来，我是常常为着生活而写作的。试想生长在这个时代里，竟不能用别的方法来赚钱，却靠卖文章糊口，其人之百无一用是可知的了。我鄙视自己，也鄙视自己所写的文章。

你知道世界上有许多女人在不得已的生着孩子，也有许多文人在不得已而写着文章，至于我自己，更是兼这两个不得已而有之的人。现在虽说已经到了任择其一的时候——我当然选择写文章啰——但是心里还难过得很：因为那不是为了自己写文章有趣，而是为了生活，在替人家写有趣的文章呀。

到1946年11月，苏青在印刷《浣锦集》第9版的时候，因陶亢德人生变故，她不得不抽去出版时他为她写的序言及《四版小言》，把《自己的文章》

作为新版《浣锦集》的代序。这与抗战胜利后的社会环境变化有关。

在《浣锦集》出版两年多的时间里，不仅一版再版，成为一本畅销书，而且受到读者的关注和广泛好评，许多报刊发表了书评文章。

中国女性文学史评家谭正璧在《论苏青与张爱玲》一文中说：

> 张爱玲是专写小说的，因此她的思想不及苏青明朗；同时作品里的气氛也和苏青截然不同，前者阴沉而后者明爽，所以前者始终是女性的，而后者含有男性的豪放。苏青是个散文作家，写作小说在她似乎不过是偶然的兴会。但是在重视意识过于技巧的批评家的笔下，苏青却高过于张爱玲。我们如果把两者同样重视，那么张爱玲在技巧方面始终下着极深的功夫，而苏青却单凭着她天生的聪明来吐出她别的女性所不敢吐露的惊人豪语，对于技巧似乎从来不去十分注意，就文艺来论文艺，两个人的高下应该从这地方来判分和决定的。
>
> 提到苏青，仿佛听到了一个什么社会闻人的名字似的。她是目前一位挺有名的散文作家，同时也写着小说。因为她有着海阔天空的胸襟、大胆直爽的性格，她所感到的想到的都毫无嫌避，毫不掩饰地在她的笔下抒写出来。这种别的女作家所不敢有的作风，我在前面说张爱玲的思想不及她的明朗，就是指这种地方，却使她站上了目前文坛的很高地位。但是在读者方面。除了少数真正能够了解她而同情于她的智慧群外，大多数人对于她的作品，不过是抱着和一般人欢喜读《金瓶梅》、《X史》相同的态度。这种态度并不是读者程度的幼稚，或是心理的堕落，而全以作者全部文章的内容为因子。

何实斋在《记苏青》一文中评论：

> 苏青的文字，正像她的谈吐一样，流利活泼，更多奇气。同时信

笔写来，面面俱到，绝无挂漏或故意规避之处。她对于男女间事，尤能发一针见血之谈，为数千年来在男性社会中处于附庸地位的女子鸣不平。

除掉苏青的爽直以外，其文字的另一特点是坦白。那是赤裸裸的直言谈相，绝无忌讳。在读者看来，只觉她的文笔的妩媚可爱与天真，决不起粗鲁与俚俗的感觉……有一句警句说："饮食男，女子之大欲存焉。"经她巧妙地标点一下，而将女人的心眼儿透露无遗了。

她的文章，正像一个会说话的人一样，写来头头是道，娓娓动听，我想好的戏人人爱看。好的故事，或演说，人人爱听，而好文章，一定人人爱读的。看她写身边锁事，虽只是些平淡的日常生活，然而生趣盎然，回味无穷。

她的好友张爱玲在《我看苏青》一文中评论说：

我认为《结婚十年》比《浣锦集》要差一点。苏青最好的时候能够做到一种"天涯若比邻"的广大亲切，唤醒了往古来今无所不在的妻性母性的回忆，个个人都熟悉，而容易忽略的，实在是伟大的。她就是"女人"，"女人"就是她。（……而苏青的现实态度向来是非常的主观，直接，所以，虽然这是一切职业女人的危机，我格外的为苏青顾虑到这一点。）也有两篇写得太潦草，我读了，仿佛是走进一个旧识的房间，还是那些摆设，可是主人不在家，心里很惆怅。有人批评她的技巧不够，其实她的技巧正在那不知不觉中，喜欢花俏的雅心些的作者是不能领略的。人家拿艺术的大帽子去压她，她只有生气，渐渐的也会心虚起来，因为她自己也不知其所以然。她是眼高手低的。

《文汇报》资深记者谢蔚明（1917—2008），安徽枞阳陈瑶湖村人，黄浦16期生，南京保卫战记者，重庆《扫荡报》特派员，苏青小女儿李崇美的丈夫，他在《一个女作家的沉浮》一文中评论苏青的散文说：

苏青不仅为生活写作，统观涉笔范围大都属于探讨现代家庭问题，她发表的现代母性、女性的将来、救救孩子、科学育儿经验等等篇章，都体现她的思想认识，这些文字后来都收入《浣锦集》、《涛》的单行本中……太平洋战争，上海处于日寇全面统治之下，网罗一些无耻文人作吹鼓手，宣扬所谓“大东亚共荣圈”、“王道乐土”。后来，有些人以为苏青是敌伪时期红得发紫的女作家，便主观臆断她可能投入法西斯文人行列为敌张目，却不了解她从来没有写下一个字替敌伪唱赞歌。在她的著作里，没有表现强烈的民族意识是事实，但字里行间却可以找到由于日寇侵略造成民族苦难的描写。

当代作家王安忆在《寻找苏青》一文中说：

想到这个题目是因为读到一篇文章，金性尧老先生的《忆苏青》。文中有一节，是写五十年代，金性尧老与苏青所见最后一面，“她穿着一套女式的人民装”。这套服装确是出人意外，总觉着五十年代的上海，哪怕只剩下一个旗袍装，也应当是苏青。因为什么？因为她是张爱玲的朋友。

苏青是在我们对这城市的追忆时刻再次登场的，她是怀旧中的那个旧人。她比张爱玲更迟到一些，有些被张爱玲带出来的意思。她不来则已，一来便很惊人，她是那么活生生的，被掩埋这么多年几乎不可能。她不像张爱玲，张爱玲与我们隔膜似乎能够理解，她是为文学史准备的，她的回来是对文学负责。即便是在文学里，她被我们容易接受的也只是表面文章：一些生活的细节，再进一步抑或还有些环境的气息。那弄堂房子里的起居，夹着些脂粉气，又夹着油酱气的，从公寓阳台上望出去的街景，闹哄哄，且又有几分寂寞的；还有女人间的私房话，又交心，又隔肚皮。这些都是“似曾相识燕归来”，可是张爱玲却是远着的，看不清她的面目看清了也不是你想看的那一个……

苏青的文字，在报业兴隆的年头，可谓是沧海一粟。在长篇正文的边角里，开辟了一个小论坛，谈着些穿衣吃饭，侍夫育儿，带有妇女乐园的意思。她快人快语的，倒也不说风月，只说些过日子的实惠，做人的芯子里的话……

苏青的文章里，那些识破骗局的人生道理，总是叫人叹服。尤其是关于男人女人的，真是撕破了温柔的面纱，一步步进逼，叫人无法辩解……

苏青写文章，凭的不是想象力，而是见解。她的见解不是有个性，而是有脾气。这脾气很爽快，不扭捏，不啰嗦，还能自嘲，单刀直入的，很有风格。而像个性，却不是讲风格的，而是讲立场，这个，苏青没有……不过，她的文字功夫还是好的，最大的优点是明白，描人画物，生动活泼，说起理来也逻辑清楚，推理直接，带有些诡辩，你很难辩过她，每一次笔战，都以她的一篇最后收尾。这是有些宁波风的，俗话不是说：“宁与苏州人吵架，不和宁波人说话？”上海这地方，要的就是凶。是随大流里凶过一点头，就是超凡出众。

想明白了，才觉得苏青是可以穿那女式人民装的，金性尧老先生不是说“当时倾国倾城的妇女都是清一色的，要知道在五十年代这便是风靡一时的女式‘时装’了。”苏青为什么不穿？这就是苏青利落的地方，要是换了张爱玲麻烦就大了。其实，旗袍装和人民装究竟有什么区别？底下里，芯子里的还不是一样的衣食饱暖……

打开苏青这部散文集，映入眼帘的是一个异彩纷呈的女性世界，且绵延着浓浓的乡情乡梦，她的每一篇作品，不经意间点亮你的目光，如同一棵树，从开花到果食的路，每一步都背负着沉重的生活密码，然而，只要坚信脏腑里那颗心溶入的是至爱而非虞枉，总会走进梦的盛年。

苏青这部著作的问世却是漫长的，她花了将近 10 年的心血。皇天不负有心人，生活终于给了她应得的报偿。

22 回乡

祖母这才揉着眼睛说：
“真是阿青回来了？从前穿短裙子，
现在穿外国衣裳，变得不认识了。”

苏青一拿到《浣锦集》的样书，便产生了回乡看望母亲的念头。

柳雨生的堂兄在宁波做最高行政长官，经他引荐，这位堂兄大为欢迎，苏青在回乡路上也有了安全感。

苏青坐上这辆乌黑发亮的汽车，便在引擎声中上路了。她与这位父母官坐在后排，前面是司机和保镖。

柳雨生这位堂兄身材高大，紫色面膛，与文弱的柳雨生成了鲜明比照，但他不是行伍出身，原是一名学体育的，亦当过运动员。此时，他不仅是地方行政长官，还兼着这座城市的保安司令，并有着少将军衔。

山行水行，第二天早晨便到了宁波，苏青在宁波府公馆吃过早饭，便告别这位长官，回乡探望母亲。他也不便久留，写了一张通行证，苏青道一声谢，便直奔西河头码头。

她本想雇一只划船，又担心孤身一人途中出事，于是便与大众同乘一条航船去浣锦乡。这条船相当破旧，船中的乘客大都衣衫褴褛，一看便知是遭受战争苦难的乡人。虽然乘客大都是浣锦村的乡亲，苏青却一个也不认识。

这段路程虽然不远，但每过一处便有军警检查，苏青不摸底细，她始终没敢把通行证拿出，怕遇到杂牌军反而招致麻烦。近乡情更怯，在忐忑地等待中终于到了冯家埠头，她提起行囊，弃舟上岸，急急走下船来。

挨着浣锦桥是苏青祖宅的后院，外面由篱笆墙围着，那是晒谷场和她家的菜园。因苏青离家日久，如今旧貌都已改观，竹篱大半毁坏，地上杂草丛生，望过去景象十分荒凉。家中只有一个80多岁的祖母和50岁的母亲，长房伯父和他的儿子均已过世，伯母风瘫在床上，只有苏青的母亲，常年伴着她，伏低做小。年轻人都远走高飞了，只有这些老弱病残的守着故土，在日寇的魔掌下苦苦地度着日子。

苏青走近大门，踌躇半晌，轻轻地敲了几下门，见没有回声，便推门走了进去。

屋里静悄悄的，纸糊的窗纸都发黄了，也无人去换新的，室内光线阴暗，抬头便见蛛网。佛堂里走出一个老人，这不是祖母吗？苏青高兴地喊了一声"阿奶"，因为耳聋，竟然未作理会。然而这一声喊，后面却走出头发花白的母亲。她上前唤了声"姆妈"，母亲七年不见女儿，未说话眼泪便扑簌簌流了出来。

祖母对着苏青母女发愣。母亲转脸对婆婆大声说："这是阿青回来了！"

祖母这才揉着眼睛说："真是阿青回来了？从前穿短裙子，现在穿外国衣裳，变得不认识了。"

母亲大概想到了女儿离婚，突然哽咽着说："阿青，想不到你如此命苦，是我害了你……"

苏青不敢接下来说话，怕母亲难过，推说肚子饿了，让母亲去给找些吃的。

祖母说："阿青，你父亲死了多少年了？假使有他在，鬼子是不会到咱们村里来吵扰的。"

祖母像个幽灵走来走去，苏青感到这个家简直像地狱。祖母中年死了丈夫，后来又死了儿子。孙子辈中，苏青的堂兄又早死，苏青的弟弟又远在重庆害着肺病。父亲死时，祖母几次哭得晕了过去，如今老了，已不知道悲哀与快乐，她所能做的只是早晚到佛堂里烧些香、念几声“阿弥陀佛”。

乡下的日子悠长而孤寂，早晨起来就等着天黑，什么事情也没有。男人们可以到村里小店去闲坐聊天，女人们只能寂寞痛苦地守着这个家。

苏青虽然高兴不起来，还是把出书的事告诉了母亲。她天真地对母亲说：“浣锦桥边冷冷清清，顾的理发师傅阿三也已过世，我家剃头店的屋子快要坍塌了，我想用售书赚到的钱把它修理一下。”

母亲摇摇头说：“你快别发傻了，现在乡下家家穷得不成样子，你还要大动土木，人家以为你发了什么洋财，我在这里不是要送掉老命吗?”

苏青听了母亲的话觉得也有理，又说：“我还是到祖父墓前去瞧瞧吧，不必焚纸，就埋一本《浣锦集》在坟前土里，算我尽了一份孝心，也没白辜负他老人家的培养。”

母亲又说不行。因为时势不太平，那边离机场较近，有许多部队彼来此往，老百姓谁也不敢靠近，还是不去的好。

苏青理解母亲爱护女儿的一番心意，只得遵照母亲的话去做。实在寂寞的时候，她便从“金房”出来，到院后小河边走走，尤其那座小桥，那是她童年时与祖父经常驻足的地方。她后来在文章中写道：

> 我默默站在浣锦桥上，只见当头乌鸦飞过，叫了几声，就觉得心惊肉跳起来。一个面黄肌瘦、衣衫褴褛的乡下人走过桥头，头发蓬乱，胡子又多，眼睛乌溜溜地，盯着人心慌。他劈头便问我：“你是那一房的姑娘?”我只含糊的回答一声：“来做客人的。”心头忐忑得很。他懒散地拖步过桥去了，我还呆呆站着，眼望着淡云轻扫的天空，一边脚踢石栏一边哼：“独立市桥人不识，一星似月看多时。”哼了几遍，忽又想起不太平之类，便又慌忙逃回家里去了。

有时她到村子远处走走，看着故乡的田野和庄稼，感慨地写道：

故乡的田野是青青的，草子花遍地弥漫，蚕豆已经累累结实了，一个个尖翘翘地，怪逗人的。竹林深处，春笋怒茁如刀林剑山，吃又吃不完，卖又卖不掉，因为运笋的汽车都运兵了，公路虽仍在，但是东把守，西搜查，小贩千辛万苦，获利还是未可操必胜算，我不知在何年何月何日，才能使那边的豆呀笋呀源源运到上海来，而把我这里的书大批装回浣锦桥畔，连阿三之流也肯个个人手一册？

居家的日子，母亲还问到几个孩子，苏青心中虽然痛苦，嘴里却说："孩子由他们去吧，离婚书上写好是由他抚养的。"

母亲叹息说："你怎么能这样说呢，孩子是需要母亲的，钦后是个男人，怎么会抚养呢？如果照管不了孩子，带到乡下来，由我来养吧。"

苏青内疚地说："你现在的生活已经够苦了，做女儿的不能孝顺你，再把孩子给你不是添累？"

母亲摇着头说："这话错了，孩子也是外婆的亲骨肉，若把他们丢开不管，我也会伤心的，你回上海后，把他们带到乡下来吧。"

母亲的这番话，勾起了苏青的儿女情。她转念一想，便告诉母亲，这样恐怕李钦后未必答应。

母亲不同意苏青的意见，说李钦后不会这样狠心，如果你不想和他说，我跟你到上海和他说。

苏青在家住了几天，带着惆怅的心情又回来上海。她本想立即去找李钦后谈，因为忙《天地》的编务，一时无法抽身。

正在此时，李钦后自动找上门来了。

他面容憔悴，心神有些不安。苏青招呼他坐下问："现在好吗？有新爱人了吗？"

半晌，李钦后说："你还记得家里两个孩子吗？"

苏青说："我从来不曾把他们忘掉，没有常去看他们，只是不愿见你姨妈那张忘而生畏的脸。"

李钦后吞吞吐吐地说："我有一件事，想和你商量商量。"

苏青心中不解，便说："有什么事，你说吧。"

李钦后说："我准备离开上海，到后方去，可是孩子没人照管，又不能把他们送到宁波，所以来和你商量。"

说完，他两眼羞愧地望着苏青，等待她的回答。

苏青几乎没有考虑，便答应下来。她说："把他们带到我这里来吧，我会好好养育他们的。"

李钦后没有想到苏青会答应的这样爽快，连忙说："那就谢谢你了。"

苏青说："你用不着这样说，世界上一切孩子本来是应该跟着母亲的。"

于是，孩子们又回到了苏青的身边。

李钦后当时已到山穷水尽的地步，日常生活都难以维持。苏青知道他的心事，为在外面搞女人，钱花光了，好一点的衣服也进了当铺，去内地无法成行。后来他又推说到内地要等一个伙伴，因而迟迟没有动身。

日子一长，苏青与前夫"破镜重圆"的谣言不胫而走，她的朋友也听到了社会上的传闻。

张爱玲听到苏青复婚的消息，也为她担忧起来。她一直认为苏青当时的离婚并不是一时赌气，是经过仔细考虑过的，她担心苏青因此"变得喑哑了，从此会消沉下去"。

便是杨淑慧见了苏青，也认为她与丈夫已"言归于好"，当面说"极高兴"，但心里却是讪讪的。

苏青看着李钦后的窘况，便通过周化人的关系，为李钦后在伪军中谋到一个"上校参谋长"的位子。日寇投降后，李钦后转到浙江奉化、宁海、新昌等地方法院做法官。

周化人（1902—?），广东化县人，曾任国民党组织部副部长、中央政治会议秘书处宣传组长。伪铁道部常务司长、社会行动指导委员会委员、广东省政府委员兼广州市市长、经济委员会委员、上海市第一区行政督察专员，日寇投降后下落不明。在苏青小说《续结婚十年》中，赵瑞国即是其化身。

因着李钦后要走，母亲听说此事，也赶到上海来看孩子。

女儿菱菱见到外婆有些茫然，问苏青："妈，这就是外婆吗?"苏青点了点头，菱菱才低声喊了一声外婆。

儿子元元则钻到被子底下，掀起被角窥视，不肯伸出头来。苏青说："元元，别害羞呀，外婆给你们带来老家许多好吃的呢!"元元掀开被角，一双乌黑的眼珠转动着，外婆瞧着高兴地笑了起来，赶紧给他拿出糯米做的百果糕。

母亲住下来后，苏青又请母亲去看绍兴戏，到功德林吃素斋、逛公园、看电影，每次出去，母亲还给菱菱、元元买些玩具。

一天夜里，母亲对苏青说："阿青，我过几天就要回家去了。"

苏青诧异地问："姆妈，乡下有什么事丢不下?"

母亲说："就是那两只母鸡，它每天会生一个蛋呢，从来不偷懒，留给六婶的糠与米快要用完了。"

苏青说："蛋有什么稀罕？上海多的是。"

母亲不高兴地说："那是你不懂事，举家过日子哪能缺少它，如果没有钱那就犯难啦。"

苏青说："我离婚出来的时候，不是一个钱也没有吗？不也好好的活到现在，一个人只要有一技之长，是不会没饭吃的。"

母亲说："但愿你能够常常如此才好。我到上海来，就是担心你和孩子不会生活，才发大愿来看你们。都是前世不修，今生才碰到如此男人。不过也用不着恨他，先把孩子养大，到头来不还是好好的夫妻吗?"

苏青说："我已同他离婚了，你还提他干嘛?"

母亲说："离婚尽管离婚，夫妻终归夫妻，将来元元长大，叫你是妈，叫他是爸爸，他能不应吗?"

母亲又问："阿青，告诉我以后还再嫁人吗?"

苏青一时答不上来。

母亲又说："不嫁人也好，这才是我的好孩子。我有一句话告诉你，我上个月在湖汇山买了一块坟地，风水不错，叫你弟弟将来为我做坟时留下一块空地，将来你永远与我作伴好了。"

苏青笑着说："等我老死上湖汇山的时候，也许你早到别处投胎去了？"

母亲一本正经地说："不会的，今日同你说好了，我会等着你，我们娘俩一生命苦，魂灵在一起也能痛苦一场。"

第二天清晨，母亲把苏青叫醒，说想到虹庙去烧一次香。孩子还睡着，苏青给佣人嘱咐好了，便陪母亲去进香。

虹庙门口有许多香烛小摊，母亲拣了一束顶好的线香，苏青要付钱，母亲坚决不肯。她说："我已 50 岁了，以后恐怕没有机会再到上海来了，这是我对菩萨的一份敬意，香火钱不能由你代付。"

走进庙里，母亲恭恭敬敬地插上香，然后跪在一个蒲团上，口中喃喃祈祷着，足足有一刻钟之久。

苏青不知道母亲说了些什么，她一定是为女儿祈祷平安，康宁。

母亲一生心地善良，舍己利人，她望着母亲的背影，不知不觉地在她的身后跪了下去。

母亲回到家乡去了。

苏青的心仿佛也被带回到养育过她的那片热土，带回到她曾经荡过舟、唱过歌的那条浣锦河畔。

23 《结婚十年》

我带着十二万分惋惜与同情之感
来写完这篇《结婚十年》,
希望普天下夫妇都能够互相迁就些。

一部《结婚十年》的面世，让沉寂了很久的上海滩头，又火爆了起来。

这本书一版再版，几年间竟然印刷了36版之多，不管识字者与不识字者，争相购买，大有一识韩荆州之况。弄得十里洋场，真的“洛阳纸贵”了一回。

《结婚十年》是苏青长篇小说的处女作，也是她的成名作。这部书共13万字，从新旧合璧的婚礼为题开篇，接下来写了洞房花烛夜、风流寡妇、爱的饥渴、两颗樱桃、养了一个女儿、寂寞的一月、少奶奶生活、我的丈夫、小学教员、归宁、脱笼的鸟、来到上海、小家庭的咒诅、开始投稿、小心眼、产房惊变、逃难记、避居乡下、丈夫的职业、父女之爱、骨肉重叙、爱的侵略者，到都是为了孩子收尾，小说写了主人公“苏怀青”从结婚到离婚的全过程。

这部著作在印成书之前，于1943年4月曾在上海平太书局创办的《风雨谈》杂志上连载。小说发表后，出人意料地受到读者欢迎。那时这部书还没有完稿，苏青正在“不分昼夜地赶写”。她说，“有时候每天四五千字，有时候比较少些，最多则是一口气曾写过一万多字”，“把自己的生活经验痛快地写，一字一泪，说出女人的痛苦，有时候常恨所有的形容词字眼不够应用，难以描述当时身受的情形，我焦急地思索着，几乎忘却了自身的存在”。

说到书的名字，苏青的胞妹苏红回忆说：“我姐姐当初取了两个——《怀抱集》或《结婚十年》，后来跟我商量以后定下《结婚十年》，我觉得此题有特色，《怀抱集》太普通、太一般了。”

小说在引起社会巨大反响的同时，也遭到许多人的非议。因是用第一人称所写，有许多读者认为这是作者自己的真实生活，给苏青很大的精神压力。于是苏青在结集出版时，做了不小的修订，并写了一个“后记”。她说：

> 首先得声明的，本文不是自传，只是自传体小说。
>
> 其中有许多人物是虚构，有许多故事都凭空臆造，但是还有许多自认为是好材料的却不能收进去，原因是这故事描写着现代，说话得避些忌讳。从十一章以下，曾统统改写过，这是件吃力而又不讨好的工作，但毕竟还是做了。
>
> 书中的女主角，在结婚十年中几乎不曾合理的生活，到头来还是离婚，我相信她以后仍旧不会好的，生在这个世界中，女人真是悲惨，嫁人也不好，嫁了人再离婚出走更不好，但是不走又不行，这是环境逼着她如此。
>
> 我知道一般女人所认为必须离婚的环境，第一是丈夫动手殴打，第二是而且故意作难不给她生活费用。假如只有前者，女人还该看孩子及吃饭分上勉强忍耐久而久之成习惯了，也就不大以为苦。假如丈夫只不供给钱，待她的情分还不错，则女人也可以努力谋生的；有着孩子更热心，又何至于遽离呢？至于丈夫的爱情不专一问题，我却以为爱情很难专一，专一而永久其办不到，做太太者起初得知了虽不免哭哭吵吵，但只要丈夫能边哄边多给钱，也就算了。喜新厌旧虽人之常情，有了新人之后便虐待旧人撵之唯恐不及，却未免有伤忠厚了。

待爱人或太太也该如同旁人一般，不必捧之上天也不必踢之入十八层地狱，要发脾气时不妨再替别人想想，这样也就差不多了。

至于女人方面呢？我知道男人是不怕太太庸俗，不怕太太无聊，不怕太太会花钱，甚至太太丑陋些也可以忍耐，就怕太太能干而较他为强。照社会上一般的观念，女人在男人跟前似乎应该是个弱者，至少也当装得弱一些。甚而至于十足健康的女人对于男子也像一种侮辱，没有一个男子肯当众承认他身体够不上他的太太的，因此肺病美人林黛玉倒不妨惹人爱怜，而丰容盛鬋的宝钗反而使人缺乏想象。

本书中男女主角其实都不是什么大坏人。而且其实也没有什么必须分离的理由，然而因为现代的社会环境太容易使得青年男女离婚了，于是他们便离了婚。以后男的也许会放荡几时，玩得厌了，另外结婚。女的也许致力于事业方面，也许很快就嫁人，是祸是福且不管它，总之他们都还是会活下去的。所可怜者无非是这几个孩子，薇薇跟着老弱的祖母，不知能够过得多久？菱菱虽然拿了手帕包起玩具来说要跟着妈妈去，但结果还是跟不成，留在家中让佣人们带着，自然不免好好歹歹。元元则是根本不认识母亲，大起来也许会听信爸爸的宣传说你娘如何如何不好，也许是只凭幻想把妈妈看作天上神明——自然这些观念都属不对，不对就不对吧，可也决没有法儿。

我带着十二万分惋惜与同情之感来写完这篇《结婚十年》，希望普天下夫妇都能够互相迁就些。可过的还是马马虎虎过下去吧，看在孩子份上，别再像本文中男女这般不幸。

她的这部作品的主人公“苏怀青”，由于人生观、价值观与丈夫的差异，结婚后对一些事情因看法产生了矛盾，丈夫“徐崇贤”希望她呆在家里，做一个全职太太，不许读书看报，不许写文章，整天在家里描眉画眼地打扮自己。

根本不考虑她的太太是个新式知识女性，更不许有什么人生追求。在这些要求没有得到响应时，便以经济手段相压迫，甚至动手打了她，最终导致了二人婚姻的破裂。

小说用传统的古典主义创作方法，抓住人生际遇中的许多个“第一次”，绘声绘色地展开戏剧性矛盾冲突，以细致的心理刻画，塑造了一个知识女性走出传统的樊篱，百折不挠地去实现人生价值和精神追求。小说用全景式的生活风俗画，一幕幕展开熟悉而又陌生的故事，产生了很强的艺术感染力。

她写第一次“洞房花烛夜”的排场：

前厅，中厅，以及后面正厅里的汽油灯照得雪亮，喜筵已经摆好了，众宾客纷纷入座，秩序很凌乱。新娘坐筵在正厅上首，两张八仙桌并在一起，周围围着大红缎盘锦花的桌裙，水钻钉得满天星似的，虽在强度的灯光下，也能够闪闪发出光亮来。我换了套大红绣花裙——那是旧式结婚的新娘礼服——头上戴着珠冠，端然面南而坐。在我的面前摆着一副杯筷，四只高脚玻璃盆，盆内盛着水果，一字排在当前。较远的一张八仙桌上，整齐地放着珠五牲，灿烂夺目。桌前落地放着对大蜡台，铸着福禄寿三星像，高度与我身长仿佛，上面燃着对金字花烛，发出它们熊熊的火光。桌上尚有两对小台，有玻璃罩子，夜间也燃红烛。正厅左右两边各摆四桌酒席，阶前一排也有好几桌，两个大天井都用五彩满天帐罩住了，也摆酒席。楼上也有，后来据他们统计，这晚共摆百多桌酒，到的宾客有一、二千人。

她写第一次生育的痛苦：

结婚究竟有什么好处呢？只要肚子痛过一次，从此就会一世也不要理男人了。

可恨的孩子！可咒诅的生育！假如这个叫做什么德的出来了，我一定不理他，让他活活的饿死！

痛呀，痛呀，痛得好难忍受；最初是哭嚷，后来声音低哑了，后来只透不过气来，后来连力气也微弱了，医生说："剪吧！"飕的一阵冷，裂开了似的，很大很大的东西出来些，再屏住气，便滑出来了，接着是哇哇的婴儿哭声。

我的眼睛紧闭着，下面似乎还有什么东西来收拾干净，热的血液又涌出去了。我想，不要流到孩子的眼睛里去吧，于是有气没力的低唤道："医生……请你当心……当心孩子呀！医生更不答话，只把我的腹部用力抓了几抓，胞衣就下来了。

她写第一次"归宁"的心理刻画：

有一天，我悄悄地写了封信给母亲，告诉她如何依恋想念之情，说渴望能够再与她同住。她马上差了一个能说会道的女佣林妈来了，告诉我婆婆，道是端午节到了，心想接我归宁过夏。原来照N城的老派规矩，女儿出嫁后的三年中，总想接回娘家来过夏的。理由我也不晓得，或许是暑天容易出毛病吧，新婚夫妇总热络些，同住在一起反而不大好。至于以后呢？以后往往子女多了，离也离不开，因此只好作罢。我结婚后第一个夏天因为腹中有薇薇，母亲恐防不便，因此没有来接我；这番得到我的信，所以便如此说了。

她写第一次"投稿"得到稿费时的心情：

过了十天左右，稿费收据寄到了，叫我盖章后自到社中去取。我犹豫了一会，觉得其他别无人可差，林妈又是不懂的，只有亲自去取，但恐怕给他们识穿了不好意思。五元钱哪！我瞧着这张心血换来的条子，觉得世界上最光荣最伟大的事情就不过如此，毕竟是五元钱哪，我总不能放弃它，于是赶紧换了衣服，乘电车径向某杂志社而去。

我勉强装作镇静的样子递进收条去，人家也镇静地把钱递了上来，连瞟我一眼都不曾，别说打量了。难道他们竟不想认识这么一位妇女作家吗？不，他们是万万猜不着我会亲自来的，他们认为我也许只是她的一个朋友。假如他们知道了我就是她，写这篇文章领这笔稿费的人，他们将不知如何的惊惶失措呢？他们也许会围上来要求我签名，像他们包围电影明星一样……

像这样“第一次”的描写，接下来还有许多。苏青是这个故事最热情的参与者和最无奈的旁观者，她用哲学的观照，人生的感悟，去揭示十年来的生活史和生命史，让一个个故事带着逼人的冷漠，去无奈地面对。小说主人公为张扬人生意志，寻求灵魂自由，最终做了出走的娜拉。然而，那隐藏着的孤独、落寞、惋惜与怅惘，全部幻灭在人生的背后，成为一代人的悲剧。十年婚姻在许多个“第一次”中开始，又在许多个“第一次”中结束。

《结婚十年》在引起广泛好评的同时，也招来一些人的批评，苏青因之获得了“大胆女作家”的谑号，意思是说她的书里有色情描写。

苏青对此回应说：“有人称我为‘大胆女作家’，这在我并不以为耻，却只觉得在事业上未免愧不敢当。至于《结婚十年》所叙述的事根本是合乎周公之礼的，恋爱、结婚、养孩子都是一条直线的正常的人生道路，既没有变态行为，更不敢描写秽亵。骂《结婚十年》的人大概是读了觉得尚不够胃口，因此索性装出一副正经的面孔来指斥，仿佛自己真是连这些坦白都不能够忍受似的。其实假如他看了真正诲淫的屋顶摸蟹记，夜探咸肉庄之类的小册子，恐怕便闷声自个儿咀嚼着滋味便算了，哪里还敢说出曾看过这样下流的书？又哪里还肯把这些秽语朗朗骂出嘴来？”

苏青的好友张爱玲也站出来抱打不平。她说：“许多人，对于文艺本来不感到兴趣的，也要买一本《结婚十年》看看里面可有大段的性生活描写。我想他们多少有一点失望，但仍然也可以找一些笑骂的资料。”

苏青对《结婚十年》优长与不足也有清醒的认识，她说：“不过我自己实在也并不怎样喜欢《结婚十年》，那意思倒并不是因为听得人家骂了才如此，天晓得，我是从来不把这些不相干的言语放在心上的。我只觉得这本书缺乏‘新’或‘深’的理想，更未能渲染出自己如火般热情来，不够恨，也不够爱。家庭生活是琐碎的，这本书也显得有些琐碎起来了；假如勉强要替它找寻出一些价值的话，那只有说平实的记录也可以反映出这个时代吧。”

作家的心永远是虔诚的信徒，那与生俱来的原罪的赔补，在洗礼中渐次被清除。拈酸吃醋，暗里发炮，那些人总是带着某些偏见说三道四，评头品足。然而，世上素来是通人多于小人，不受这些爷们的欺蔽，总是济困扶危，用良知去呼唤公正。

女性文学评论家谭正璧在《论苏青与张爱玲》一文中说：“读者所最喜欢的是她的长篇小说《结婚十年》。这是一本自传体小说，因为书中的主角是女性，又是用第一人称来写，思想和行动也和作者相似，所以会有不少读者误以为她的自叙传。我以为所叙当然不会就是作者自己的事实，但不能说全和作者的思想和经验绝对没有关系，因为一般用第一人称的文艺作品都是这样的。但这是不必在这里讨论的问题。作者在小说里所擅长的也是心理描写，她所描写的又全都是女性的性欲心里，这还和她在散文里所主张的完全一致，于此可以看出她纯粹是个为了争取性欲满足而斗争的斗士。”

张爱玲在《我看苏青》一文中说：“我认为《结婚十年》比《浣锦集》要差一点，苏青最好的时候能够做到一种‘天涯若比邻’的广大亲切，唤醒了往古今来无所不在的妻性母性的回忆，个个人都熟悉，而容易忽略的，实在是伟大的。她就是‘女人’，‘女人’就是她。”

实斋在《记苏青》一文中说：“《风雨谈》中的好文章当然不少，然而单是《结婚十年》的那一篇文章，便值得细读了。”“笔者以为苏青的文章，有如许魔力，更有上述以外的其他原因，一是生活经验的丰富。本来获得某种经验，需付很高代价。”而“在苏青笔下都很轻易的贡献给读者。”

时隔50年，上海文汇报资深记者谢蔚明在《一个女作家的沉浮》一文中说：“这是我第一次接触苏青的著作。翻阅后，才知道《结婚十年》是自传体小说，很有生活气息，感情真实，全书内容与政治和色情都无瓜葛，把它算作禁书，诚令人大惑不解。书的底页上注明印了三十六版，更使我惊奇……”

《结婚十年》是一部心酸的人生悲剧，亦是一部生命意识张扬的性灵之歌。苏青用她独有的视角，写出了一个时代女性生存的尴尬。她不惜舍生求仁，背负种种非议，向“幸福”作别，把无为人生变为一部有为之作，卓尔不群地留给这个世界。至今读来，仍如新声再鼓，一颗心在字里行间颤动。这便是一部优秀作品的魅力和价值所在。

生命之光不在于坠落，而在于坠落后能否再度升起。

24 聚焦妇女

苏青说："假使女人的程度太提高了，
男的都低，女人是悲哀的，
我就独怕做女皇，做了女皇谁又配做我的配偶呢？"

《杂志》社在爱林登公寓张爱玲的居所座谈，是想借云窗之秀，折名媛之桂，造一些文人墨客的壶奥和浪漫。然而，这一场座谈会下来，却让苏青不同凡响的谈吐掺和着质地坚硬的宁波话，弄得风生水起，拨云见天。继上次《女作家聚谈会》之后，又爆出一场闺阁新闻，演绎了上海文化界一场别开生面的佳话。

早在一年多以前，张爱玲便在散文《公寓生活记趣》中描述过她居住的这座爱林登公寓。尤其是公寓附近"电车回家"的铃声，孩子般一辆接一辆的排队，在月光下袒露着白色肚皮的情景；还有楼内那个很有涵养，再热也要在汗衫上加一件熨平的纺绸小褂上班供职，他左执拗地拒绝为不修边幅的人开电梯。对于这位电梯人的描写，给人们留下了十分深刻的印象。

1945 年 2 月 27 日下午，座谈会在张爱玲居住的 605 室如期进行。与会者是"当前上海文坛最负盛誉的女作家张爱玲与苏青"。座谈形式是记者提问，苏青与张爱玲回答。

记者开场便说："今天预定对谈的是妇女、家庭、婚姻诸问题，承蒙二位准时出席，非常感谢。我想先从妇女职业问题谈起吧！"

苏青说："妇女应不应该就职或是回到家庭去，我不敢作一定论，不过照现在的情形看，职业妇女实在太苦了，万不及家庭妇女那么舒服。在我未出嫁前，做少女的时候，总认为职业妇女是神圣的，待在家庭里是难为情的，便是结婚以后，还认为留在家里是受委屈，家庭的工作并不是向上性的。现在做了几年职业妇女，虽然所就的职业不能算困苦，可是总感到职业生活比家庭生活更苦，而且现在大多数的职业妇女也并不能完全养活自己，更不用说全家了，仅是贴补家用或是个人零用而已。而外界风气也有转变（可以说是退潮的时期），对之并不感到如何神圣而予以尊视，故目下我们只听到职业妇女嫁人而没有听到嫁了人的妇女自愿无故放弃家庭去就职。这实在是职业妇女最大的悲哀。"

记者追问："所谓职业妇女的痛苦是不是指工作的辛苦？"

"是呀，"苏青说，"工作辛苦是一端，精神也很痛苦。职业妇女，除了天天出去办公外，还是兼做抱小孩洗尿巾、生煤球炉子等家庭工作，不像男人般出去工作了，家里事务都可以交给妻子，因此职业女性太辛苦。再者，社会人士对于职业妇女又决不会因为她是女人而加以原谅的，譬如女人去经商，男人们还是要千方百计赚她的钱，抢她的帽子，想来的确苦痛。还要顾到家庭，的确很辛苦。"

张爱玲说："不过我觉得，社会上人心险恶，那本来是这样的，那是事实。如果因为家庭里的空气甜甜蜜蜜，是一个比较舒适的小天地，所以说家里比社会上好，那不是有点像逃避现实么？"

苏青说："从感情上讲，在家里受了气，似乎无关紧要，一会儿就恢复了。但在社会上受了气，心里便觉得非常难过，决不会容易忘怀的。"

张爱玲说："我并不是根据这一点就主张女子应当到社会上去，不应当留在家里庭里，我不过是说：如果因为社会上人心坏而不出去做事，似乎是不能接受现实。"

记者说："请问一句，就是妇女应不应该就职？"

苏青说："我讲，虽不一定是'应该'，但已确实是'需要'的。不过问题是职业妇女除做事外还兼顾家务，不像男职员的工作那么单纯。家务工作尤其浪费时间，我觉得烧三个人吃的菜比烧一个人的菜，工作并不加重多少，但每一家都各自烧菜，许多妇女的时间精神都浪费在这上面，所以我主张职业妇女的家庭工作应该设法减少，譬如解决管理孩子问题可以组织里弄托儿所，关于洗衣，如有价廉而工作好的洗衣店，那洗衣又何必自己动手呢？同样的，烧饭也不必一定要亲自动手，要吃饭，上公共食堂不就得了？当然，偶然高兴，自己烧一次菜，也不会觉得讨厌。我总觉得家庭里不必浪费而浪费的时间太多了，像上小菜场的讨价还价，以及轧电车等等。假使商店都是划一价钱的，女人就不必跑来跑去去拣，或是到处讨价还价了，岂不爽快。"

张爱玲说："我觉得现在，妇女职业不是应该不应该的问题了。生活程度涨得这样高，多数的男人都不能够赚到足够的钱养家，妇女要完全回到厨房里去，事实上是不可能的，多少就需要一点副业，贴补家用。"

苏青说："我所谓职业妇女太苦，综括起来说：第一是必须兼理家庭工作，第二是小孩没有好的托儿所可托。第三是男人总不大喜欢职业妇女，而偏喜欢打扮的女人，职业妇女终日辛辛苦苦，结果倒往往会丈夫给专门在打扮上用功夫的女人夺去，这岂不冤枉哉了！"

记者说："职业妇女也可以考究打扮的呀！"

张爱玲说："就是太吃力了。"

记者问："从一个女性来看，是用自己赚来的钱快活呢，还是用别人的钱快活？"

苏青说："那我要说，还是用别人的钱快活。"

记者问："为什么呢？"

苏青说："用母亲和儿子辛苦赚来的钱固然不见得快活，但用丈夫的钱，便似乎觉得是应该的。因为我们多担任着一种叫生育的工作。故我觉得女子就职业倒决不是因为不该用丈夫的钱，那是丈夫的钱不够或不肯给她花了，她需要另想办法，或向国家要求保护。”

张爱玲说：“用别人的钱，即使是父母的遗产，也不如用自己赚来的钱自由自在，良心上非常痛快。可是用丈夫钱。如果爱他的话，那却是一种快乐，愿意想自己是吃他的饭，穿他的衣服。那是女人的传统权利，即使女人现在有了职业，还是舍不得放开的。”

苏青说：“女人有了职业，还有一个好处，就是离婚或是寡居时，小孩可以有保障，譬如我从小就没有父亲。母亲又没有职业，所以生活不大好。假使母亲当时是职业女性也许就生活得更好。”

记者又问：“男子和女子的工作效能有没有差别？”

张爱玲说：“当然，一般女子的工作效能有没有差别？”

苏青说：“健康女人可并没有差别吧！”

张爱玲说：“就连做戏，女人如果生得美，仿佛即使演技差一点，也可以被宽容的罢？这样的例子很多，尤其在银幕上。”

苏青说：“我总不很相信，从前有一位文友对我说：‘你们女人总不会拉黄包车呀！，’我就回答道：‘我是不能够，但是你就能够吗？’”

记者又转向另一话题：“我看你们总以为专会打扮的女人是职业妇女的威胁，其实将来风气也许会变，一般人都会重视职业妇女，而专会打扮的女人也许反而不时髦了。”

苏青说：“我看到某刊物上有这样的记载（当然我也并不一定认为可靠，但无论如何总是一种有趣的讽刺），说莫斯科有一次会议里讨论妇女的打扮问题，结果女的方面不主张打扮，男的方面都举手欢迎打扮。还有一次听到商店里有化妆品出售，虽经理论家大声疾呼，叫女人们千万别轻自堕落，但女工们还是拥挤着去争买，后来闹到红军出来维持秩序才罢休。”

张爱玲说：“有些女人本来是以爱为职业的。”

苏青说：“她们是专家，普通的职业妇女恐怕竞争不过她们。”

记者说：“专门以爱为职业的女子恐怕不是少数人吧。”

张爱玲说：“并不少。”

苏青说："正当的妇女很辛苦的工作，以爱为职业的女人很容易把他们的丈夫抢了去，这对于兼做社会工作的女人真是太吃亏了。还有卖淫的制度不取消，男人尽可独身而解决性生活，结果会影响到女性方面的结婚问题。"

张爱玲说："家庭妇女有些只知道打扮的，跟妓女其实也没有什么不同。"

苏青说："做妓女真是最取巧的职业，犹如以武力来抢取别人用劳力获得的财富。"

记者说："如何可以消灭这制度呢？"

苏青说："这是很困难的。"

记者说："女人常说，男人都不可靠，你们以为怎样？"

苏青说："我并不存什么偏见，只不过在一切都不可靠的现代社会里，还是金钱和孩子着实一些。"

记者说："这样说，养孩子是女人比较好的投资了？"

苏青说："我并不觉得顶好，不过我们宁愿让感情给孩子骗去，而不愿受别的不相干的人的骗。"

记者问："苏女士是不是觉得男女一切方面都该完全平等？"

苏青说："假使女人在职业及经济上与男人太平等了，我恐怕她们将失去被屈抑的快乐，这是有失阴阳互济之道，譬如说以性心理为例吧，男的勇敢，女的软弱，似乎更可以快活一些，倘若男女一样的勇敢，就兴趣全失的了。我有这样感觉，倘若同男的一块出去，费用我会钞，我就觉得很骄傲，可是同时也稍微有些悲哀，因为已经失去被保护的权利了。这并不是女人自己不争气，而是因为男女有天然（生理的）不平等，应该以人为的制度让她占便宜来补足，叫我请客，便有不当我是女人的悲哀。假如我有，则我倒是很希望自己的丈夫常请人家客的。"

张爱玲说："一般人总是怕把女人的程度提高，一提高了，女人就会看不起男人。其实用不着担忧到这一点。如果男女的知识程度一样高（如果是纯正的而不是清教徒式的知识），女人在男人之前还是会有谦虚，因为那是女性的本质，因为女人要崇拜才快乐，男人要被崇拜才快乐。"

苏青说："假使女人的程度太提高了，男的都低，女人是悲哀的，我就独怕做女皇，做了女皇谁又配做我的配偶呢？"

张爱玲说："前两天在报上看到关于菲律宾的一个岛上，女权很高，因为一切事情都由女人来做，男人完全被养活，懒得很，只知道斗鸡赌博。那样的女权我一点也不羡慕。"

苏青说："我说只要男女同样做事就该同样被尊重，固不必定要争执所做事情的轻重，男人会当海军会造兵舰并不比女打字员高贵，就是管小孩处理家务的女人，也同样的出着劳力。不过这也得有保障才行，法律该有明文规定：男女的职业虽然不同，但是职业的地位是平等的。现在有人说：'管家就是职业。'可是普通职业可以辞职，而女人这职业是终身的，倘若丈夫中途变心时，又该怎么办呢？"

苏青的这个问题自然无人回答。

记者说："现在再谈婚姻问题吧。目前上海女人的结婚方式是怎样的？"

苏青说："目前结婚的方式还是不一样，有的新式的，有的旧式，有的半新半旧。大多数是先经人介绍，后交朋友，然后再订婚。"她又说："在十年前，革命空气浓厚。大家心理上总以为娶新式老婆好，现在是停滞退潮时期，以为娶个旧式老婆反而实惠，新式女子只能找个把来做做情人，所以知识女子更吃亏了。"

记者说："本期《杂志》里有篇文章，叫《女大不嫁》，说到现在女性择配困难……假使你有个妹妹，要你替她择配，你会提出什么条件呢？"

苏青说："女人以'失嫁'最为可怕，过时不嫁有起生理变态的危机。不过知识浅的还容易嫁人，知识高的一时找不到正式配偶，无可奈何的补救办法，说出来恐怕要挨骂，我以为还是找个情人来补救吧。……不过这样以来，社会对私生子应该承认他的地位。这样说来。似乎不太便宜了男人，不过照目前实际情形而论，男人也有他的困难，因为在习惯和人情上，不能牺牲他的第一个妻子。而知识妇女自有生活能力，不妨仅侵占别人感情而不剥夺别人之生活权利。自然能够绝对不侵占更好，不过现代男人多数早婚，而职业妇女常常迟嫁。这是过渡时代的无可奈何的办法，原是不足为训的，而且每人的结婚倘若仅限一次实在太危险，因为年青人观察力差，而年老了又是色衰。我的主张是尽自己能力观察，观察停当就结婚，虽然总想天长地久，不过就不久长也罢，多嫁几次只不过是自己的不幸，既非危害民国的事，亦无什么风化可伤也。”

记者说：“现在婚姻制度恐怕不能说合理？离婚在事实上也很困难……”

苏青说：“离婚，不成问题，至于小孩，依我说最好由父亲出钱，归母亲抚养。假如男的不肯出钱，不妨就带他们去做‘拖油瓶’……”苏青又说，“我总觉得孩子与女人关系来得密切，并未碍着男人什么事。而后母管养前妻子女便不行，因为他们是时时接触的，容易发生冲突。”

张爱玲插话：“离婚后的小孩也并不如一般人想像的那么痛苦。”

记者说：“一夫一妻制到底是否合理？”

苏青说：“比较合理，但不能严格执行，其间应该有伸缩余地。譬如说，这次战后，恐怕又要盛行多妻了（法律虽不允许，亦不忍严禁），原因倒不一定是战死的人太多，而是有许多男人活着也讨不起老婆，将来无生活能力的女人只好非正式的向别人分润些爱情。这话又该给人家骂为无志气，但希望有志气的女人们速速自去断绝生殖机能吧。”

记者说：“在现社会里，早婚还是相当流行的……”

“早婚我也不一定反对，要看情形的。”张爱玲说：“早婚，妻子一定是由父母赡养，养成依赖的心理，于将来的前途有碍。”

记者问：“关于家庭制度，两位看，还是所谓小家庭制度好呢，还是旧式的大家庭好？”

苏青说：“小家庭也苦，孤零零的，依我看顶好是跟岳父母同住，岳母与女婿一定相处得很好……这当然也要看情况来决定。”

张爱玲也插话称赞：“这方法真好。我从没有想到，可是听了实在感到好。”

最后他们又谈了标准丈夫的条件，苏青有板有眼地讲了五条，张爱玲也赞同苏青的意见，但她觉得男人还应当有经验一点。

这是苏青、张爱玲捧献的关于妇女、家庭、婚姻等问题一场盛宴。整整一个下午，她们翱翔在女性的天空里，聚谈吐纳，纵横捭阖，透着这两位女作家的智慧与精纯。特别是苏青，正是源于对女性的感知，才有了那些独到的思维和见解，定义着女性的性别角色和人生况味。

那一天傍晚苏青在回家的路上，细细回味刚才说过的话，觉得意犹未尽，故有重加论述之必要，吃过晚饭后，又在灯下秉笔，写了《谈婚姻及其他》一文，就婚姻的合理化、养孩子、女人的职业及一夫多妻或一妻多夫等问题再加论述，刊登在《天地》月刊第18期上。

记者在整理了《苏青与张爱玲对谈录》之后，刊登在《杂志》月刊3月号上。

俄罗斯谚语说："不是蜜，却可以粘住一切。"这次苏、张的犁舌之耕，汪洋恣肆，云卷云舒，把平民百姓的家长里短，一下子送到读者面前。尤其是苏青的发言，更是滔滔不绝，占尽风光。她的谈话仿佛是一种没有胶的粘合剂，有了它，疏者可亲，散者可聚，不论男性女性，让人感到又多了一种亲和力。

第四篇

伶仃摇曳终随风

25 再争锋

苏青回答：

“骂且由他骂去，须看事实，

是我坍女作家的台，还是他坍男作家的台？！”

一个是肚里装不下半斤酥油的耿介书生，一个是天生率性的年轻女性，因为几句戏谑之言，便反唇相讥，争狠斗气，一争雌雄。本来是文坛相互过从的朋友，此时却打了一场骇时惊俗的文墨官司。

这件事从苏青一篇《谈折扣》的文章说起。

1945 年春天，在上海同样以卖文为生的周楞伽，通过《社会日报》老板胡雄飞的关系，用危月燕作笔名，在该报开了一个专栏，叫“危楼随笔”。

事有凑巧，苏青在四月中旬龚之方办的《光化日报》上写了篇《谈折扣》的文章，叙述了自己的作品遭文汇书报社剥削的有关情况。周楞伽看了苏青的文章，便有感而发地写了《与苏青谈经商术》一文，内容流露着揶揄和训诫。说苏青作为一个宁波女人，比男人还要厉害，不但会写文章，做生意的本事更是高人一等，她出的书，发行人想嫌她 35％的折扣都不容易，她性情大胆泼辣，但不免有失策之虞。周楞伽分析说，造成她行事风格的原因，不外乎有这么几条：

一是她太急功近利，反而贪小失大。如《浣锦集》本是一本不错的书，已出到了第七版，定价仍然未动，再版售价应低廉些才能畅销。她除让文汇书报社代销外，还请书摊报贩销售。

二是她不懂出版与发行交情，做事风格不大。认为她不懂“得道多助，失道寡助”的道理，要知错改错，反躬自省，不然便成为一个孤立者。

三是商场上行事，信用为第一要义。而苏青只知金钱，不知信用，为挣几个发行折扣，有纡尊降贵之虞。

文章最后用一首打油诗教育苏青：“勿贪小利，要卖交情，建立信用，第一要紧。结婚十年，应懂做人，出言吐语，自己谨慎。乱发脾气，非生意经，依法追诉，不知所云。得道多助，失道寡邻，不必敬凶，自有钱进。”

对于这种训诫，苏青当然不能接受，行事各有风格，且赚钱之道每个人都有自己的自由。于是苏青在《光化日报》写了一篇《女作家》回敬周楞伽。

这篇文章仍秉持她犀利文风，从生男育女谈起，再讲到有人写文章向她肆意攻击，说那些男人何不“割掉”自己的“累赘”，自己“也变为女人”。说周是文汇书报社破格优待的文人，自然乐于为其御用。书报社把书售完，迟迟不肯付钱，借自己的钱高息生利。自己去销书，又被其说成“娘儿们贪小”。“作家也是人，你周楞伽不喜贪小，可把你的书款全数奉送于人，或不收版税，那关我什么事？但别人的事你不要瞎管，你耳朵聋，一张嘴又说不清楚，不要拿鸡毛当令箭。”

苏青文章见报不久，周楞伽又撰文《正告冯和仪》，回击说，我与冯和仪女士相识已有两载，过去在《宇宙风》上读她的大作，神交已久。她办《天地》，我也曾给她写过几篇散文发表。后来彼此见面亦很客气。但今春以来，竟打起了笔墨官司，由玩笑而达于认真，越打越凶，却是始料不及的。

周楞伽对苏青拿自己的残疾讽谑极为不满，于是他批评苏青的《结婚十年》是“毒害青年，麻醉社会”。

苏青见到周楞伽的文章，哪里肯善罢甘休，随即又写了《矢人惟恐不伤人》一文，指责周楞枷多管闲事，又以他的耳聋残疾为题，大加讽刺挖苦。

4月29日，周楞伽又写了《再告冯和仪女士》一文，说“冯女士当不当女作家，不关我的事，但冯女士现以女作家自命，我却想和她谈谈当女作家的条件”。他说他与当今文坛的丁玲、白薇、李兰、冰心夫妇和谢冰莹都有一面之雅，这些人都非常谦和，绝没有冯女士那样傲气冲天。她的作品太使人失望了，满纸“风流寡妇”、“两颗樱桃”，不但不能推动社会进化，只能毒害社会开历史倒车，要是从此退出文坛，不当女作家，此乃文坛之喜。

苏青在《敬凶》一文中回应说：“敬鬼神而远之，是因为怕。怕什么呢？怕犯不着。犯不着得罪它们，因此只好烧些锡箔。”她讽刺说，今天我们弄堂里，来了个耳报省（xǐng）和尚，家仆说惹不得。有福气的孩子千万不能叫瞎子算命，让他记了时辰八字去，他就会起歹心。

“文人中也有凶的，一派无赖作风，顺我者捧，逆我者骂，而且骂得无微不至，不是说人家私生活如何浪漫，便是恨人家怎样有钱。说话又不负举证责任，开口就是‘樽边闻人家说某人如何如何’”，“存心诬蔑，就含血喷你一口，看有谁来替你证明不是如何如何。”

文章最后说：“我不奇怪凶人之凶，倒是奇怪人人如此之敬凶。”“这实在太容易让凶人得志了。”

这之后，周楞枷又写了《毕竟是谁凶》和《犹太型》两篇文章，于是苏青就有了一个“犹太作家”之说。

正值二人笔战正酣的时候，周楞伽又因配给“平价米”一事与《社会日报》主编陈灵犀引发又一场纷争。

这时，有读者也看不下去了，给《光化日报》读者信箱说：“女作家的台已被你坍尽，要你退出文坛，此语骂得太重了。”苏青回答：“骂且由他骂去，须看事实，是我坍女作家的台，还是他坍男作家的台?!”

至此，这场争论暂告一段落。许多年以后，周楞伽反思说当年说“苏青的作品毒害社会”，也“有点言过其实”。

刚刚从与周楞伽论战中脱身出来的苏青，又接到《杂志》月刊社的约稿。

这便是3个月前发生在上海新昌路酱园弄妻子用菜刀杀夫并碎尸案。此时案犯詹周氏已被判死刑，法院容她十天的上诉期，大报小报已炒得翻了天。记者找到苏青，请她谈谈对这个案子的感想。这件事本来与苏青无关，起初苏青亦感到为难，后经商量还是答应下来。

当苏青看了法院判决、庭审供词和各家报道，她发现就标题说法五花八门。有的说“酱园弄血案”，有的称“箱尸案”，有的叫“谋杀亲夫”案等，更有说得花俏者，什么“淫妇游四门”啦，“肚脐眼里插三炷香，两只乳头用铁丝串着燃蜡烛”啦，贺大麻皮“以三万元代价与詹周氏发生过十几次关系”啦等等，总之，把这个案子搞得十分复杂。

上海地方法院判决书写了这个案子发生的基本情节：

> 詹周氏原姓杜，幼失怙恃，零丁孤苦，由周姓抚养成人，九年前嫁詹云影为妻，云影不事生产，常寄迹赌场舞馆间，周氏每有所谏，辄置不理，室家之好，失于经济之累者，数年如一日，本年三月二十日午夜三时，詹云影自远东饭店赌罢回家，周氏力陈变卖家具设摊营业，颇遭云影非议，默然就寝，六时许，周氏以遇人不淑，夜不成寐，感慨身世，顿起杀机，于是乘云影酣睡之际，离床启屉，觅取菜刀，猛砍云影颈部，云影痛极狂呼，声震屋宇，同屋王燮阳惊问事由，周氏诿称其夫梦呓，以相掩饰，其后复连砍六七刀毕命，又恐事发，因支解尸体成十六块，密藏皮箱中，冀图湮灭罪证，血流下注，为同居王陈氏发觉，案由该管警察局捕送同级检察署，检察署验明属实，侦查起诉。

苏青从詹周氏个人身世、平日生活、家庭环境和精神状态等，一一观察研究之后，从杀人动机入手，就“量刑的重轻”，提出了她的看法。

她在分析詹周氏杀夫与其“幼年环境”引述她的口供：“我从小就没有父母，由亲戚作主，送给人家。后来那家主人就将我许配詹云影，当时我还只有十七岁。”苏青接下来写道，由此“可知其幼失怙恃，伶仃孤苦，既不能受良好教育，更无从享家庭乐趣，生活既悲惨，精神自伤郁，这种环境影响其日后思想，至为重大。……这可并不是她生来如此，乃由于长年累月的屈辱苦闷，已使她在心理上起了变态，此种人即所谓后天精神质者。”

她在分析詹周氏杀夫与其“嫁后环境”引述她的供词：“婚后二月，即发现詹云影已有外遇……不事生产，有了钱，与一般歹友为伍，终日嫖赌，不管家用，动辄乱打，咨意虐待”。苏青又写道：“詹周氏在幼年之遭遇既极不幸，当然还希望能够取偿于婚后，其憧憬将来美满生活之心愈切，则感觉现实失望之痛愈甚。她是一个有志气的人，肯咬紧牙齿求上进，故当她最初发现丈夫有外遇时，并不马上万念俱灰，也不大吵大闹”，“姘妇兰喜也是一个丫头，不料她丈夫心肠狠毒，不但不援助，反而厌恶殴打。”“倒是詹周氏看了不忍，常常劝阻他，说人家也是十月怀胎养大的，不可这样虐待她。后来兰喜在医院里生一个男孩，詹周氏就把他送给灶披间里的邻居，兰喜也由她设法许给了人。从这件事的经过看起来，詹周氏不但不是个狠毒的人，而且相反地，她是个侠义的，大方的，处事井井有条。”

后来她又因生活费无着，设法到工厂做工，却被詹云影拒绝了。詹周氏想摆一个排骨年糕摊，以此维持生计，詹云影又不同意。那晚午夜三时他从远东饭店赌罢回来，二人又吵嘴。她说没钱做生意，可以将房里衣橱、台子、桌子卖掉，便为摆个年糕摊。詹云影回答，我有这些钱，还是去赌。于是她愤怒了，想起过去的悲惨遭遇，现在的不堪虐待，未来前途茫然，她神经崩裂了。等丈夫睡熟后，便发生了那一幕惨剧。苏青写道：

> 故此次杀夫案中，千万不可忽视詹周氏之精神变态一点。审判官不要认为杀人证据属实便该死罪了……詹周氏杀夫之原因，既如上述，而实施杀的行为时，又显系精神失常，则审判官自应就“以科学为根据所认定的事实”，裁量刑罚之重轻……
>
> 詹周氏被判处死刑了，据报纸上说是大快人心的，但是我的心

> 里却不快；不惟不快，而且觉得凄惨得很。她的义务辩护律师姚某，说的理由都很充分，现在听说已替她提起上诉了，希望第二审之承办司法官，能了解现代刑法之精神及刑事政策之原则，并指定可靠法医重行详细检查犯罪者之个性、习惯、犯行之恶性、犯行之重复性等观察研究之，而定刑罚轻重，则不但詹周氏案可得到合理的判决，即社会人士也大可正一次视听。

苏青首先声明说，我与詹周氏当然是风马牛不相及。若说杀一个詹周氏便可以使别的女人闻而知畏，以后甘愿受压迫，这样维持社会秩序，不是太便当了？一味用重典非但不能治乱世，结果会使其更乱而已。

苏青仍坚持认为，詹周氏杀夫虽是故杀，但决不是预谋杀人，这在供词和初审判决书中是可以证明的。盖其恶性是要有轻重，故而是刑有轻重才较公允。然而法律一方面责其擅自，一方面又责其过当，现在决不是“以牙还牙”的时代，国家对于詹周氏也不能处罚得过当。她坚持说，此案之证结在于法官之顽旧，法医之马虎，及舆论界述于传统之谬见。私底下她也曾听见许多人与之相同的论调，可惜没有人肯说，好像人人皆曰可杀，只有苏青与那个由法院指定的辩护律师说不可杀了。对于律师，似乎别人不能说他多事，只有苏青好像太过特别，既不言责，还为此一辩？

苏青说，此事我的动机是坦白，知道必将挨骂无疑，然而公道自在人心，今天我收到知堂（周作人）先生来信，他看了《杂志》刊登的此文亦甚有同感。“上海小报的论调真不成话也”。

苏青最后说，此种“风头”我已出得太多了，也很想避些麻烦，但“在这种残忍疯狂的世界里其实也没有什么趣味。这里多是腐旧的人，以为杀人者死是天经地义，不知在紧急避难时推人堕水亦犯罪否？兵士冲锋杀人亦犯罪否？孩子犯法亦处刑否？法律须合乎人情，因地因时而得能修改，而且目前早经修改过几次了，大概一般庸众以及自以为知识阶级甚而至于一部分法官犹在做梦，以为真命天子还坐在龙廷上呢。”

苏青意犹未尽，文后她还写了一个“附注”，对“量刑”大加鞭笞：

据报载近来因囚粮缺乏，拟将五年以下之有期徒刑者都交保出去，免得他们饿死狱中，这是颇值得讨论的一个权宜办法。但我很疑心此种权宜之计是否也像四舍五入法一般，把无期徒刑的改为枪决，把判决死刑的提早执行，如此则囚粮更可省了，直至囚粮断绝的一天，则刑罚种类只剩下两种，即处死与放还，是不知法官在自由心证之际定罪将主张从重乎？抑从轻乎？在量刑之际又将决定将犯人处死乎？放走乎？

苏青是一个非常了解女性特质的人，在这场为詹周氏的论辩中，她洞若观火，舍生取义，以张扬女权为指归，目横丹凤，大义凛然，把一个“辩”字凝成一块坚硬的石头，直击法律的软肋，豪放不羁地为劳苦者发声。

26 风声鹤唳的日子

她恨不得立刻跳出这个肮脏的世界，
去找一个僻静的地方，痛痛快快的大哭一场，
哭够了再好好睡上一觉，然后再默默地苟活下去。

气数已尽的日不落帝国，在这场侵略战争的路上，终于走到了他的尽头。自己造因，自己受果，即使是神仙也挽救不了他失败的命运。

那个为他效力的汪伪政权，随着主子的垮台，也已土崩瓦解，树倒猢孙散。

伪府的头面人物陈公博在重庆先遣部队进驻南京前，已于 8 月 25 日带着老婆、女秘书和几个部长乘专机仓惶逃往日本。

他的 2 号人物周佛海左右逢源，很早就向重庆的蒋介石集团“输诚”，此时被任命为国民党“上海行动总司令部总司令”，暂且帮着蒋介石维持上海及沪杭一带治安。

这段日子，苏青一直闭门不出，静观外面的动态。有时不免想到几个朋友的安危。恰在此时，杨淑慧请苏青到她家去，于是她便去了上海居尔典路（今湖南路）的周公馆。

周公馆的门口已经筑起了小堡垒，由武装人员把守着。苏青见状心中有些发虚，但她还是大着胆子说明来意，武装人员才让她进去。

她走进客厅，里边冷冷清清，杨淑慧坐在沙发上起身相迎，周佛海无聊地翻着书，见苏青来了，微笑着向她点了点头。

周佛海问："你近来好吗？"

苏青说："还好。"

周佛海又问："有人欺侮你吗？"

苏青摇了摇头。

周佛海缓缓地站起来，走到窗口，仰首望着天上的白云，心中忽有所感地说："近来外面很热闹吧。"

苏青说："是的。"

中午了，太太杨淑慧招呼苏青一起吃饭，周佛海的手有些发抖，似乎有什么病。饭菜如往常一样，只是大家各有心事，所以没有话说。饭后饮冰水，苏青抬眼望了周佛海一眼。他微笑着说："不要紧的，只是心口有些发闷。"转而又问："我还有什么可以帮助你的吗？譬如说经济方面……"

苏青听了心里很难过。他以为天下都是势利者，不为借钱便不肯来的。

杨淑慧以为苏青不好意思开口，便说："你要什么我们都肯答应的，现在算是患难朋友了。今天我们还算比你富有些，将来也许要请你帮助我们呢。"

苏青知道，她是误会了，只觉得这番话很凄惨，心中百感交集。

这时进来两个军人，张军长苏青认识，现在"归顺"了，另一个她从来没见过。周佛海给她作了介绍，又笑着对他们说："她是一个善良的女子，遭遇很不幸，以后有什么事，就请你们多多照顾吧。"

苏青觉得，像周佛海这样一个大人物，而今仿佛也预感到什么了。在自身难保之时，还在为他人着想。而关心她的人，偏偏是为民族和国家所不容。

她从周佛海家告辞出来，心中又平添了几分沉重。

不久，国民政府发布了《处置汉奸条例草案》，同时开始逮捕汉奸。周佛海总司令的位子保不住了，在戴笠的"劝说"下，只好给蒋介石写了个"请辞"的电报。9 月 30 日，周佛海随戴笠从上海飞往重庆，开始了他的软禁生活。

陈公博日子更难过。重庆对他的“输诚”根本不予理睬，在日本亡命期间，曾自杀未遂。10月3日被引渡回国，做了国民政府的阶下囚，1946年6月3日，在苏州狮子口监狱执行枪决。

从国民政府发布《处置汉奸条例草案》开始，沪宁两地的“肃奸”工作，在风声鹤唳中同时拉开了帷幕。

汤恩伯的军队在美国人的帮助下，最先空运到上海，国民党的党政人员随后也陆续运到，那些维持秩序的伪军随之也失去了利用价值。

军统特务头子戴笠也奉命来到上海执行“肃奸”任务，他大体采用了两种方式。对于高级汉奸和伪军高级将领采用“鸿门宴”，即借中秋节之日由戴笠在他的杜美路70号公馆大宴宾客，对伪官伪将好言安抚。三天后再次被请到愚园路军统局，这一次有来无回，100多人全部被关进了看守所，惊人的财富也滚滚进了戴笠等人的私囊。对于文化汉奸则采取直接逮捕的方式，因为没有多少油水，就交给军统中一般人员去执行。

1945年10月的一个夜晚，苏青突然遭到一场“城火之殃”的传讯与恐吓。

她在《续结婚十年·惊心动魄的一幕》里具体描写了那场杯弓蛇影的恐惧心情。那一晚她刚换好睡衣睡裤上床休息，忽然接到一个外面打来的电话：

“是苏小姐吗？”

“不敢。请问你是哪一位？”

“我姓何。”

“何？”苏青知道自己的记性很坏，就近的事往往想不起来，地于是只好含糊问，“何先生有什么事吗？”

“苏小姐此刻肯不肯出来玩玩？”

“哎哟，时候已经不早了，改天再说吧。我还有一个孩子要照管……”

“你决定不出来了吗？”

“是的，我要睡了。”

然而，没过几分钟，便有人来敲门，电话是在楼下打的。苏青把门打开，门外站着一个穿黄制服的男人和一个穿浅灰色西装的青年。

"苏小姐，"那个穿制服的人开口了，眼睛笑眯眯的，"听说你同金总理（陈公博）认识，是吗？"

"你为什么要问这个呢？我觉得我没有回答你的必要。你贵姓？"

"何……"

"就是刚才打电话来的何先生吗？"

"是的，马先生请你去谈话。"

"哪一位马先生？我不认识他呀，天太晚了，我不能够出去，真是抱歉得很。"

这时穿着浅灰色西装的男子说道："这不是抱歉不抱歉的事，苏小姐，我们是奉命来的。"

他笑道："你不认识我，我可仍旧是认识你的……"

这时苏青才知道这个青年人是孙觉，上海的一个大学生，如今成了军统局的人员。

苏青畏怯地说："孙先生你是来捕我的吗？我究竟犯了什么罪呢？"

姓何的男子站起来了，他过来握住我的手，说道："不要紧的，你千万别害怕，只随我们去一趟得了，当夜就送你回来的，我们顶爱护女性。"

苏青知道不幸的事情发生了，只好换上衣服，对女佣做了简单的交待，就跟着他们去了。

许多年后，周允中所撰《张冰独谈苏青》一文中说，那个姓何的是张冰独。他早年曾在中学任教，喜欢写影评。做过电影公司策划、报社记者、舞厅经理，与国民党、共产党、汪伪政权及黑社会都有瓜葛，后结识余祥琴，并由他介绍加入军统。抗战胜利后任接收大员，被派回上海。其实苏青与他早就认识，此时变脸不认人了。抗战中，苏青是通过伪中日文化协会理事周邦俊认识张冰独的。周亦是大汉奸褚民谊线上的人，上海滩的名人，留学美国，上海中西大药房的总经理，张冰独曾认周邦俊为义父。周生产的翠绿色"明星花露香水"是上海家喻户晓的商品。

文中提到的那个"马上司"即是余祥琴，他有一个文化名叫林基。

他们把苏青带到路边一辆黑色汽车旁，汽车径直开往威海卫路88号，张冰独对一个士兵说："报告马先生，说是苏小姐来了。"

苏青在《谈结婚十年》一书中写道：

不久，就有人来请我上楼，是普通办公室的模样，一个獐头鼠目的中年人坐在上面，他叫我坐在他的对面，这样就开始盘问起来：

"你认识金世诚吗？"

"是的。"

"他给过你多少钱吗？"

"没有。"

"那末你印书的钱是哪里来的？"他振振有辞的说。

"难道我自己不会有钱吗？"我反问他一句。

"但人家说他同你有些关系。"

"什么关系呢？"我再反问他一句。

"这个不去管它。现在我再问你，他真的没有给过你钱吗？"

"真的没有。你有什么证据吗？"

他一时回答不出。又改变题目问：

"你如何认识他的？"

"在偶然的宴会上。"

"你做过他的秘书吗？"

"没有。"

……谈话又突然中止了，我想起身告辞。他叫我再坐下，一面又问：

"鲁思纯你认识吗？"

"是的。"

"潘子美你认识吗？"

“是的。”

“现在上面有命令要找这二个人，请你帮一些忙吧。”

“帮什么忙?”

“因为他们的家里都没有电话，我们不知道他们此刻究竟在家不。现在我想请你与我们这里的人同去，到了他们家里，你先上去找他们，假使不在家的话，你便什么也不要提起；假使他们在家，你便叫他们走下楼来说一句话，以后就没有你的事了。”

“我不能够这样做。”

“为什么?”

“因为我不愿意出卖朋友。”

“你还承认他们是朋友?”

“就是不算朋友吧，我也不能这样做，因为如此一来我以后便再也没有面孔出来见人了。”

“笑话，你还包庇他们吗?”

“随你怎么说吧。”

……

汽车在鲁思纯家的前门停下来，破旧的篱笆，荒凉的草地。我瞧见他们都进去了，只走过来一个兵士在汽车外面看守着我，许久，楼上的电灯亮了，他们已经找到鲁思纯，我在车内急得几乎要哭出来了。

假使鲁思纯不在家，我又要给他们带回局里去了；假使他竟在家里……我不知道应该高兴呢，还是应该伤心?

姓何的又回到小汽车上来了，我抖着问：“他……他可在家吗?”姓何的笑：“已经睡了，给我们吵醒来的，他倒是态度安详得很。”这是真正的鲁思纯，他永远是安详的，镇静又大方的。

……

不久汽车又停下来，原来是到了潘子美的家了，我低头不愿再张望，心中自有说不出的酸楚。“潘子美也找到了。”姓何的回来告诉我说。我不禁狠狠对他说道：“这次你的功劳是很大吧。”他毫不愧怍地点点头。

在陶亢德、柳雨生被抓后，他们便放了苏青。

1948年1月，青年文化出版社发行的《捕奸录秘》一书中，有一篇金戈所写的《陶亢德受捕一瞬》的文章。这是一篇纪实文学，文章里“女同志B”，便有着苏青的影子。

那是星月交辉之夜，接连几晚出动，运用智力和体力未免过度，大家都觉得精神不胜，但执行命令下来了，一个柳雨生，一个陶亢德。L发表意见，这种文化汉奸，只要去三两个人就够了……

决定L带两名“定平”臂章的士兵，坐吉普车逮捕柳雨生，M和Y等三个同志晚上一点钟出发，向爱文义路胶州路陶逆匿居的目标前进。

事前，只半小时准备，女同志B从卡片上检出陶亢德的照相。两个地址，一个是他平日办公的地方——福州路太平书店。这是以日本人的资本来策动对华文化侵略的据点，表面上陶柳做经理，实际幕后另有主子指挥。这地址对我们并不适用，不在话下。

另一个是陶亢德的最新的地址，一幢旧式洋房的三楼，位置在爱文义路胶州路口。

虽是汉奸，但对于手无缚鸡之力的“伪大东亚文学家”，M非常保持礼貌。

经过伪装以后的住址，似乎很委屈了陶亢德。三层阁上，四壁萧然！

陶睡在床，他的妻子开了门。

M非常高兴，连说：“深夜惊扰，请陶太太原谅。”

陶夫人很清瘦，对于来访者的面孔，感到陌生，还没答话，陶却从床上起来了。唉！其实大可不必多此一举，我和某公有关系的，你们一问就知道了。”

他从书架上抽出预备好的一封信，很坦然的交给他的妻子：“你到××地方去一次，没有问题的，请某公打个电话，我就可回来了。顶多几个钟头。”

这位“大东亚文学家”，居然又是一位“地下工作同志”自命的好汉，但对M并不发生什么效果，因为这几天来，遇到伪府“显要”，没有一个不如此地现形，倒像大家开过会讨论过的议案一样。

M没有理他，有礼貌地向陶夫人说：“请原谅，我们奉命执行任务，决不为难陶先生，请你捡几件衣服，带一点点心，别的不必多带了。”

M接着向陶亢德说：“我想十分钟时间一定足够你准备了吧？”

“有什么准备，现在就可以走！”

陶很倔强，仿佛想用勉强的勇敢，夸示他的“豪壮”，这反而激起了M的反感，他记起香港沦陷时候目击诗人林庚白被日兵枪杀的惨状，更记起，老师郁达夫在南洋给敌屠杀的一种仇恨，现在这种忝颜事敌辱没祖宗的文化界败类，还恬不知耻的自夸“豪壮”，实在无可救药。

汽车向归途飞驰，把人交出去。另外一个汉奸柳雨生也同时逮捕了。前后只花了一点钟又三分之一的时间。

陶亢德和柳雨生被捕时，苏青都到过两家的楼下，她拒绝上楼带路，执行人张冰独也不再勉强，任她坐在汽车里远远看着黑暗中把二人带走。

当夜，苏青被张冰独送到中华新邨12号周邦俊家，然后交保释放。这一夜她心中很不是滋味，惊恐，受辱，悲痛，心中五味杂陈。

苏青后来回忆说：“周家后来也是给张冰独捉去的，财产也给霸占去了……”

这些话并非虚言。周邦俊的女儿周文玑是苏青的朋友，不仅在《天地》发表过文章，而且还与她共同创办过杂志《山海经》，张冰独的为人，她不会不与苏交谈。

张冰独未尚没看过苏青小说《续结婚十年》，书中对于何先生（张冰独）调戏苏怀青"不堪的话与侮人的动作"，他当然不能接受。他愤愤然于苏青书中的影射，但反驳的理由却不够充分，说："当时他还未结婚，并且主管整个上海文艺界，想嫁给他的年轻貌美的女子有的是，他何必去占苏青的便宜？"

解放战争时期，张冰独离开大陆到台湾从事戏剧文化活动，解放前夕回到上海，向人民政府投诚。

总之，苏青对张冰独没有留下什么好印象。他伪善、贪婪、阴险、凌弱，尤其是好色，许多年后回忆起来，仍然耿耿于怀。

苏青先前的朋友该捕的捕了，该跑的跑了，生活仿佛又回到了原态，她一个人站在屋里，左顾右盼，苦思冥想，不知如何是好。

实在难以忍受的时候，她就到门前走走，大门口那两株杨柳还是依依的样子，只是时节已过，枝叶不免憔悴了许多。她思忖着，人的一生就这样完了吗？一个人得意之时，似乎世界上永远是春天，万紫千红都为她而开；一个人不得意时，仿佛世上的一切将要完结了。她恨不得立刻跳出这个肮脏的世界，去找一个僻静的地方，痛痛快快地大哭一场，哭够了再好好睡上一觉，然后再默默地苟活下去。

有一天，她到亚士林路食品店去买东西，正好碰到昔日女仆王妈，说菱菱有些发烧，明天李钦后与情人要到外面吃饭，她不妨去看看孩子。苏青虽然觉得不便，但因痛女心切，便答应了。

第二天午后，她便悄悄去看菱菱，儿子见她，赶快跑过来唤"妈妈"，菱菱睡在亭子间里，被褥都是旧的，房里也很凌乱。女儿睡在床上，脸烧得通红。见到妈妈来了，挣扎着扑到妈妈怀里，苏青伤心地掉下几滴热泪。

她正在着急的时候，李钦后回来了。

他看到苏青，倒也和气地问她："近来好吗？"

苏青告诉他，今天从这里路过，顺便回来看看孩子，想不到菱菱发烧如此厉害。

李钦后告诉苏青，昨天已看过中医，胃里有些积食，并不要紧。

苏青说："这样恐怕会传染了元元，你可不可以把菱菱交给我，等她病好了再送回来?"

李钦后迟疑半晌说："也好，你那里如没有佣人，让王妈跟你同去，这里由老妈妈看着元元。"

菱菱禁不住高兴地笑起来。苏青很快给她穿好衣服，又让王妈带些应用的东西，便告辞说："我们早些走吧，免得你的夫人回来瞧见不便。"

李钦后说："那是个不相干的女人，你别瞎猜疑。我已脱了军装，回浙江干老本行，可能到奉化地方法院当法官。孩子先托付给你了。"

正要走时，被儿子元元发现。他抓住车轮哭着要跟妈妈走。苏青只好硬着心肠，让老妈妈把儿子哄到屋里。

经医生检查，菱菱患的是伤寒。为给女儿看病，她跑医院买药打针，整整折腾了一个月，女儿的病才算治愈，几乎花去了她的全部积蓄。然而李钦后从来没到家里探望过女儿的病情。

为了三人的生活，苏青的手里的钱越来越少，加上物价飞涨，金钱贬值，苏青只好把房子顶出去，再用得到的2000美金去租便宜的房子。

屋漏偏遭连阴雨。当她把1000美金存入银行，另1000美金放在皮夹里零用，那天王妈带女儿外出，苏青未锁门临时出去一下，皮夹里的1000美金不翼而飞了。

随着时间的推移，社会上批判汉奸的言论也在持续发酵，一些报纸和小册子中，苏青也被点了名。有义正严词地批判，也有插科打诨的嘲讽，还有不堪入目的谩骂，称苏青是"文妓"，"广蓄面首"，"霸占文坛"，还有说她"小气"，是"犹太作家"。更有甚者说她"敌人投降了，苏青大哭三日夜"等等。

苏青到文化街去讨要欠款，对方冷言冷语地讽刺她："苏小姐，你没事吧?"

苏青佯装不知："什么事呢？"

他们笑笑："你的朋友不是都抓进去了吗？"

苏青说："朋友的事与我有什么相干？就是夷十族，瓜蔓抄也还轮不到我呀。照你这样说来，好像我也有连带被捕的可能了，如此我更要早些收齐欠款，以备必要时充公给国家。总不能白白地好处了你呀！"

还有的书贩耍起无赖："今天没有，你一定要要，我跟你到警察局去。"

也有的书店不想给钱，却阴阳怪气地说："苏小姐，你还在乎这几个钱吗？"

苏青一时哭笑不得。

但是，也有公允地评论苏青。有一个叫宋悠然的作者，给《大地周刊》写了一篇《关于苏青》的文章，持平而论：

> 其人系宁波产，貌不美，但也并非是麻皮歪嘴之类，文章写得很轻松流利，不类弱女子手笔，可见其对文学，颇有造诣……偶读其《续结婚十年》序文，觉甚辛酸而泼辣，因几年来受人唾骂，故一一裁答，意殊不平，且曾使用"放屁"等字眼，女人的气度，似乎总要小些。其对地下工作人员，非但不加赞颂，并且甚多讽刺，尤其许多妇女界领袖，一面威胁她，一面吓唬她，一面却要叫代笔做文章，我觉得那些人比苏青都还不如。苏青在敌伪时期卖文诚然情非得已，对于一个离了婚的弱女子严词抨击，那是不公平的，只要她不曾做过女间谍，或为文宣传"大东亚"，则苏青是无罪的、值得同情的。但苏青的反唇相讥，却也极不应该。少数造谣生事的人，固然可鄙，而多数忠贞之士，实不应随意加以毁谤……我的太太倒是她的读者，她们都极希望苏青能够和她的丈夫团圆。其实如当真再团圆，苏青也便写不出好文章了。

在当时的环境下，此文能够这样评说苏青，亦是难能可贵。

《人间》杂志主编吴易生，在《大沪周报》上撰文《我是苏青的面首乎》，以正社会流言，为她受连累而叹息。

而她的好友张爱玲却一直保持沉默，直到借出版《传奇》增订本时，才写了篇《有几句话同读者说》的序言：

> 我自己从来没想到需要辩白，但最近一年来常常被人议论到，似乎被列为文化汉奸之一，自己弄得莫名其妙。我所写的文章从来没有涉及政治，也没拿过任何津贴……
>
> 至于还有许多无稽的谩骂，甚而涉及我的私生活，可以辩驳之点本来非常多，而且即使有这种事实，也还牵涉不到我是否有汉奸嫌疑的问题；何况私人的事本来用不着向大众剖白，除了对自己家的家长之外仿佛我没有解释的义务。

苏青则不然，她不仅为自己辩护，而且还回击那些骂她的人。她在《续结婚十年》代序《关于我》一文中说：

> 是的，我在上海沦陷期间卖过文，但那是我"适逢其时"，亦"不得已"耳，不是故意选定这个黄道吉日才动笔。我没有高喊打倒什么帝国主义，那是我怕进宪兵队受苦刑，而且即使无甚危险，我也向来不大高兴喊口号的。我以为我的问题不在卖文不卖文，而在于所卖的文是否危害民国的。否则正如米商也卖过米，黄包车夫也拉过任何客人一般，假使国家不否认我们在沦陷区的人民尚有苟延残喘的权利的话，我就是如此苟延残喘下来了，心中并不觉得愧怍。
>
> 三四年以来，我是一向自食其力的职业女性。我也可能用不正当的手段换得较好的物质享受，然而我没有这样做过，因为我有自尊心及尊重别人的心。别人也许在公德或私德方面有亏，只要他待我不错，我总没有利用他的心。我不像一班聪明人的想法："奸人的财产

落得用，因为骗取了以后，仍旧是臭名声归于他的，好名声归于我的。”相反地，人家倒有利用过我，非法取过我的东西，例如失窃全部积蓄，使我陷入更穷之境，然而还有一班幸灾乐祸的文人说：“谁叫她平日如此小气的，如今一次给偷光了，活该！”简直是同小偷一鼻孔出气的论调。

有一次，某大报主持人（《和平日报》总编辑杨彦歧）拟请她去编副刊，但名字要换一下。但苏青“觉得换笔名便是‘心虚’的表现，以后或许愿意换，从前我也是常换的，而在此时此地却偏偏换不得”，事情便由此告吹。

在那段风声鹤唳的日子，她对社会某些人的诟病大不以为然，她仿佛一个强梁汉子，执拗地坚守着自己的道德准绳，在热络之假和冷漠之真的人生际遇中，检验着自己的天地良心。

27 太阳照常升起

苏青在红尘中的故事结束了，
然而，
她的生活还要继续。

拉开春天的帷幕，浦江两岸又洒下了春天的阳光。雨水噙在花的唇上，让日子重新放出光芒。苏青步履轻盈，吴衣带风，以最适意的姿态，又行走在都市的万丈红尘里。

人世间的荣与辱，兴与败，总是那么紧密地交织在一起，祸福相倚，河西河东，颠倒在人生的海里，看透了它便也看透了沧桑人生。

此时的苏青，早已尝到了失去话语权的苦味，然而，她却摸到了挂在门柄上的那一把钥匙。

暮春的时候，《新夜报》复刊了，他的董事长是赫赫有名的潘公展，可是苏青至死也没有碰到与他结识的机会。倒是该报副刊《夜明珠》的主编潘柳黛，伸出了友谊之手，向她来约稿。于是她又重新操觚，赶写了小说《九重锦》，在副刊上连载。苏青还以“鱼月”为新笔名，写了随感《月下独白》，在《新夜报》上发表。

这篇小说从 5 月 12 日起，连载了 12 回，总字数在两万字左右。

小说主要写了两个人物，“我”与王梅贞。

王小姐三十五六岁，广东岭南人，生于富家，20岁时父亲把她许配给一个南洋富商。但她不能接受这桩婚姻，于是逃出来参加了革命。她曾一度流亡日本，对妇女解放有一知半解，但一直未遇合适配偶，故独身闺中。抗战期间，先为伪市长翻译报纸，后在日本人办的《大陆报》任职。抗战胜利前一天，王小姐经人介绍找到“我”，希望把一些衣物、书籍存放在“我”那里。等她到把东西送到，原来是一些破衣烂罐，并没有什么值钱之物。她坚持做高尚的职业女性，否则不如不做。小说在王小姐等待她的老师回来中结束。

小说通篇充满了讽刺和批判意识，把一个处处标榜为新女性的王小姐，骨子里却充满封建的虚伪、自私和寡廉鲜耻，她早年做娜拉式的现代移民，全幻灭在一场“体面”的虚构之中。把一个不劳而获或少劳多获的命题，表现的淋漓尽致，而王小姐的梦被打得粉碎。时间无情的向前，幸福却永远地留在了远方。

苏青从出生、离婚到温饱的解决，虽然得到了生活的安逸，但再婚之门却难以打开。

她的婚姻标准是：第一，本性忠厚；第二，学识财产不在女的之下，能高一筹最好；第三，体格强壮，有男性的气魄，面目不要可憎，也不要像小旦；第四，有生活情趣，不要言语无味；第五，年龄应比女方大五至十岁。

对于一个生过孩子离过婚，已经过了“花样年华”的女性来说，按上述条件谈婚论嫁确有困难，对此苏青有许多报怨。

张爱玲曾说：“她的恋爱，也是要求可信赖的人，而不是寻求刺激。”又说，“她不过是一个直截的女人，谋生之外也谋爱，可是很失望，因为她看来看去没有一个人是看得上眼的，有很笨的，照样地也坏。她也有她天真的一方面，轻易把人幻想得非常崇高，然后很快地又发现他卑劣之点，一次又一次，憧憬破灭了。”

在《续结婚十年》里，她写到几个中意的男性，如拯救她于水火的那位金总理（陈公博），简短的一段接触便中止了。有知遇之恩的鲁思纯（陶亢德），已有家室和儿女。雁过拔毛的谈维明（胡兰成），转道又去追求张爱玲。就连她中意的死了夫人且一把年龄的徐光来（朱朴），也爱上了梁鸿志未婚的女儿。在《胜利了》一章中写到的那位胖胖的留学英美的官僚赵瑞国（周化人），因着抗战的胜利，在多丽公寓给她留下三张字条，便独自逃命去了。

在《十二因缘空色相》一章中，在百无聊赖中，她又遇到了两个人，一个是她的中学老师童于道，另一个是国民党汤恩伯军队来接管上海的谢上校。

童于道生活原型是吴望伋（1905—?），浙江东阳人，早年曾任黄埔军校政治教官，1931 年以《民国日报》社长身份曾到浙江省立四中兼课，说起来有师生之谊，那时苏青还在鄞县女中读书。吴从政后曾任浙江省国民党部执行委员兼书记长、民运主任，省禁烟特派员，国大代表，立法委员，《正报》社社长。抗战期间一次骑自行车外出，遇日机空袭，不慎摔倒，左腿留下残疾，成了一个跛子。吴望伋教学之外对四柱八卦颇有研究，苏青也常请他预测吉凶，准确度很高，为此苏青佩服得五体投地。

关于那位谢上校，吴望伋告诉苏青，他是没有家眷的，大概在战乱中失散了，是一个很难得的军人。她惟恐又错过机会，于是在一个晚上因天晚谢上校便住在她的家里。第二天早上他没有说一句负责的话，没有一点依恋的情绪，便走了。她想写封长信骂他，但总觉得措词不很妥当，结果只写了一张条子：“请你永远不要来找我”。

这位谢上校，本名王意坚（1908—1980），又名王林渡，笔名姜贵，山东诸城人，是大陆著名作家王希望、王愿坚的堂兄。1921 年他在济南、青岛读中学，1926 年毕业后到广东参加北伐，并加入国民党，1928 年在上海完成小说《迷惘》，1931 年到北平铁道学院读书，1935 年在徐州津浦铁路局任职，抗战时他又参加国民党部队，后成为陆军第三方面军司令官汤恩伯总部的一名上校秘书，1945 年 9 月参与了南京和上海地区日军投降后的接收工作。1946 年他在上海退役，转业到银行界工作，这时与失散多年妻子重聚，1948 年去了台湾，在台南一住就是 17 年，因经商失败开始文学创作，1965 年移居台北，任台电影公司编审，1975 年因病移居台中。

王意坚以姜贵为笔名，先后写了20多部作品，几乎全是中长篇小说，代表作有《旋风》、《重阳》、《碧波青天夜夜心》等。便是在台南这段时间，他生活困顿，天天照顾卧床八年的病妻和三个儿子，于是以卖文为业，写起了小说，成为台湾著名的小说作家，晚年仍写作不辍。大约在1955年前后，他从香港的《上海日报》看到潘柳黛《记苏青》一文，于是往事顿生眼前，他也写了《我与苏青》一文在《上海日报》连载。因苏青在《续结婚十年》称他为谢上校，王意坚便凑趣用了“谢九”这个名字发表。文章开头写道：

> 民国三十四年九月间，我带着整整八年的大后方的泥土气，到了上海。我在虹口一座大楼里担任一个片刻不能离开的内勤工作。我的“部下”有六个打字员，恰好三男三女。他们都是二十岁刚冒头的青年，从未离开过上海一步的地道上海人。他们新近加入我的工作。
>
> 过了双十节，事情松点了，我有时跑到他们的打字房里聊一会，我把他们当小弟妹看待。有一回，不知怎的一下谈到文艺出版界的事情了。我问“上海在沦陷期中，可有好的文艺作品可看?”一位女打字员便不假思索，兴冲冲说：“有一本《结婚十年》，你看过没有?”我说没有。她便赞不绝口，认为人生在世，不读《结婚十年》，真是天大的冤枉。于是她说：“我有，我有。明天我带来给你看。”

王意坚看了苏青的小说，颇有同感，遂给苏青寄去一信，表示敬佩和慰问。事隔40余日，他才得到苏青的回信，并告诉她家的住址和电话号码，希望以后常通信。经过短期通信以后，苏青约“谢九”在一个晚上到她的寓所谈谈。他遵邀前往，略谈后又到一家咖啡店饮茶，告别时苏青又以主人身份买单。文章接着写道：

> 因为读了潘柳黛女士《记苏青》的大作，引起我写此一芜文：仅在为《上海日报》凑热闹而已，并无他意。发表这些琐碎事，可能被

解释为揭露“隐私”，有伤私德。则我的意见是这样的：

自由世界与竹幕大陆已经是两个天地，这些旧事，由于地理关系，已与对方痛养无关。此其一。

张爱玲谓：苏青口没遮拦，但她是有分寸的，真到要紧的，她便不说了。但据我所知，她的“要紧的”，并不包括性爱在内。她对这些事一点也不隐讳。胜利之初，苏青曾有几天不见，没有人知道她到那里去了，但后来又出现了。这一隐一现，才是她的“要紧的”秘密，任何人她都绝口不谈。这样的例子，在她是绝无仅有。此其二。

我与苏青一段“因缘”，在《续结婚十年》中，已由她照实发表无遗。其中有谢上校者，便为鄙人。有两首诗并照录鄙人原作，一字不易。是此一公案，兹仅再由我以我的立场、我的看法，复述一番而已，不能算由我主动揭露。此其三。

《续结婚十年》中，对谢上校有微词者二事：一为来历不明；一为徒事猛悍，把讲恋爱当嫖窑子般去处理（手边无原书，大意如此）。她说的可能有理，我不替自己辩护。我今日的叙述，将更忠实的回忆当时的实在情形。因为既然意在凑趣，又不是有人来逼口供，自然没有“实情虚报”的必要。

后来这段婚姻不了了之，“谢九”说出了他的想法。

胜利后，时局变化，人又已过三十，苏青确有择人而嫁的念头。她最怕人家说她嫁不到人，那样估计她，她认为是最大的耻辱。便偏要争这口气，非再正式结一次婚不可。但她的历史，她的个性和她的环境，都使她不易达成此一愿望。当她理智清醒的时候，她也明白这一情形，可是她常常感情激动之中，不断向这一方向追求。他误会我看不起那位常先生，常用激将法说：“他是常州的大地主，我嫁给他做个地主太太，也满幸福的。”

但我总想到她所特有的那种复杂的人事关系。她与离婚的丈夫仍旧对楼而居，孩子们却都跟着她。要是结婚，这便是现成的冷饭和现成的油瓶。这个家庭将会幸福到怎样的程度，也就可想而知了。

苏青弟弟冯和侠在汉口一所中学教书，寒假回家路过上海，苏青约“谢九”与之见面。因谢“脱班”晚到半小时，弟弟对她交这样的朋友颇有微词。

李钦后的弟弟李钦若也来看“谢九”。他对李钦若的印象是，“活泼健谈，机警清秀，一望而知为青年有为。如果哥哥弟弟也有些相似的话，则苏青的离婚，不能不算失着”。李钦若走时，他们送他到门口，苏青则留下来与李钦若谈了很久。回来后王意坚问苏青怎么谈这许久？她笑笑说：“他怪我荒唐。怎的和一个不认识的男人，跑到这里来同居了。那怎么靠得住！”“谢九”说：“那是他关心你，你能听他更好。”苏青说：“正相反，我现在愿意听你呢。”

端午节前，“谢九”坐早车到无锡去上班。在火车上他打开当天报纸，陈公博被枪毙了，尸体照片也印在上面。回来后苏青说：“那天看了那报，真把我吓死了。”

后来“谢九”常住无锡，虹口的房子被收回去了。他经常坐晚车赶到上海，次日天不亮再乘早班车回无锡。每次回来，苏青还为他准备夜点，她把孩子们安置在地板上睡觉，“她正靠在软椅上等我。当其时，我觉得极为亲切，有一种贫贱之交、患难与共的光景。”有一时期，苏青表示到无锡去住，“谢九”也为她准备了房子，但她始终没去。“谢九”接着写道：

对于诗，我是外行。我虽有时读诗，而从不写诗。偶然兴之所至，诌上两首，自己看看，过后忘掉完事。初识苏青的时候，却赠过她这样一首：

落尽梅花断雁迟，孤灯背坐两丝丝。
三千绮梦春常在，十二宫墙事未知。
世故登龙应有术，文章憎命岂无悲。
且将贝叶传心叶，不种夭桃种荔枝。

后来被收入《续结婚十年》中，“两”字印成“雨”字，颇与我的原意有距离。甲申春，姬人韩氏逝，我曾写悼诗四首。虹口居常无事，我写出来给苏青看看。她把第一首拿去了，也印在《续结婚十年》中，算作我赠她的第二首，实在不伦不类。那首诗是这样的：

远山近水柳含烟，春老莺啼落榆钱。

万里长风归牖下，二分明月照窗前。

髻妆银凤飞还在，步作金莲去未残。

梦里花枝多绰约，小姑居处有谁怜。

“二分明月”与“小姑居处”都不对苏青的身份。

苏青为文，私淑周作人，我最早的推断是不错的。初来虹口之日，她穿一件黑旗袍，白高跟鞋，打扮得像个寡妇。我问她何所取意。她说：她极推崇周作人，胜利前，曾计划到北平去看他，特做一件黑旗袍做礼服，以示敬意。不想衣服做了，还未成行，而胜利倏至，用不着了。现在，每当较为郑重的场合，她便喜欢穿起这件衣服来。

她文章的确写得好，诗则与我同样不内行。但这并不妨事，因为十八般武艺，只要能精其一二，也就彀瞧的了。

以后我去镇江，我们才渐渐疏远了。人到中年，权利害、重现实，不大容易再有恋爱至上一类的一往深情；我知道我如果真的和她结婚，将不是一对幸福的夫妇。她阅人既多，有着各方面的要求，任何人都不能予以满足，这种人永远是痛苦的。已近不惑之年，大半辈子过去了，如果我能为自己的事业稍创根基，那实在是更重要的事。我曾用一封简单的信把这意思坦白告诉她，希望她谅解。我的意思，这绝对不是绝交。而她却没有回信给我。

1948年春天，“谢九”由镇江返回上海，住在成都路，虽近在咫尺，他与苏青也见过几次面，真的变成普通朋友了。

王意坚用“谢九”笔名发表此文，意在申明他便是《续结婚十年》中那个谢上校。但对苏青在小说中把他写成一个嫖客式的人物，虽事过10年，仍骨鲠在喉。《我与苏青》这篇文章虽写得不紊不火，波澜不惊，实则血不见刃，给苏青重重的一击。可惜苏青那时正在倒霉坐牢，不可能见到香港的《上海日报》和刊登的文章，因而更谈不上回敬了。

王意坚早年与上海媒体人严九龄的女儿严雪梅结婚，战乱中一时失去了联系。他在上海退役后先在银行任职，后又经商，夫妻总算团圆了，1948年举家迁往台湾台中。

1971年12月，王意坚以姜贵之名在台湾《文艺月刊》发表自传体中篇《三妇艳》，小说叙述了主人公经历的三位女性，其中一位便是以苏青为模特儿，并取名“苏白”，对昔日情人不仅没有添些温柔，反而怒气有增无减。这个中篇小说后来收入他的作品集《苏不缠的世界》。

1947年4月，苏青用冯允庄之名在上海市社会局注册了四海出版社，社址选在静安寺路（南京西路）591弄133号1室，她把新写的出版，已写的再版，以此来养活全家。《续结婚十年》便是这个时期出版的作品。

这部书共12万字，取自她离婚到抗战胜利这一段的生活。书中人物大多从生活中可以找到原型，故事的情节大多也实有其事。近年来有黄恽、蔡登山等先生考证，苏青这部小说可以当纪实文学来读，熟悉那个时代的人，一眼便可辨识出某人即某人。如金世诚即陈公博、戚中江即周佛海、徐光来即朱朴、鲁思纯即陶亢德、潘子美即柳雨生、周凡即谭惟翰、木然即何实斋、范其时即鲁风、秋韵声即关露、裘尚文即金性尧、周礼堂即纪果庵、谈维明即胡兰成、郭小姐即莫国康、郑烈即袁殊、张明健即吴婴之、钱英俊即周黎庵、赵瑞国即周化人、童于道即吴望伋、谢上校即王意坚等。

1946年秋天，周佛海被押至南京老虎桥监狱，不久正式起诉，由国民政府高等法院判为死刑。他的夫人杨淑慧花重金托人失败后，最后拿出她的杀手锏，即蒋介石当年托人从重庆给周佛海的四次“手谕拍成”照片，保管在香港。她把此事请陈布雷转告蒋介石，如果周佛海被枪毙，她自有办法抖出真相，暗示其掌握某些“物证”。

这一着果然有用，蒋介石同意接见杨淑慧，终于保住了周佛海的命。翌年3月26日，蒋介石发布了对周佛海的特赦令，将死刑减为无期徒刑。

恰在此时，苏青注册并出版了《续结婚十年》一书，她便给杨淑慧寄了信和书。

杨淑慧接信后十分感叹，此时过去许多熟人都避之不及，苏青在难中来信相慰尤为可贵。5月26日，她给苏青回信说：

> 睽离二载，世事沧桑，可胜慨叹。倾接华翰，殷勤慰藉，隆情高谊，感何可言！外子事幸蒙国恩，谅于报章早已得悉，必与妹同庆也。《续结婚十年》妹已拜读，字里行间可知吾姊年来应付难矣。妹本拟返沪一行，奈沪地无家可归，京地又须每日送守饭，故迟迟又迟迟矣。吾姊有暇可否来京一转？斗室虽小尚可下榻。纸短情长，容当面诉。

这封信她一直保存到解放以后，直到1955年被捕时被公安局抄去。

杨淑慧把苏青的书送给狱中服刑的丈夫，周佛海在囹圄中读了《续结婚十年》，自然别有滋味在心头。他在6月7日的日记里，以诗记下读后感怀。

> 新书苏赠意殷勤，妙笔生花思绝群。
> 冷暖不困寒暑异，时宜未合独怜君。
>
> 凄凉身世类秋蓬，历尽艰辛感慨同。
> 乱后是非浑莫定，漫将毁誉付东风。

两首七言，韵律不同，不难读出周佛海对苏青抗战胜利后境况与感受。

这年年末，永华影业公司拟将苏青的《结婚十年》与《续结婚十年》两部小说改编成电影，苏青以“国币三千元”将版权售出，双方签订了合同，大概是战争原因，这部电影没有拍成。

1948年12月，苏青又推出《歧路佳人》，由她创办的四海出版社出版。

这部小说近将11万字，仍用第一人称手法创作，这已是她的写作习惯，也许这样会给读者一种亲和的感觉。但“我”不是主角，主角是“我”在海轮上遇到一位叫符小眉的小姐，给“我”讲了她订婚、结婚、离异等一连串故事。

这部小说大多是以苏青的生活经历写成。书中人物皆可找到人物的生活原型，如苏青的丈夫李钦后，小叔李钦若，公公李星如，以及周佛海、杨淑慧一家等。

书中人物史亚伦（李钦若），他曾在内地读书，因生活艰苦患了胃病，跑回上海做“白相人”，一次在窦公馆认识了做家庭教师的符小眉，后来成了情人。史虽一表人才，但爱钱如命，在挣不到钱时，便想到诈骗，在骗了犹太人一大笔钱后被人发现，为此而锒铛入狱。符小眉四处求人皆无结果，最后只好请窦先生（周佛海）帮忙。窦先生笑着说：“你还相信他要脸孔吗？现在我答应你的要求，不过你要记住两句话：第一，你把史亚伦的账付清了，不要说是我代付的，也不要说是你代付的，就说是他自己拿出来付的。第二，从此以后，史亚伦来找你或不来找你，不必再想到有这么一个人，他是你的附骨之疽，也是社会之蠹，你知道吗？”窦先生给符小眉开了一张还帐支票，希望她以后多看些书，从此别再上人家的当了。

生活给她上了人性恶的一课，窦先生为她除去了史亚伦这个“附骨之疽”。后来窦先生也失败了，符小眉心里仿佛失去了依靠，“光明”究竟在哪里呢？她感到了前途的茫然……

这件事的真实情况是，抗战胜利前夕，李钦后、李钦若兄弟二人开始学习德语，三个月后便能流利的会话。弟弟李钦若冒充重庆派来的接收大员，将上海某德商的财产骗到了手，发了一笔洋财。后来东窗事发，李钦若被捕入狱，最后在苏青和李钦后的奔走下获释。

苏青在红尘中的故事结束了，然而，她的生活还要继续。她感到人生的无奈，人生如一块万年不化的坚冰，不仅不能远离它，而且还要低下身子去亲近它，甚至须臾不能离开。

然而太阳照常升起，历史老人的脚步还要向前，她必须挽住第一缕阳光，在它的缝隙间寻找生活的道路和希望。

28 艰难转身

苏青叹息说：
“我也不知道党支部书记应该怎么写”。

阳光的流水，从历史的另一端铺展过来，那光也带着一种穿云破雾的之势，明媚灿烂，涂抹着上海这座古老而年轻的城市。

5月，是“芒种”的季节，在锣鼓和秧歌声里，解放了的上海人民，披红载绿，欣喜若狂，迎接着这个不同寻常的节日。

在这个喜庆的日子里，苏青恍惚若梦，一改旧时容颜，穿着时尚的人民装，腰带紧扎，脸上开成灿然的花朵。

苏青在家里搭起了台子，与四邻同庆解放。她一扫过去自闭的习惯，把家里的客厅腾出来，改成街道图书馆，把妇女儿童请进来，教他们读书识字。

此时的上海，一日千里地开创着鼎新除旧的变化，旧政权倒台了，西方势力退出了，外资企业凋毙了，教会消失了，会道门取缔了，代之而起的是，共产党新政权的建立，工人阶级进入新社会的领导階层，资产阶级、小资产阶级正在进行改造，妇幼、青年、文教、卫生等群众组织拔地而起，建起广泛的统一战线，成为新型社会举足轻重的社会力量。

从抗战胜利到上海解放，苏青在国民党政权统治下艰苦备尝，跌入人生的低谷，她满心欢喜地迎接新政权的建立，时代的变革，使她最先想到的还是找到一份工作来养家糊口，于是她通过朋友找到了吴藻溪先生。

吴藻溪（1904—1979），湖北崇阳人，早年就读于武昌楚材中学，日本帝国大学农学部，毕业后在周恩来的帮助下，主编《科学时报》，抗战期间在西南学院任教务长，是中国科协、九三学社最早的发起人之一，解放后任国务院首届参事。1957年被打成右派后，沉寂多年，直到改革开放后彻底平反。

她向吴藻溪先生谈了自己的愿望和诉求，在他的介绍下加入了“妇女生产促进会”。然而解决工作的事并非那么容易，上海解放之初百废待兴，还有美蒋势力对沿海极力封锁，时常有飞机过来轰炸，许多失业工人都需要生活救济，苏青的愿望一时还不能实现。

苏青在中大读书时是学的英语，这时已排不上用场，于是她到思南路一家俄语补习班去补习，想以此来创造一个就业的机会。后来虽然达到粗通俄语的程度，但还是未能找到工作，一时陷入思想的苦闷之中。

恰在此时，苏青与已到香港的黄转陶联系上了，来信说香港有个《上海日报》，他可以向他们推荐稿件刊登。黄转陶是苏州人，早年参加星社活动，后到上海参与陈烟桥主编的《小日报》，也是一个媒体人物，苏青与张爱玲都给他写过稿子。

此时苏青已花光了全部积蓄，前夫李钦后从浙江新昌调回上海，又把小女儿和儿子送给了她，于是她重操旧业，想以写文章赚些稿费来维持一家人的生计。

苏青用“鱼月”作笔名，一连写了几十篇稿子，大都是当时所见所闻。如《市妇运会建女厕》、《夏盈明的自杀》等之类，苏青左等右盼，却未见分文稿费寄来，她写信去问，黄转陶却没有了音信。不久又受到公安局的谈话警告，让她不要再给香港写稿。这真是逮鸡不成赊把米，赔了邮费还受到批评。苏青开始感到时宜的不对，从此便停止了笔耕这一途。

1951年末，她突然从报纸上看到一条消息，上海市文化局要招收学生，举办戏曲编导学习班。她认为这是一个机会，自己过去演过剧，读过不少西洋剧本，符合招生条件，虽然年龄大了些，学些戏曲知识，将来搞戏曲创作，工作问题同样可以解决。她主意已定，便跑到街办事处开了介绍信，前往学习班去应试。

然而，从考场上下来，政治这一档考砸了，国家领导人除毛泽东外，其余的全答不上来，她自知平时不关心时事政治，才有这次考试的失败。

事情传到上海市文化局长夏衍那里，他得知落榜人中有个苏青，便把戏曲处的人找来，说苏青这个人有一定的文字功底，新社会应该给她机会，发挥她的特长。这样苏青便进了戏曲编导学习班。

与苏青同为学习班学员的周良材在《追忆苏青二三事》一文中说：

> 1951年上海文化局举办过一个戏曲编导班，参加学员约40位，大多是20开外刚大学毕业的青年，其中女生有4位，毕业后均成为上海和近邻城市戏曲界的编导骨干。
>
> 苏青是中间年龄最大的一位。我们是考进去的，而她是政府安排的。
>
> 报到时，苏青穿一套半新半旧的列宁装，一根腰带紧裹着已发福的身腰，嘴上含了一支翡翠的烟嘴，上面点着长长的、冒着火花的卷烟。她我行我素，与众不同，个性十分突出。
>
> 学习班的地点设在延安中路浦东大楼的八楼。
>
> 开班的第一天，苏青就到我们男生宿舍串门，风风火火，快人快语，操一口硬梆梆的宁波话，自报家门说："我叫冯允庄，就是写《结婚十年》的苏青，你们几位谁读过我的书？"
>
> 这帮小伙子一听说是40年代大名鼎鼎女作家，极感兴趣，纷纷围拢来与她攀谈。她也大有"相见恨晚"之感，爽朗地谈她的创作历史。
>
> 谈着谈着，她又回自己宿舍去了，回来时，手里捧着一大堆《结

婚十年》，于是人手一册，皆大欢喜。

这一下“炸”了。事情很快传到班委领导那里，第二天教务长召开全体大会，批评了这件事。强调这是旧社会的作品，宣扬的是不健康的思想，不能在班里散发泛滥，并责令一一收回。

然而，苏青对此若无其事，依然谈笑风生，神色坦然，与班上同学依然相处很好。

到了创作阶段，苏青凭着她的文学根底，帮助同学出点子，定选题，拟提纲忙个不停。她自己创作的剧目是《翡翠园》，但她到图书馆找的却是其它，她是在帮助别人找资料。

这次学习班共办了 4 个多月，苏青只待了 3 个月就通知她学习结束了，据说是她的前夫李钦后因贪污被判死刑所致。倒是有一件事是她这次参加戏曲编导班的学习收获，告知她以后归市文化局领导，职业由文化局为她介绍。于是她便回家耐心等待去了。

1950 年 12 月的一天，一封标明“院长同志亲启”的举报信，摆在上海市人民法院院长汤镛的案头。这件事牵扯到苏青的前夫李钦后。

汤镛拆开信后，有这样一段话闯入他的眼帘：

我是一名青年团员，前些天从一位亲戚口中听说，你院少数审判人员竟然公开向她索贿，这让我既吃惊又愤慨。我以为这是国民党腐败统治时期的事情，在共产党和人民政府领导下绝不应该发生的。

汤镛看了这封有名有姓、有事实有根据的信，不禁拧紧了眉头。他马上找来有关人员开会，布置并展开调查，经过调查人员的几天奔波，此事并非空穴来风，被举报的人很快浮出水面，其主要嫌疑人是李钦后和何德陛。

李钦后时任上海市人民法院学习审判员，抗战胜利后离开上海，先后在浙江奉化、宁海、新昌等地方法院担任法官，1949 年初调到国民党上海地方法院，上海解放后，他本在遣散之列，但他几次给市领导和司法界著名人士写信，请求为新社会重新服务。由于建国初司法人才缺乏，1950 年 2 月他从华东司法学习班结业后被录用。何德陛与他的情况大体相同。

然而，这两个人恶性难改，竟串通一气，还拖了几个值庭员下水，仅年余就犯下几桩大案。经多方出击，很快掌握了全案证据。

原来李钦后、何德陛等人先后接手 10 余起经济案件，而被诉双方多为旧上海商界的生意人，李、何二人从审理过程嗅到了什么，便分头找同案犯串供，订立攻守同盟，并嚣张地威胁同案犯。

办案人员从调查入手，很快打开了案件的突破口。如李钦后在审理一个债务纠纷案时，负债人被判了败诉，事后他要求重审，李钦后一张口便索贿 1200 万元（建国初人民币一万元为一元，下同），并私下指点负债人如何上诉。为回报对方，李钦后调换值班日，上次判败诉的是他，这次改判胜诉的也是他。在另一起租赁案中，起诉人是一名年轻貌美的女性，李钦后多次主动上门“指导”，这个女性送他财物后仍未满足，他不仅要钱还要要“人”，办案人员在调查此事时，那个年轻貌美的女性终于说出了真相。何德陛在办一宗欠款案件时，在笔录上做手脚，向当事人索贿 20 万元。

在拿到证据后，市法院和市检察署果断地对 30 余名涉案人实施逮捕，这其中就有李钦后、何德陛等上海市人民法院涉案者 6 人。另有卷入此案的职业律师 7 人，犯行贿罪和有行贿行为的 20 多人。犯案人员的到案，使得全案面貌更加清晰。在一宗香烟账款案中，李钦后“吃了上家，又吃下家”，他把明明白白的案子拖着不办，双方行贿人得知真相后悔恨交加，积极配合破案，与此同时，法院对李、何两犯进行搜查，仅李钦后就被查抄出黄金 30 余两，人民币、存单和财务等约 1 亿元。

1951 年 3 月 31 日下午，上海市人民法院在黄陂路上海法学会礼堂开庭审理李钦后、何德陛等人的贪污渎职案，列席旁听的有 1000 多人，在市检察署公诉人宣读起诉书后，法庭展开调查、辩护，李、何二人开始极其顽固嚣张，在法庭传唤证人当庭对质后，他们的气焰才收敛低头。

李钦后的犯罪事实是：(1) 在颜某诉陈某等损害赔偿案件，收受颜某金镯1只；(2) 在叶某诉杨某香烟账款案中，收受双方贿款美金60元和衣料等物。(3) 在刘某与傅某债务纠纷案中，收受刘某贿款1200万元；(4) 在刘某诉另一刘某纱布账款案中，收受刘某黄金19两；(5) 在王某与刘某租赁纠纷案中，收受财物400万元，并有调戏行为；(6) 在成某迁址案中，收受贿款2000万元；(7) 在何某诉陈某保证金债务案中，收受陈某黄金6两。法庭确认李钦后贪污、受贿共计人民币3200万元、美金60元、黄金33两以及其他财物。

何德陛在四宗案件中索贿、受贿1450万元，法庭特别指出其到案后，态度尤其恶劣，威吓证人，吞食手表自杀，头撞法庭栏杆对抗法律等错误行为。

法庭审理结束，审判长在宣判前有一个讲话，他说：

> 解放前的旧法院本来就是不讲理的地方，只要有钱，就可以是非颠倒，黑白混淆。旧法官旧律师勾结反动派恶势力包揽词讼，贪赃枉法，已是公开的秘密。现在的人民法院与旧法院有本质的不同，贪污枉法的事，基本上不存在了。但仍有个别坏蛋，成天到晚为自己的享受打算，李钦后就是其中一个。
>
> 李钦后是钱庄经理的儿子，曾在维大洋行当职员，做过伪律师、伪法官及记者，并当过日伪军队的“上校参谋长”……一向堕落腐化，醇酒女人，无所不为，经常宴舞作乐，挥金如土，三十六万一斤的洋酒，一晚可以唱三瓶。平时压制妻子，不许参加妇联及其他社会活动。参加人民法院工作后依然利用各种手段进行贪污舞弊，接受请托，收取贿赂，甚至勾结旧律师及其他不法分子，主动向诉讼当事人索诈……

法庭在认定以上事实后，当庭宣判李钦后、何德陛死刑，旁听席上一片掌声。与此同时，对其他案犯根据其事实作了程度不同的判决。

李钦后被公判的第二天，上海大小报都以重要位置发了消息，《文汇报》更为突出，把此案放在头版头条的位置，用大半个版的篇幅，给予了显著的报道。

李钦后的第二任妻子是个老实人，平时不仅管不了李钦后，反而被李钦后管得束手束脚。李钦后被执刑后，她再也没有勇气和力气为他张罗后事，于是去请苏青帮忙。

苏青没有回避，即刻带了一双儿女去收尸。到了刑场，她挨个揭开棺材盖子看过去，终于找到了李钦后。因他身材高大，棺材长度不够，只能双腿蜷缩在里面。按照风俗，入殓时应由长子扶头，苏青心疼儿子，怕被遗容吓着，便不让年幼儿子那样去做。

不是冤家不聚头。这正应了苏青母亲那句话：“离婚尽管离婚，夫妻终归夫妻。”他们离异 7 年，有扯不完的是非，甚至想起对方来心里就有气，一旦对方有事，还得去帮忙，这真有点匪夷所思。

李钦后死时才 38 岁，这正应了“人为财死，鸟为食亡”那句古谚。他的父亲李星如靠学徒挣得一份家产，但对文化有一种特殊的渴求，他不惜倾一生之财，让儿子成为一个“饱学之士”，然而，历史却为他开了一个天大的玩笑，他没有想到的是，儿子却终未走出“钱”的影子，年纪轻轻便尘缘已满，扛着生命的十字架去见上帝去了。这未必是李父培养儿子的初衷。

苏青在经历了上述人生变故以后，她被上海市戏改协会介绍到戚雅仙的越剧团任编剧，她以戏曲编导学习班创作的《翡翠园》为基础，又改编了一个本子，取名《翠娘盗令》，因不合戏路未被采用。不久，她又被送到市第三届戏曲研究班学习了 3 个月，不知什么原因，越剧团不聘她为正式编剧，她一气之下辞职而去。

这年年末，苏青由芳华越剧团青年编剧陈曼介绍，来到了芳华越剧团任编剧。

芳华越剧团是尹桂芳的私营越剧团，创办于 1946 年。尹桂芳与袁雪芬是同时期著名越剧表演艺术家，1919 年生，浙江新昌人，10 岁入嵊县醒狮剧社，后因演出《吕布与貂蝉》、《狸猫换太子》等剧而崭露头角。1943 年起对传统越剧进行改革，成为越剧尹派艺术的创始人。

苏青到芳华越剧团试用五个月后即转为专职编剧，并成为越剧团正式团员。她的第一个剧本便是与陈曼共同创作的《新房子》。这个剧本以“三反、五反”为背景，很快写出了本子，演出时上座率却很低。因她对生活不熟悉，别人批评说：“把支部书记写成了工厂老板”。她叹息说：“我也不知道党支部书记应该怎么写”。

苏青创作的第二个剧本叫《江山遗恨》，这个戏取材于中国古代的农民起义，上座率仍然不高，影响了剧团的营业收入，但这两个戏都得到过有关部门的减税补助。

苏青属剧团剧务组领导，因戏演得不火，一些编导有些轻视她，因而彼此不合，她也觉得自己不是搞戏剧的材料，一度想改行。1953年春天，苏青打算把《秋江》改变成越剧，团里也觉得这个题材不错，为了把剧本改好，团里叫陈曼与她共同改编，苏青认为团里瞧不起她，后来因修改剧本又发生了一些矛盾，气急之下，苏青的肺结核病又犯了，有人说她是装病，她的心情更加不好，整整一个夏天，苏青都在休息。

在这期间，苏青在阅读冯梦龙的《醒世恒言》时，发现《卖油郎独占花魁》是个不错的题材，她着重突出了自由婚姻战胜买卖婚姻、爱情战胜金钱的一面，删除了其中色情的糟粕，将剧情分为劝妆、被逐、卖油、酒楼、访美、受吐、雪塘、遇救、订盟、赎身十场，很快写出了剧本。

这个剧本上演后，广为市民阶层欢迎，票房价值不菲。尽管故事的内容有些脱离现实，但从组织剧情冲突，吸引观众这一点看，苏青却摸到了编剧的门径，增强了她编好剧本的信心。

1953年5月，是我国著名爱国诗人屈原逝世2230周年。郭沫若弟子文怀沙的母亲住在上海，距苏青家不远，二人关系很好。苏青从文母那里听说，郭沫若要参加联合国教科文组织的评选“世界名人”活动，候选人中有中国的屈原。苏青得到这个信息立刻产生了将郭沫若话剧《屈原》原著改编成越剧的想法。

有一天，尹桂芳演出后正在卸装，苏青在旁问了一句：“桂芳，你敢饰演屈原吗?”

尹桂芳一时没有反应过来，问：“哪个屈原啊?”

苏青说：“吃粽子的那个屈原啊!”

尹桂芳听了很感兴趣，觉得这是一个符合时代要求的好题材，便叫苏青赶快动手去写。

那时，北京的中国青年艺术剧院正在排演话剧《屈原》，苏青为让尹桂芳、高德明、连波等观摩到此剧，建议当夜乘车赶往北京。

她的二女儿李崇善在《缅怀母亲——苏青》一文中说：

> 在创作《屈原》一剧的过程中，您更显示了强烈的事业心。……您决定当夜赴京，那时，我和小妹都在校住读书，家中只有11岁的小弟弟，可您还是把日常生活的零用钱交给弟弟，叮嘱佣人几句就走了。
>
> 因走得匆忙，只穿了套显的不合体的衣裳。

在北京，苏青又去拜访了屈原研究者文怀沙先生，并在文家住了半个月，探讨剧本创作。

文怀沙，祖籍湖南，1910年1月生于北京，少年时随母亲迁居杭州，曾拜秋社徐自华为师，读书并学习古典诗词。抗战期间在皖南、桂林、重庆等地作记者，后又到上海从事文化工作，全国解放后调到人民文学出版社工作，1953年又调入中国青年艺术剧院。

有人说她还拜访过郭沫若先生，当面向他请教。

回到上海后，苏青即着手剧本的改编。她听说新新越剧团编剧江上清亦有改编此剧的打算，便亲自上门找了江上清。江十分热情，把自己编的几场戏送给苏青作参考。

苏青很快写出了剧本。全剧分八场：橘颂、贿靳、疏原、著骚、诬陷、阻会、救婵和天问。并巧妙地把屈原的橘颂、离骚、九歌、天问等作品融入剧中。

越剧《屈原》在丽都大戏院（今贵州剧场）首演。导演司徒阳，作曲连波，舞台设计仲美。尹桂芳饰演屈原，她一改风流小生形象，载上胡须，俨然成了步履蹒跚的行吟诗人。

《屈原》演出后，受到文艺界普遍好评。特别是主演屈原的尹桂芳，一时红遍浦江两岸。赵丹看了演出后，兴奋地跑到后台，把尹桂芳抱起来转了几圈，大声喊："你比我演得好，太精彩了!"

昆曲大家俞振飞亦曾饰演过昆剧《屈原》，他看了越剧《屈原》的演出，自觉望尘莫及，便打退堂鼓了。

戏剧界的龙头老大田汉先生对《屈原》一剧的演出，也给予了充分肯定。他还有意要见见编剧苏青。

1954年秋天，华东行政委员会文化局决定举办华东地区话剧、戏曲观摩演出大会，上海决定《屈原》一剧参演，编创人员对剧本进一步作了加工修改，芳华越剧团特邀文怀沙做顾问，陈鲤庭、赵丹任艺术指导，陈歌辛任音乐指导，并以芳华为基础，集合作、云华、新新三剧团骨干助演，形成"十大红星一台戏"的局面。

这次华东地区戏曲观摩大会盛况空前，共有35个剧种，158个剧团参加了演出，会期长达一个多月。大会闭幕时，担任主任委员的夏衍先生作了《为提高和发展新时代的戏曲艺术而奋斗》的总结报告。在讲话中特别强调了国营剧团和民间职业剧团的艺术革新问题，并肯定了"这次会演中得到较好成绩的沪剧《赵一曼》和越剧《屈原》，就是民间职业剧团勇于改革的很好的例子。"

意想不到的是，这次戏曲观摩大会《屈原》拿了优秀演出奖，演员一等奖，音乐演出奖，却唯独没有剧本奖和导演奖。为此苏青心里很不平衡，认为有关方面太不公平，然而，她并没有影响工作，仍在寻求着下一个戏的编写题材。

1954年至1955年，根据过渡时期党在思想战线的任务，在思想文化领域领导并组织了对资产阶级唯心主义思想的批判。这个批判，最初是由批评俞平伯在《红楼梦》研究中的观点引起的。苏青对于《红楼梦》并不陌生，她抓住这个机会，以宝黛爱情为主线，写出了越剧剧本《红楼梦》，后改名为《宝玉与黛玉》。

这个剧本由元宵省亲、通读八股、倾诉衷情、贾政责子、议亲设谋、湘馆焚稿、洞房惊变、哭灵出走八场组成，剧本突出了反封建的主题。司徒阳任导演，尹桂芳饰贾宝玉，李金凤饰林黛玉，徐天红饰贾政，谢小仙饰贾母，许金彩饰王熙凤，余音饰薛宝钗，戴忠桂饰紫娟，这个戏在上海首演。

在剧本改编过程中，她请教了不少专家和学者，复旦大学的教授贾植芳便是其中一位。《宝玉与黛玉》上演前，苏青把剧本送给贾植芳教授征求意见，贾于1955年元月5日回信说：

来信及《红楼梦》一切稿均收到。因为事忙，今日才读毕。我觉得全剧精神及结构颇好，并能符合全书反封建主旨。作者是通过宝黛爱情来暴露和控诉封建制度的违反人性罪恶的，因此，必须深刻显示出爱情的社会定义来，它的纯洁性和丰富性。即是说，这两个正面形象必须通过细节描绘，来充分地、尖锐地表现出他们所代表的历史社会现象本质的东西，即它的历史性和社会性，也就是作品的思想性所在。我认为，首先掌握了这一点，是提高剧本思想性和艺术性的关键。贾府罪恶和宝黛故事是一致的。

这个戏上演后，又一次获得成功，在上海连演三个月，开创了越剧票房新纪录。

苏青难以抑制喜悦之情，她给贾植芳教授去信，约他到上海新亚酒店喝茶。此间苏青再次征求他的意见，打算把《宝玉与黛玉》搬到北京去演，贾植芳在赞成的同时，提醒她北京与上海的观众口味不同，要她有思想准备。苏青也有些担心，拟在剧团到北京演出之前，先请北京的专家为剧本提些意见，修改后再正式上演。贾植芳也赞成苏青的想法，并答应通过其胞兄介绍，去见何其芳等求得帮助。

后来，芳华越剧团将该剧在北京、长沙、武汉等地巡回演出，盛况空前，广受欢迎，先后演出300多场，创下了芳华演出最好纪录。上海人民广播电台搞了实况录音，天津人民美术出版社请人绘制了连环画册出版发行。

苏青在芳华越剧团编了不少好戏，不但成了尹派代表性剧目，而且被公认是越剧高品位的作品，成为越剧创作的一个里程碑，电视台至今还在播放。

苏青为剧本创作也呕心沥血，付出了相当代价。她的小女儿李崇美回忆苏青的创作时说：

> 家里的砂锅只只爆裂，原因是母亲一动笔就忘了所煮的东西了。有次她准备炒菜，把油放入锅内，脑子里却在想剧中人物唱词，全然忘神，油都冒烟起火了，正好我回家，赶紧盖上锅盖熄火。

这是性格真实的苏青，一个有着忘我精神的苏青。

正当她经过艰难困苦的转身，迎接第二个创作高峰到来的时候，她不知道，又一个厄运正向她悄然袭来。

29 蒙冤与磨难

苏青给朋友写信说：
“‘不才明主弃，多病故人疏’，
一门关煞，与人不搭界。”

苏青几部代表剧目的上演，在越剧界产生了名动天下的效应。苏青并未因此而紫阳弄芳，陶醉不前，而是又一蓬新的创作欲望之火，在她心中熊熊燃烧。

1955 年夏天，她带着唐代大诗人李白这个创作题材，随芳华越剧团来到北京，再次请宜文怀沙先生。

那时，随着国家各项事业一日千里发展，干部变动频繁，纯洁干部队伍成为当前工作的重要课题。在解决了高岗、饶漱石问题以后，又先后牵出杨帆、潘汉年案。在这同时，对胡风文艺思想批判迅速升级，并演变成“反革命集团案”。7 月，中央又发出“肃清暗藏的反革命分子的指示”，各地迅速建立了肃反机构，发动群众展开斗争。

面对新的形势，苏青却浑然不觉。她只想着她的下一个剧本如何创作，对眼前的政治运动漠不关心。文怀沙告诉她：“这次运动很厉害，比整风还厉害”，又说“是结合检查自己并检举别人”。

直到这时，苏青听了才有些心虚，对自己在日伪时期那一段历史才有些担心。她惶恐地问文怀沙，要不要主动向组织交待这些问题。文怀沙听了也有些紧张起来，说：“你不该与我商量呀。”

有一天，文怀沙从外面回来对苏青说，青年剧院也有人说你有“历史问题”。她听了更加害怕起来，哪里还有心思再去写戏，又怕连累文家，于是便匆匆离开北京回上海去了。

苏青的儿子李崇元回忆说，在上海有一个搞文艺的解放军战士，经常到苏青和贾植芳家里来，突然有一天被关了起来。这个战士被放出来后，苏青问他被关的原因，心里便产生了不祥的预感。

果然祸端临头了。

1955 年 12 月 1 日午夜，苏青以“反革命”案被捕，从她的住处还抄走了日记、信件、作品和印刷纸型等物品。苏青被捕不久，继而又被送进上海提篮桥监狱，从此她的名字不再被称呼，只留下 21805 这个囚号作代称。

那时她的儿子李崇元只有 13 岁，小女儿李崇美也不过 16 岁。入狱前，曾告诉二女儿李崇善，陶亢德借过她的钱，可每月向他要 10 元，因不知陶在何处，无法找到。后来画家陈宝荪女士（著名油画家颜文梁的高足与传人）每月给 10 元钱，以解决儿女生活之需。后来李崇元回忆探监时说：

> 开始时我曾跟小姐姐去探监，带点萝卜干、大头蒜什么的，当时给家属的清单都是印好的，对那些可带的东西，需要的话打个勾。那里有两扇铁门，中间一张桌子，见了面我们都没说什么，后来被送到提篮桥去了。
>
> 二姐姐（李崇善）很勇敢，曾跑到检察院问：我妈妈到底有什么罪？有罪的话就定罪，没罪就把人放出来。

苏青不知与周佛海家有什么缘分，走到哪里总会遇到周家的人。坐牢时，她竟和周佛海的儿媳施丹苹关在一起。

新中国成立后周幼海、施丹苹夫妇都在上海市公安局工作，一个在社会处当股长，做反间谍工作；一个政保处，做反特工作。二人在被捕前离婚，皆因潘、杨案牵连而入狱。

施丹苹因在公安局工作，对这次“肃反”政策比较了解。她安慰苏青说，“斗争的重点是那些明显或较明显有反革命嫌疑的分子”，“其他嫌疑分子应列入审干工作和清理工作进行审查处理。”你没有太大问题。

经过一年多的审查，公安局认为苏青的“罪行”并不严重，1957年6月27日“宽大释放”。施丹苹早苏青三个月出狱。

对这场牢狱之灾，苏青的家人多认为是受到“胡风反革命集团案”的牵连。因为在这之前，苏青编写《宝玉与黛玉》一剧时，曾向贾植芳先生请教，二人互有信件来往。贾先生对苏青拟编《司马迁》一剧也有过热诚的支持，贾先生被捕在前，苏青被捕在后，给他们的直感印象，是受了“胡风反革命集团案”的牵连。

而实际情况是，在1954、1955两年中，党内、国内接连发生了高饶、潘杨、胡风等事件，“随着我国社会主义事业的进展，阶级斗争必然日益尖锐化和复杂化”。根据这个判断，1955年7月1日，中央发出了《关于展开斗争肃清暗藏的反革命分子的指示》。“中央当时估计，暗藏的反革命分子或其他坏分子约占全国各类机关总人数的5%左右，决定在全国范围开展一场肃清暗藏反革命分子的运动，以教育全党和全国人民，提高对暗藏反革命分子的警惕性。”

按照这个部署，“全国党政机关和群众团体机关，高等学校和干部学校，中小学（不包括学生），军队，国营、合作社和公私合营的企业，均须进行肃清暗藏反革命分子的运动”。

苏青在上海沦陷时与伪职人员交往，以及解放后向香港《上海日报》投稿被警告，已是公开的秘密，当然在审查之内。而上海市副市长潘汉军在抗日战期间“曾被挟持到南京与汪精卫见面”一事，由于未向组织报告，被定为“内奸”而判刑的例子，恰与苏青有许多相似之处，苏青的被捕也就在劫难逃了。

《中国共产党历史》一书下卷中说：“这次肃反运动清查出反革命分子

81000人，其中现行反革命分子3800人。全国各类机关中有一批人历史上曾与反革命分子有牵连，经过肃反和审干弄清了问题，洗刷了污点，分别作出结论。”“由于当时对阶级斗争尖锐的程度估计得过于严重，有些问题政策界限不清，致使一些地方和部门发生斗争面过宽、处理过重等偏差。”由于受1957年夏季以后反右斗争的影响，甄别平反被搁置下来。

苏青这次被捕，与这次“肃反”运动有着直接的关系。

苏青在“肃反”运动后没有被起诉判刑，因而也就没有做什么结论。这对于苏青来说，“宽大释放”就已经很高兴了，那里还管什么结论不结论。此时她离家一年半了，最牵挂的还是家中幼子弱女。当告别提监桥监狱那天，她欲哭无泪，真想插上一双翅膀，立刻飞到家中去看无人照管的儿女。

苏青被释放后又回到芳华越剧团。团长尹桂芳没有嫌弃她，仍然安排她在团里做编剧。

经过这一场劫难，她有些心灰意冷，不再像以前锋芒毕露，只想积攒些钱，过好家里的日子。使她感到慰藉的是，小女儿已经18岁，长得婷婷玉立，风姿绰约；儿子崇元也已经15岁了，长得勇武有力，面容酷似他的父亲。

在出狱后的那段日子里，“反右”运动开展的如火如荼，风高浪急，她不再写什么东西了，跟随而来的又有一批人倒霉，裁了帽子下放劳动。此时她说话做事更加小心翼翼，总怕有什么不测，再落到自己头上。

苏青的二女儿李崇善在《缅怀母亲——苏青》一文中说：

> 您陷入孤独与痛苦之中。出狱后，您虽然失去了创作的权利，但始终未能压抑自己创作的欲望和对生活的希望。你有时还辅导女儿业余创作戏曲。有时，您从襄阳公园打拳回来，常常会告诉我们在公园里听到的奇闻轶事，并说以后可以写成一篇篇小说。但在极左浪潮冲击社会的时候，您无法实现自己的愿望。

这是一种虚拟，现实那能让她实现这个梦想。

儿子崇元已经初中毕业，家中生活非常拮据，苏青心里总是犯愁。儿子原先打算去哈尔滨一个技工学校半工半读，后来居委会说安徽的工厂要人，转而又产生了去安徽的想法。

儿子虽然长得高大健硕，但毕竟还是个孩子，苏青心里有些不忍，如再升学，家中经济又无法支撑，无奈她只好同意儿子去安徽当工人。

1958年以后，苏青与朋友联系越来越少了。一是她的处境，二是人人自保，有些躲都惟恐不及，谁还敢自找麻烦。她在一首《晚菊》的诗中写道：

憔悴秋光独损神，
惜花心事几人真。
渊明去后知音绝，
寂寞东篱对路人。

苏青刚步入中年，再一次感到世态和人情的炎凉。

一次她在淮海路与50年代戏曲编导班老同学周良材相遇，二人多年不见，偶遇不无感慨。周良材回忆说："那次相遇，给我的印象是苏青老了，头发已黑白相间，双目黯然无光，昔日那般火辣辣的劲头已荡然无存。"

1959年，芳华越剧团响应为工农兵服务的号召，要去支援福建的建设，她没有随团去，市文化局通过黄浦区文化局，把她安排到区里红旗锡剧团，仍然担任编剧。

在芳华，苏青渡过了一段惬意的日子，生活稳定，收入也相当高，月工资300元，而一般人的月工资仅有30多元。她每天下午乘三轮车到剧院上班，晚上9点下班。

红旗锡剧团成立于1958年11月，由3个小剧团合并而成。全团有总团和分团之别，总团常赴外地巡回演出，分团则留在上海大世界游乐场演出。

在路上，苏青与周良材说了许多话，她出狱后才知道，自己的不少作品被人改头换面剽窃去了。

周良材说："可向剽窃单位领导反映，讨个公道呀。"

她叹息说："算了算了，人家现在是宠儿、红人，我算什么？怎么搞得过他们。"

周良材又要问她什么，她指指淮海路那个方向说，要到襄阳公园去打太极拳，便留下各自的地址、电话，匆匆作别。

过了不久，苏青给周良材打电话，说为了参加戏曲会演，正在改编一个民间传说的剧本，写得是无锡知县抵抗倭寇的故事，但领导为了突出"群众是真正的英雄"，拟以渔民海峰为主角，问周良材该怎么办。周说最好她能看看剧本提纲或初稿，以后就没有了下文。

会演期间，周良材果然看了《海峰》这出戏，他觉得演出效果平平，与《屈原》相差甚远，斯时，苏青也只是为了"交差"而已。

红旗锡剧团是区里管的剧团，人员、设备都不能和芳华越剧团相比，那时候苏青的工作特别辛苦，既要上台当演员配角，又要写字幕、打字幕。但她并不计较这些，只管做好分配给她的工作。在锡剧团除整理改编老戏外，也写新戏。她根据《李青莲集》、两《唐书》和冯至的《杜甫传》，写出了锡剧剧本《李太白》。这个戏从试演到上演便好评不断，公演后获得了较高的票房收入。

叶元章是苏青家乡的文学青年，20世纪40年代在上海爱多亚亚路160号后来人们称（清风大楼）《天地》编辑部见过苏青。他的印象是，当年苏青身穿一件玄色旗袍，不施粉黛，不烫发，除领口别一枚椭圆形水钻胸针外，并无其它饰物。那时她虽声名远播，却仍不改本色。18年后叶元章到上海养病，市剧协组织部分剧评工作者看戏，有一场戏便是苏青（此时属名冯允庄）新编锡剧《李太白》。他在回忆这年（1961）夏天看望苏青时说：

> 次日，我们由鄞县籍摄影家李咏霓（与苏青之女李崇美为药厂同事）陪同去太平桥苏青寓所做客。当时苏青已年近半百，穿着蓝布旗袍和黑布鞋，家里除了床和桌椅，几乎没有什么陈设，李崇美长得秀气，但看起来有点纤弱，母女俩相依为命，厮守在这小小的陋室里，

共同度过了50年代的风风雨雨。

我们是应邀拜访她的，为的是一起讨论剧本。论身份是同行，论年龄、资格，我们则是晚辈，所以，说话都比较拘谨，绝口不问她的生活。我们的话题主要是琢磨某些情节和推敲某些唱词。比如李白在醉草时当着皇帝的面让高力士为他脱靴的真正目的及其表演的合理情、可信性问题。苏青也不断表明自己的见解，并与我们交换意见。隔不几天，我又让李咏霓陪同去看过她一次，把我代拟的认为需要补充的李白几句唱词给她送去，供她斟酌。这次见面，人少，但我只顺便问了问她妹妹和鸾（苏红）的近况，也未涉及别的。

半年后，我病愈离沪。临行前，我写了信向她道别。从此再无联系……

叶元章的回忆把苏青妹妹的名字记错了，不是“和鸾”，而是“和侠”。

为了配合形势，1963年以后，苏青还写了现代戏《雷锋》、《王杰》等。

1966年5月以后，“文化大革命”给苏青带来更为深重的劫难。

她先是被抄家，接着又被批斗。在本里弄批斗后，又到各里弄游斗。后来不斗了，又让她到街道里打扫卫生，打扫完卫生后，脖子上挂着一块大牌子，让她站在门口罚站。

在邻居的印象里，原来那个心直口快非常健谈的“冯先生”，如今变成一声不吭的老太太了。生活改变了她的性格，她不得不沉默寡言了。

苏青的二女儿李崇善回忆母亲时说：“尽管您天天挨斗，但仍有许多邻居对您深表同情，她们不愿伤害您。”

最初的冲击过去之后，苏青被安排到剧团传达室看大门。这个时期，她的工资停发了，每月只给15元的生活费，儿子在安徽，每月再给她寄5元钱。

李崇元回忆说：“母亲变得沉默，少风趣，也不再给我讲故事，她自己也实在没有什么故事。有一阵子接到通知，要去福建支内，打点行李，时刻准备与小姐姐同去。后来黄浦区文化局接到通知，说不去了，就又留在了上海。”

1971年，红旗锡剧团解散，她已57岁，人老病残，无处可去，工作关系只好转到黄浦区文化馆，每月到那里去领一次工资。一度又下放到黄浦区“五七”干校劳动。

1975年1月，62岁的苏青接到干校的通知，从黄浦区文化馆办了退休手续。退休证上写明她的生活待遇：原月工资61.7元，退休后（7折）实发43.19元。这就是她晚年的全部收入。

那时候，小女儿李崇美已经离婚，带着儿子与她同住。李崇元回忆说：

> “文革”后母亲一直带外孙，就是小姐姐的儿子，接送他去托儿所。她离婚后一直跟母亲住，是她照料母亲的。母亲对外孙很好，后来又把自己补发的工资都用在他们身上，也算是回报吧。当时母亲常去瑞金路的襄阳公园早锻炼。因为是公费医疗，心里负担不是很重，交了一些朋友，老头老太太，经常听他们讲故事，当时有点想重新提笔写作，同时对未来又有点希望。也开始交际，跟医生关系搞得很好，医生经常给她开很好的药。这时候母亲最关心小姐姐，想让她出国。找了不少人，也给她介绍了不少人。
>
> 医生曾经说，按母亲的病情，本来是早就去世的，当时的X光片，已经找不到肺了。可能是医生的药用得好吧。

一连串的不幸，她的病也越来越多，身体越来越差，有时感到再也承受不住病情给她的重量。

闲下来的时候，她便和小女儿崇美一同读读书，滋润一下干涸的心灵。在读英国作家狄更斯《大卫·科波菲尔》时，苏青常常被故事中的人物和情节所感动，禁不住热泪盈眶，泪水从脸上流下来。

即使疾病缠身，她还在挣扎着为儿女的前途和婚事操心，她想让小女儿出国，为她四处求人，找了不少关系。她给朋友写信说：“‘不才明主弃，多病故人疏’，一门关煞，与人不搭界。”这便是苏青晚年心境的写照。

苏青从入狱到“文革”，经历了人生种种磨难，无疑是人生的一段羁旅，破译它，却是一个深刻的社会命题。那面墙壁不是自然法则，墙壁没有福音。要超越它，必须站在人类的命运之上，从人本出发，去建构文明的神圣殿堂。

苏青并非没有期待，没有梦想，然而那片澄明的水域还在远方，还听不到潮汐的喧响。

这便是人生匆忙的短歌。

30 花落人亡两不知

这些花是我生命末期的伴侣，
我并不悲观，
只是安心等待上帝的召唤……

风烛残年的苏青，疲惫的影子最先爬上了她的双腿。

她已经好些天不去襄阳公园锻炼了。寂寞的时候，在家靠看书打发着日子。小女儿崇美一人忙里忙外，早上送孩子上幼儿园，下班赶紧到幼儿园接孩子。偶遇路上堵车回来晚了，幼儿园只剩下儿子一人未接，孤零零一人坐在那里，她常常觉得对不起孩子，心里产生一种无名的内疚。

每次见到崇美很晚领着儿子回来，苏青心里同样感到难过。她对女儿说："人到了这把年纪，再也没有精力与世奋争了。妈不在了，只担心你一人带着孩子……"

正在做饭的崇美说："妈，你别担心，我还有儿子呢！"

苏青摇摇头，埋怨女儿没有明白她说的话。

苏青说："我说你呢！"

崇美说："妈，您别担心了，这许多年你不是一人带着我们过来的吗？"

苏青停了片刻，又无奈地摇了摇头。

苏青自1948年起，就住在自忠路7号这套假三层石库门房子里，她原是房主，解放后房子便归公了。后来又有住户搬进占了底层，崇美离婚后带着儿子与苏青挤在亭子间里。因公用厨房和卫生间，与邻居常因一些小事产生矛盾。苏青有病在身，生不起这份闲气，便与普陀区石泉路一户居民对换了住房，搬到较为偏辟的城乡结合部去了。

时间过得真快，女儿崇美30多岁离婚，一晃40岁了，还是单身一人。苏青担心着女儿的婚事，还担心着在外多年当工人的儿子。做母亲总为儿女有操不完的心。

1980年，崇美经人介绍，认识了《文汇报》资深记者谢蔚明先生。他也是个身世坎坷的人，1957年被打成右派，前不久刚刚平反。

李崇美对他说："我妈妈写了好多书，经过历次政治运动，一本著作也没保存下来。现在她病倒了，好几次对我说，想找一本《结婚十年》看看，我一点路子都没有，你搞文字工作，在上海文化界还有些熟人，请帮忙借一本给她看，妈妈和我都会感激你的。"

谢蔚明斯文一脉，听了有些心酸。他答应去找。可是一打听，《结婚十年》在禁书之列，他通过作家魏绍昌的关系借到一本，条件是速看速还，而且还不能破损。

为了安慰病中的苏青，谢蔚明出高价复印了一本，送给李崇美，让她转给她的母亲。

在以后的日子里，谢蔚明多次到苏青的住处探望。他陪苏青去吃小馆子，还陪她去看过一次淮剧，可惜的是，谢蔚明对苏青的宁波话听不大懂，但他感到苏青不仅爱好地方戏，而且还很内行。

这一年，儿子李崇元带着满身累累的伤痕，回到母亲苏青身边。后来，他在回忆母亲对他的关爱和支持时说：

我是1980年左右回到上海的，已38岁。母亲一向不愿求人，但为了我的前途，特地写信给当年父亲的一个好朋友，后来在香港商界颇有声望的一个人，希望他能够给我一个位置，但是收到的是一封打字、后面签字的信，写着什么现在香港入境困难，爱莫能助之类的话。母亲非常生气。

李崇元回来不久，小姐姐李崇美就和谢蔚明先生结婚了，把户口也迁了出去。

我就开始摆地摊。她每天会问："赚钱了吗?"又说："不管做什么事，只要能赚钱，总比去借好。"

有一次我摆地摊赚了20元钱，当时一般人的工资是80元，母亲说："你不要去做非法的事呀!"

……我每天早上把饭搞好，与母亲一起吃，然后把中午母亲要吃的东西搞好，放在她床前的茶几上，晚上回来再弄东西一起吃。

那时候母亲卧床不起大概有一年多了，基本上不下楼。我们之间谈话也就限于"你今天生意怎么样?"之类的家常里短。

有一天母亲感觉不大好，我就说："这两天我就不出去了吧?"

母亲不同意，就举了一个剧团演员的例子，说从前有个女演员，她母亲快要死了，她说，不要上台演出了，要陪着母亲。她母亲坚决不同意，结果死的时候，她的孩子正在台上演戏。

母亲说："我是慢性病，去年也说不好不好，结果还不是活到现在？如果我知道今天死，当然要留你了，但是又不知道。我又没有钱留给你，怎么好再拖累你，你还是去好了。"

这就是苏青对儿子仅能做到的一片爱心。

儿子做生意之余，她还鼓励儿子自力更生，哪怕是摆摊也不丢人。虽然那时生活很艰苦，苏青从有限的生活费里挤出一点钱来，买了一台黑白的电视机，给儿子学习英语。

晚年的苏青，穷困给她的生活平添了一份苍凉与惆怅。她不能去公园锻炼了，就到附近一个花匠那里看看，或侍弄盆栽花来驱赶心中的寂寞。看望她的人日渐稀少，有联系的人也只有王伊蔚老人了。

王伊蔚早年毕业于上海复旦大学新闻系，她在任《晨报》记者时因撰写《刘王立明访问记》，认识了当时沪江大学校长刘湛恩的夫人、时任上海中华妇女节制会的负责人王立明。为了反映、传达“妇女大众的呼声”，于1932年10月创办了《女声》（半月刊）杂志，王立明任社长，王伊蔚任主编，这本杂志在二人的经营下，颇有影响，何香凝、柳亚子、章乃器、庐隐、苏雪林等都曾为之撰稿。1935年因国民党刁难而停刊。抗日战争胜利后，王立明从重庆回到上海，二人再度合作，于1945年11月又将《女声》杂志复刊。她们聘请了苏青、潘柳黛、张宛青等为特邀记者，苏青便是这个时期与王伊蔚认识并订文字交的。1947年9月，苏青的《记苏曾祥医生》一文，就是在《女声》杂志第4卷第7期上发表的。

寂寞的时候，苏青就给王伊蔚写信，把搬家后的情况告诉她：

> 我今年已经69岁了，带病延年，也不服药。第一年搬来，我就在冬天大发气管炎，咳喘齐作……我的朋友都不大来了（有的老，有的忙，有的势利）……寂寞惯了，心境很舒服。

她向这位老朋友报告平安，同时也送去一份安慰和问候。

后来，她感到自己的病逐渐加重，身体一天不如一天，她复又给王伊蔚写信说：

> 天天想写信，天天没有如愿，原因是想细诉心曲，欲“细”反而不达了……我近来认识一个老人，家有花圃，主要种月季花，我已去不成公园，三天两头到他花圃中去坐坐，也空气清新。我今年连买五盆月季，都种不活（原因是施肥太勤，欲速不达）。现在他给我弄了

两盆，正在盛放，十分可爱。我每天蒙蒙亮起来，看花要看二三小时，他答应等花谢后，仍把花送到他花圃去培养，可以顺利过冬（只说托他代买，其实是他自己培育出来的）。其中有一盆品种很好（紫红），另一盆普通。我家的芙蓉、菊花也都有了花蕾，快要开了。这些花是我生命末期的伴侣，我并不悲观，只是安心等待上帝的召唤……可我不能来看你了，实在怕走，只想安静。结（核病）防（治）所来人叫我去拍片（已两年不拍片了），我也一味拖拉，现在决定不去了，也决定不再买花，不来看你了。但是心有灵犀一点通，一息尚存，总是想念你的。

这是她写给王伊蔚的最后一封信，也是留给人世间的绝笔。

1982年12月7日的那天早上，儿子崇元给她做得早点是她平时最爱吃的宁波年糕汤。饭后她给儿子说："人舒服一点了，胃口也好一点。"

那一天，儿子崇元照样早早出去做生意。中午过后，她心里觉得很不舒服，一阵阵的痛疼向她袭来。她知道大限将要降临。她呼唤，没有回音。她再呼唤，还是没有回音。她只好顶住疼痛安下心来等待。

冬阳走得很慢，定定地悬在天上，一动不动。她想趁着清醒，给儿子再说一遍，死后把她送回故乡去，母亲生前与她有约，已在老家湖汇山买好了墓地，说"我会等你的。"然而，儿子一直没有回来。

她想，从祖父冯丙然开始，父亲、弟弟，都死在肺结核这个病上，仿佛一个魔鬼跟定了她的家族，无论如何也驱赶不走它的影子，如今又轮到她自己了。严重的时候，咳嗽气喘，痰中带血，越是冬天，病情就越发严重。

她有气无力地喘息着。在漫长的等待中，她仿佛又回到故乡水网纵横，稻禾飘香的田野。可是一会儿又在落雪，大地一片洁白，只有她一个人在雪地上奔跑，祖父、祖母、父亲、母亲、弟弟，一个个从她身旁退去，他们没有话语，面孔变得熟悉又陌生，亲切又冷漠，仿佛与她素不相识。她忽然飞升到天空，鸟儿围在她身边嘻戏啼鸣，一桩桩往事向她迎面撞来，在她的面前放大了许多倍。

她在外婆家用旱烟管骑竹马时的忘情；

她在祖母蓝夏布帐子里吃豆酥糖时的神趣；

她在鄞县女中舞台上演剧时的执著；

她在中央大学当上“宁波女皇”时的骄傲；

她在走进洞房花烛夜的忐忑与缱绻；

她在《论语》发表第一篇文章时的陶醉；

……

就这样了，在无奈的等待中，云团般思绪模糊了她的一切。一股热流从她的嘴角涓涓流出，之后她什么也不知道了。

苏青在焦急的等待中走了，结束了她 69 年人生旅程。

然而，靠门边的那只眼睛始终没有合上，她在等待着儿子回来。

儿子李崇元后来回忆说：

我照样早早出去了，想今天买点什么吃的呢？当时我在提蓝桥做买卖。到了下午，我就说今天下午不要做了，早点回去，就买了一大包黄鳝，想着给母亲调调口味，一到家，进去母亲躺在床上没有声响，我也不大在意，正准备洗菜，转头看看母亲，看见母亲的头歪在一边。妈妈当时身上还是热的，嘴有血，靠门的一只眼睛睁着，估计是等人来吧。我抱她下去，送到医院去，医生努力了半小时，说已经不行了。那时是下午四五点吧。

母亲没有任何遗言。临死的时候，谁也没在她身边，想起来真可怜。

我守在太平间门口，当时天寒地冻的，母亲的担架还没有位置，就那样放在地上。我一直守着母亲，没有回去。打电话把小姐姐叫来，把家里钥匙交给她。

云幕低垂，万籁俱寂，天气冰冷而阴沉，殡仪馆里一片森然。

苏青静静地躺在西宝兴路殡仪馆的灵堂上，没有告别仪式，没有朋友，没有悼词，没有花圈和挽联，只有她的女儿女婿、小外孙、儿子和他的未婚妻，向她作最后的告别。她面目清秀，短发向后梳着，蓝布长衫、布鞋，双目紧闭，神态安祥，仿佛是在那里安睡。几分钟后，便化作一缕轻烟随风而去。

一颗星便这样殒落了。

让她没有想到的是，两年后上海市公安局对“苏青反革命案”作了复查，1984 年 11 月 19 日作出《关于冯和仪案的复查决定》：

>……经复查，冯和仪的历史属一般政治历史问题，解放后且已向政府作过交待。据此，1955 年 12 月 1 日以反革命案将冯逮捕是错误的，现予以纠正，并恢复名誉。

通知书来了。儿子崇元看过，又打电话告诉小姐姐李崇美来看。

可惜的是，这个复查决定却整整迟了两年。与事情的发生整整过去 27 年。如果苏青地下有知，她的心情一定是快慰的。她现在是看不到了，看到的是她的儿女。这一切都来的太迟了。

1985 年，李钦若为李崇美办好赴美护照，赴华盛顿后，把其经营的两个餐馆其中一个交给她经营，3 年后她的儿子也远赴美国定居，并带走了苏青的骨灰，因谢蔚明先生不去，他们的婚姻便名存实亡。

大女儿李崇孟居温州，二女儿李崇善去了新西兰，儿子李崇元一家仍居上海。

胞妹冯和侠解放后在解放军外语学院工作，后调江苏丹阳市任英语教师，晚年定居南京。其子黄衍英语自学成才，获英国剑桥大学博士学位、剑桥大学院士、语言学博导和牛津大学终身教授。

“花落人亡两不知”，这是她对王伊蔚说过的话。在经历了那一场场生命的劫难之后，人们并没有忘记她。上海芳华越剧团团长尹桂芳回忆说：

冯和仪是老芳华了，我们共事多年，她为尹派事业尽力尽责，为华芳立下了汗马功劳，如《屈原》、《宝玉与黛玉》等，都是她的心血化成的，而且流传至今。她为人直爽，助人为乐，工作踏实，不计报酬，人品极好，同我有着深厚的友谊，我们经常一起研究商讨，有共同语言，工作很协调。

她的二女儿李崇善（李坚），后来成为一名人民教师，苏青因屡遭坎坷，心情不好，她便成了家中的“出气筒”，为此母女“绝交”。她在《缅怀母亲——苏青》一文中惭愧地说：

妈妈，您给人的印象总是那么率真、大胆、坚强、乐观，但我们知道隐藏在您乐观、开朗、坚强的外表下是一颗十足女性的脆弱的心。寻寻觅觅，您始终没有寻到自己的幸福与真爱。由于我们的无能，您也始终没有得到一双坚强的手臂给自己以支持、一个厚实的胸脯给自己以依靠。我们是您的所爱，但或许也是您重获幸福的累赘，您无尽的唠叨，您时发的狂怒，正是您郁结感情的宣泄。

现在政治祥和，我们的生活也安定了。我们能给您的安慰和依靠时，您却又不在了。“子欲养而亲不待”这是何等痛苦的事啊！我们儿女欲哭无泪，妈妈您知道吗？

谢蔚明因结识李崇美而认识了苏青，他在《一个女作家的沉浮》一文中说：

苏青不仅为生活写作，统观涉笔范围大都属于探讨现代家庭问题，她发表的现代母性、女性的将来，救救孩子、科学育儿经验等等篇章，都体现她的思想认识，这些文字后来都收入《浣锦集》、《涛》的单行本中。……正像有人说的，宁波人做生意是全国闻名的，料不到宁波出来的一个女人，也有这样的精明头脑，在文化圈中，很难找得出几个。

太平洋战争，上海处于日寇全面统治之下，网罗一些无耻文人作吹鼓手，宣扬所谓“大东亚共荣圈”、“王道乐土”。后来，有些人以为苏青是敌伪时期红得发紫的女作家，便主观臆断她可能投入法西斯文人行列为敌张目，却不了解她从来没有写下一个字替敌伪唱赞歌。在她的著作里，没有表现强烈的民族意识是事实，但字里行间可以找到由于日寇侵略造成民族苦难的描写。

著名作家王安忆在《寻找苏青》一文中说：

苏青是在我们对这城市追忆时刻再次登场的，她是怀旧中的那个旧人。她比张爱玲迟到一些，有些被张爱玲带出来的意思。她不来则已，一来便很惊人，她是那么活生生的，被掩埋了这么多年几乎不可能……

要看苏青的文章，这泼辣才是可信的。那能言善辩，是能占男人上风的。什么样的事她不懂？能瞒过她的眼睛？她厉害，刻薄，却也不讨人厌，这便是骨子里的世故了，是明理的表现，也是经事多的表现……

要找苏青，其实不难找，那马路上走着的一群一伙的女子，都是苏青，苏青不过是比她们凶一点的。当然苏青还会写文章。悬铃木的叶子换了多少代了，叶子下的苏青也是换了装的。

因了历史的明达，让人们重新认识了苏青，又一次走近她的情感世界。

古人说：“人非圣贤，孰能无过”，处于乱世的苏青，亦不可能独善其身。她为了觅食沾了一身腥，她为了圆一个“文人”的梦，不惜去做中国的娜拉。“她不像冰心，在人世间能找到许多爱”，“她也是不会如丁玲那样，跑到延安找希望”，她更不像张爱玲，跑到美国写文章咒骂生她养她那片土地。而苏青生于斯，病逝于斯，她哪里也不去。故乡的土地给她平添了她许多根性，也为她洗濯了心灵的忧伤。

作为一种文化符号，苏青再度浮出历史的地表，她的作品重新焕发出光芒，读者用文学的情感来怀念她，是对她最好的慰藉。

花开人亡有人知。她没有离去，挂在石库门上的月亮依然白着，摇曳在里弄门口的那两株杨柳依然绿着。她的每一篇文章都是一串心灵的音符，她的每一部著作都是一次爱的染色，而失落在时光背后的梦境，终于找回了她心灵的安顿。

2011 年 3 月 10 日—8 月 3 日

苏青年表

1914~1982

1914年 1岁

✿ 始祖冯臣，明中叶从慈溪迁来鄞县冯家村，到苏青这一代已是15世，她还有弟弟冯和侃，妹妹冯和侠。

✿ 祖父冯丙然，谱名义坦，字子藩，号沚蘩，又号藜仙，同治五年（1866年）农历10月28日生于鄞县西南乡后仓冯氏义庄，光绪二十八年（1902年）中举，曾任本村小学堂、长谭王小学堂校长、宁波府中学堂监堂、宁波府教育会会长。

✿ 5月12日（农历4月18日），苏青出生于宁波鄞县山乡外婆家，原名冯和仪，字允庄，苏青是她的笔名。父冯浦，字松雨，1914年获庚款奖学金赴美国哥伦比亚大学留学。母亲鲍云仙，字竹青，曾入县女子师范学校读书。

1919年 6岁

✿ 是年，由外婆家回冯家村，入高祖父冯一桂等创办的本村敦本小学堂读书。

✿ 是年，父自美归国，在汉口中国银行任职。

✿ 是年，弟弟冯和侃出生。

1921年 8岁

✿ 是年，父任上海新民银行副经理，随父母赴上海，入某弄堂小学读书。

✿ 是年，妹妹冯和侠出生。

1924年 11岁

✿ 父在上海供职的银行倒闭，冯浦染病去世，随母回原籍冯家村。

1925年 12岁

✿ 入宁属县立女子师范学堂读书，校长施国祺，后为周绪芳、杨庭菊。

1927年 14岁

✿ 是年，女子师范因学潮校长辞职，苏青休学。

1928年 15岁

✿ 2月，插班入县立女子中学初中一年级下半学期。

✿ 5月，济南事件发生，率先投入学生运动。

1930年 17岁

✿ 7月，于县立女子中学毕业。

✿ 9月，升入省立第四中学上高中。

1931年 18岁

✿ “9·18”事变发生，积极参加校内抗日救国学生运动，高潮过后，埋头学业，读了大量英文名著。

✿ 11月19日，在《四中季刊》第9期刊登《享乐主义》一文。

1933年 20岁

✿ 1月，在《四中学生》第1期刊登《破除迷信》一文。

✿ 6月，在《四中学生》第2期刊登《异端思想》一文。

✿ 夏，高中毕业。与同学李钦后订立婚约。

✿ 秋，考入南京国立中央大学外国文学系。

✿ 10月，被旅京宁波同学会推举为“宁波皇后”。

1934年 21岁

✿ 寒假期间与李钦后成婚。

✿ 6月，参加中大比赛，荣获中大女生乒乓球比赛冠军。

✿ 秋，因怀孕从中央大学退学。

✿ 9 月 17 日，长女李崇孟出生。

1935 年 22 岁

✿ 春，在鄞县城南私立培正小学任教 3 个月。

✿ 6 月 16 日，处女作《生男与育女》载《论语》第 67 期，署名冯和仪。

✿ 8 月 16 日，《我的女友们》，载《论语》第 70 期。

✿ 秋，将女儿留宁波婆家，随丈夫李钦后赴上海，借住在北四川路德华里附近一幢楼里。李钦后晚上去法学院上课，白天在一中学兼课。

✿ 9—12 月，为《宇宙风》杂志撰文《科学育儿经验谈》、《现代母性》、《女生宿舍》等。

1936 年 23 岁

✿ 是年，租住北四川路靶子路（现武进路）住房。

✿ 1—3 月，为《宇宙风》杂志撰文《元旦演剧记》、《小天使》。

✿ 6 月，次女李崇善生。

✿ 6－11 月，为《逸经》、《宇宙风》杂志撰文《桎梏》、《搬家》、《说话》、《上海事件纪念》。

✿ 秋，弟冯和侃毕业于宁波四中，考入南京国立中央大学西洋文学系。

1937 年 24 岁

✿ 5 月 16 日，第一次用笔名苏青为《宇宙风》杂志撰文《算学》。

✿ 8 月 12 日，三女生，产后不久乘难民船回宁波避难。

1938 年 25 岁

✿ 年初，将三女由公婆寄养在宁波乡下农家，回上海丈夫身边，李钦后律师开业。

1939年 26岁

✿ 春，三女在乡下病逝。

✿ 6—7月，为《宇宙风·乙刊》、《文艺》杂志撰文《我们在忙些什么》、《断肉记》、《拣奶妈》。

✿ 四女李崇美生。

✿ 秋，在宁波郊实中学上海分校任代课教师三月。

✿ 是年，与李钦后合办《小评论》杂志，两期而终。

1940年 27岁

✿ 9—11月。为《宇宙风·乙刊》撰文《论女子交友》、《不算辩证》、《烫发》。

1941年 29年

✿ 1-10月，为《宇宙风·乙刊》撰文《母亲的希望》、《论夫妻吵架》、《道德论》、《牺牲论》、《王妈走了以后》、《红叶》。

1942年 30岁

✿ 1月，子李崇元生。

✿ 8月，丈夫李钦后失业。因与苏青同学赵琏婚外恋，夫妻关系恶化，又因李星如生病，李钦后回宁波探视。

✿ 9月，患肺结核症，好友苏曾祥医师为她无偿治病。

✿ 10—12月，为《古今》杂志撰文《论离婚》、《送礼》。

✿ 是年，经柳雨生介绍，到中华联合电影股份有限公司当编剧，一月后辞职。

✿ 是年，开始构思并创作自传体长篇小说《结婚十年》。

1943年 30岁

✿ 2月，离家出走，借住在远房亲戚平襟亚家里，与丈夫分居。

✿ 4月，在《风雨谈》杂志第1期开始连载长篇小说《结婚十年》。

✿ 4月9日，在静安寺路金门大酒店参加欢迎“日本文化使团”茶话会。

✿ 6月6日，出席《古今》杂志社在《朴园》举办的作家茶话会。

✿ 6月下旬，任伪上海市政府文秘专员，3月而退。

✿ 10月10日，创办天地出版社及《天地》月刊杂志。

✿ 11月29日，出席由《中日文化协会》在都城饭店召开的“华北文化观光团”欢迎会。

✿ 是年，在《古今》、《杂志》、《风雨谈》、《中华日报·中华周刊》、《天地》等报刊发文《恋爱结婚养孩子的职业化》、《〈古今〉的印象》、《胸前的秘密》、《两条鱼》、《真情善意和美容》、《第十一等人》、《组织里弄托儿所》、《家庭教师面面观》、《做媳妇的经验》、《我国的女子教育》、《吃与睡》、《再论离婚》、《论红颜薄命》、《谈做官》、《豆酥糖》、《〈天地〉发刊词》、《论言语不通》、《好色与吃醋》、《自己的文章》、《自己的房间》、《我的手》、《死后的同情》、《牌桌旁的感想》、《一张熟悉的脸孔》、《编者的话》等。

1944年31岁

✿ 年初，由苏曾祥医师作证，在其诊所与丈夫李钦后签订离婚协议。

✿ 2月12日，应《新中国报》袁殊之邀，与何实斋、文载道等到苏州游览。

✿ 3月3日，与陶亢德、柳雨生到南京同纪果庵相晤并游览。

✿ 3月16日，应邀参加《新中国报》社主办的“女作家聚谈会”，座谈会纪要在《杂志》第13卷第1期刊登。

✿ 4月，第一本散文集《浣锦集》由天地出版社出版，并借机回乡探母，后9次再版。

✿ 7月，自传体长篇小说《结婚十年》单行本由天地出版社出版，后36次再版。

✿ 8月，创办《小天地》月刊，由周班公任主编。

✿ 8月26日，应《新中国报》之邀，参加为张爱玲小说集《传奇》专题茶话会。

✿ 是年，在《天地》、《杂志》、《小天地》发文《涛——生活的浪花》、《买大饼油条有感》、《谈女人》、《苏游日记》、《蛾》、《〈结婚十年〉后记》、《救命钱》、《文化之末日》、《女像陈列所》、《消夏录》、《谈男人》等。

✿ 是年，经周化人介绍，前夫李钦后任伪军上校参谋长，抗战胜利后转浙江奉化、新昌等地方法院做法官。

1945年 32岁

✿ 2月27日，应《杂志》社之邀与张爱玲一起就妇女、家庭、婚姻等问题座谈，整理后以《苏青张爱玲对谈记》刊载于《杂志》第14卷第6期。

✿ 同月，第二本散文集《涛》由天地出版社出版。

✿ 同月，应邀参加《杂志》社举办关于电影:《现代夫妻》座谈会。

✿ 4月20日起，与周楞伽打了数日文墨官司。

✿ 6月，应《杂志》社之邀，为轼夫者詹周氏撰文，就法院判刑不公仗义挚言。

✿ 同月，《天地》与《小天地》杂志停刊。

✿ 7月，第3本散文集《饮食男女》由天地出版社出版。

✿ 8月，第4本散文集《逝水集》由天地出版社出版。

✿ 10月上旬，被军统传讯，次日被保释。

✿ 是年，与国民党汤恩伯部来沪受降上校王意坚相识并同居，后此人到台湾以作家姜贵名世。

✿ 是年，为《天地》、《杂志》、《小天地》、《风雨谈》、《文化日报》撰文《十一月十一日上午》、《〈浣锦集〉与〈结婚十年〉》、《河边》、《如何生活下去》、《心》、《敬告妇女大众》、《谈婚姻及其他》、《集评新片:〈现代夫妻〉之三》、《敬凶》、《谈折扣》、《女作家》、《矢人惟恐不伤人》、《厨下》、《谈宁波人的吃》等。

✿ 是年，与周文玑合办杂志《山海经》，一期而终。

1946年 33岁

✿ 5月12日，应潘柳黛之邀，在《新夜报·夜明珠》副刊连载小说《九重锦》。

✿ 是年，为《新夜报》、《大光》杂志撰文《月下独白》、《男盗女娼》、《我天天做着男人的事》。

1947年 34岁

✿ 2月，以冯允庄之名注册四海出版社。

✿ 同月，《续结婚十年》由四海出版社出版。

✿ 7月，《鱼水欢》由四海出版社出版。

✿ 是年，为《大家》、《女声》、《申报·自由谈》等报刊撰文《归宿》、《记苏曾祥医生》、《从缠脚谈起》、《女人的心》等。

✿ 11月18日，将《结婚十年》、《续结婚十年》摄制权卖于永华影业公司。

1948年 35岁

✿ 11月11日，以四海出版社名义开办天地书店。

✿ 12月，长篇小说《歧路佳人》，由四海出版社出版。

1949年 36岁

✿ 年初，李钦后从浙江新昌法院调上海地方法院，后经培训到市法院任“学习审判员”。

✿ 5月27日，上海解放。

✿ 12月末，经九三学社吴藻溪介绍，加入共产党的群众团体“妇女生产促进会”，后并入家庭妇联。

✿ 是年，李钦后再婚。

1950年 37岁

✿ 是年，为生活计，与香港的熟人黄转陶联系，给香港《上海日报》撰文多篇，不仅没得到稿费，还受到公安局的谈话警告。

✿ 是年，弟弟冯和侃患肺结核在宁波病逝，年31岁。

1951年 38岁

✿ 春，入上海市文化局举办的第一届戏曲编导学习班学习。

✿ 3 月，前夫李钦后因犯贪污受贿罪，经最高人民法院核准执行死刑，苏青受托帮助收尸。

✿ 夏，由戏改协会介绍，到戚雅仙上海合作越剧团试用，因未聘而辞职。

✿ 年末，经友人陈曼介绍，进芳华越剧团任编剧。

1952 年 39 岁

✿ 是年，为配合“三反”、“五反”运动，与陈曼合编剧本《新房子》，因不熟悉生活，演出效果不佳。

✿ 是年，独自创作剧本《江山遗报》。

1953 年 40 岁

✿ 夏，以《醒世恒言》故事为底本，改编十场剧本《卖油郎》，上演取得成功，但叫座不叫好。

✿ 秋，以郭沫若话剧《屈原》为蓝本，拟改编越剧《屈原》与尹桂芳等进京观摩中国青年艺术剧院话剧排演。

1954 年 41 岁

✿ 5 月 22 日，根据苏青改编的八场越剧《屈原》，由团长尹桂芳担纲首演大获成功，受到许多名家和观众好评。

✿ 秋，越剧《屈原》在华东地区戏曲观摩汇演后获得多个奖项。

✿ 是年，创作剧本《红楼梦》，后更名为《宝玉与黛玉》，先后在上海、北京、长沙、武汉等地演出 300 多场，演出盛况空前，创芳华剧团演出纪录。天津人民美术出版社绘制成连环画出版。上海人民广播电台还做了演出实况录音。

✿ 为鄞风甬剧团编写甬剧《秋海棠》。

1955 年 42 岁

✿ 是年，拟编写历史剧《司马迁》，曾向复旦大学贾植芳教授请教。

✿ 12 月 1 日，在“肃反”中被捕入狱。

1957 年 44 岁

✿ 6 月 27 日，审查无罪释放，仍回芳华越剧团工作。

1958 年 45 岁

✿ 是年，儿子李崇元初中毕业，到安徽工厂当工人。

✿ 约是年，母亲鲍云仙在宁波一个亲戚家病逝。

1959 年 46 岁

✿ 是年，芳华越剧团“支援前线”调往福建，她未随行，由市文化局安排到黄浦区红旗锡剧团任编剧。

1961 年 48 岁

✿ 是年，据民间传说，编写了抗倭英雄《海峰》一剧。

✿ 是年，创作锡剧《李太白》，演出后颇得到好评，主演为此而登上北京天安门国庆观礼台。

✿ 是年，小女儿李崇美入郊区一家药厂工作。

1964 年 50 岁

✿ 是年，二女儿李崇善已结婚怀孕，因经济等问题与之断绝关系，直到去世。

1966 年 53 岁

✿ 是年，“文化大革命”开始后多次被抄家批斗，挂牌罚站，一度停发工资，后被红旗锡剧团安排到传达室看大门。

1971年 58岁

✿ 是年，红旗锡剧团解散，因年迈无处可去，被安排到黄浦区文化馆，后又到黄浦区“五·七”干校劳动。

1975年 62岁

✿ 1月，接到黄浦区“五·七”干校通知，由区文化馆办理退休手续，原工资打七折，月退休费43.19元。

✿ 是年，退休后早上常到襄阳公园锻炼身体，但仍保留着对文学的爱好，和女儿李崇美一起读书，并为女儿照看孩子。

1980年 67岁

✿ 是年，儿子李崇元从安徽回到上海，后经商为业。

✿ 是年，小女儿李崇美再婚，5年后跟叔叔去了美国。

1982年 69岁

✿ 是年，住房由瑞金路对换到普陀区石泉路居住。

✿ 12月7日，因病逝世，终年69岁。在西宝兴路殡仪馆火化。

1984年

✿ 11月19日，上海市公安局经复查作出决定：1955年12月1日以反革命案将冯逮捕是错误的，现予以纠正，并恢复名誉。

参考资料

1. 苏青：《苏青文集》（上下册），上海书店出版社 1994 年版。

2. 苏青：《结婚十年》，江苏文艺出版社 2009 年版。

3. 张爱玲：《流言》，北京十月文艺出版社 2009 年版。

4. 王安忆：《我读我看》，上海人民出版社 2001 年版。

5. 静思：《张爱玲与苏青》，安徽文艺出版社 1994 年版。

6. 王一心：《苏青传》，学林出版社 1999 年版。

7. 王一心：《海上花开/民国上海四才女之苏青传》，安徽文艺出版社 2011 年版。

8. 李伟：《乱世佳人·苏青》，上海书店出版社 2001 年版。

9. 毛海莹：《寻访苏青》，上海文化出版社 2005 年版。

10. 淳子：《张爱玲城市地图》，人民文学出版社 2010 年版。

11. 张桂华：《胡兰成传》2010 年版。

12. 刘川鄂，《张爱玲之谜》，中国书店出版社 2007 年版。

13. 胡兰成：《今生今世·我的情感历程》，中国社会科学出版社 2003 年版。

14. 俞国平：《风雨狗颈塘》，人民出版社 2010 年版。

15. 周允中：《张冰独谈苏青》，原文载于《闲话 3》，青岛出版社 2008 年版。

16. 宁波二中校史办：《竹洲春秋·宁波二中建校八十五周年》，宁波二中出版，1997 年。
17. 宁波二中校史办：《百十春秋·浙江省宁波中学简史》，宁波二中出版。
18. 宁波二中校史办：《好大一棵树·宁波中学百十周年华诞纪念文集》，宁波二中出版。
19. 宁波二中校史办：《宁波中学·壹佰拾周年校庆纪念册》，宁波二中出版。
20. 中共中央党史研究室第二研究部：《中国共产党历史》（第二卷），中共党史出版社 2011 年版。
21. 李崇善：缅怀母亲苏青，1996 年 5 月 12 日上海。
22. 李崇元谈苏青，易恒记录。
23. 周良材：《追忆苏青二、三事》，2005 年 2 月 3 日完稿于上海。
24. 谢九：《我与苏青》，上海日报，1957 年 1 月 15 日。
25. 陈正卿：《建国后上海首起司法腐败案》，《检察风云》，2007 年第 5 期。
26. 周允中：《才女苏青为何被称为"犹太作家"》，《钟山风雨》，2004 年第 1 期。

谨向上述著作者和宁波市文物局孟建耀、祝来生先生和金华市文物局方竟成先生给予采访的帮助和支持致以衷心谢忱。

图书在版编目（CIP）数据

有个文人叫苏青/林杉著. —北京：人民日报出版社，

2012.2

ISBN 978－7－5115－0811－9

Ⅰ.①有… Ⅱ.①林… Ⅲ.①苏青（1917～1982）—传记

Ⅳ.①K825.6

中国版本图书馆 CIP 数据核字（2012）第 014220 号

书　　名：有个文人叫苏青

作　　者：林　杉

出 版 人：董　伟

责任编辑：宋　娜　宋辰辰

封面设计：视觉共振设计工作室

出版发行：人民日报出版社

社　　址：北京金台西路 2 号

邮政编码：100733

发行热线：(010) 65369527　65369512　65369509　65369510

邮购热线：(010) 65369530

编辑热线：(010) 65369521

网　　址：www.peopledailypress.com

经　　销：新华书店

印　　刷：环球印刷（北京）有限公司

开　　本：710mm×1000mm　1/16

字　　数：260 千字

印　　张：18.5

印　　次：2012 年 3 月第 1 版　　2012 年 3 月第 1 次印刷

书　　号：ISBN 978－7－5115－0811－9

定　　价：39.00 元